国家社会科学基金资助项目
国家自然科学基金资助项目

U0837751

区际产业梯度转移与升级中的技术势能集聚、转换与作用机制

The Agglomeration Transformation and Action Mechanism of Technological Potential Energy in the Gradient Transfer and Upgrading of Interregional Industries

陶长琪　彭永樟◎著

经济管理出版社
ECONOMY & MANAGEMENT PUBLISHING HOUSE

图书在版编目（CIP）数据

区际产业梯度转移与升级中的技术势能集聚、转换与作用机制/陶长琪，彭永樟著．—北京：经济管理出版社，2019.12

ISBN 978-7-5096-5387-6

Ⅰ.①区… Ⅱ.①陶… ②彭… Ⅲ.①技术革新—作用—产业结构升级—研究 Ⅳ.①F264

中国版本图书馆 CIP 数据核字(2019)第 234034 号

组稿编辑：魏晨红
责任编辑：魏晨红
责任印制：黄章平
责任校对：张晓燕

出版发行：经济管理出版社
（北京市海淀区北蜂窝 8 号中雅大厦 A 座 11 层 100038）
网　址：www. E-mp. com. cn
电　话：（010） 51915602
印　刷：北京市海淀区唐家岭福利印刷厂
经　销：新华书店
开　本：787mm×1092mm/16
印　张：15.25
字　数：317 千字
版　次：2019 年 12 月第 1 版　2019 年 12 月第 1 次印刷
书　号：ISBN 978-7-5096-5387-6
定　价：68.00 元

·版权所有 翻印必究·
凡购本社图书，如有印装错误，由本社读者服务部负责调换。
联系地址：北京阜外月坛北小街 2 号
电话：（010） 68022974　邮编：100836

前　言

近年来，随着我国经济的不断发展，依靠基础要素投入的传统发展模式所带来的发展动能逐渐减弱，而由其引发的诸如资源消耗、环境污染、区域发展不均衡等负面问题却日益突出。为打破原有经济发展模式的制约，推动我国经济长期稳定可持续发展，学界提出了利用创新提升全要素生产率进而促进经济增长方式转变的解决方案（王一鸣，2017）。党中央在十八届五中全会上也提出“创新、协调、绿色、开放、共享”的发展理念，指出必须把“创新”摆在国家发展全局的核心位置，“共享”作为发展的目标，党的十九大报告进一步强调了共享发展的重要性。与此同时，国务院出台了《国务院关于中西部地区承接产业转移的指导意见》，强调中西部地区应结合自身产业特点引进东部地区先进的产业技术，并以此为契机促进自身技术创新，推动区域内产业结构优化升级。这都表明我国迫切需要通过产业梯度转移来促进承接地的技术创新能力提升，利用创新促进产业结构调整，推动经济稳定可持续发展，实现改革开放成果的全民共享。为促进产业梯度转移顺利推进，推动承接地的技术创新能力提升和产业结构升级，我国投入了巨大的人力、物力、财力。2016 年财政部、商务部产业扶持入库计划中，中西部地区超过 60%，扶持资金超过 6500 亿元。然而，《中国区域创新能力评价报告 2015》数据显示，虽然我国创新能力稳步上升，但创新能力由东向西递减的分布格局并未发生改变，中西部地区创新水平与东部地区相比差距加大，高新技术产业对 GDP 占比提升不明显。在频繁的产业迁移和巨量的资源投入下，我国经济却面临着技术创新、产业升级动力不足的问题，明确产业转移与升级中技术创新的内在机理是扭转这一局面的关键。

基于此，本书将技术创新分解为“技术势能集聚”和“创新动能形成”两个阶段，引用物理学重力势能与机械动能的知识，提出技术势能、创新动能的概念，基于它们的内在特征进行维度分解，提出测算方法；以区际产业梯度转移与升级中的技术势能、创新动能为主要研究对象，依次解析产业梯度转移促进技术势能提升的集聚机制、技术势能流动加速创新动能积累的转换机制以及创新动能推动产业结构升级的作用机制，并分析每一个机制中的空间效应，提出促进我国技术与产业全面发展的政策建议。其中，将技术势能划分为技术创新意愿、技术创新环境和创新要素吸引力三个维度，对应的区际产业梯度转移分别从产业布局、产业政策和要素流动三个途径作用于技术势能的集聚过程；集聚到一定水平的技术势能开始在区域间渗透溢出，在尽可能避免技术势能空间溢出损耗的同时，各创新主体充分发挥自身的创新意愿，在既有的技术创新环境下，充分发挥创新要素吸引力在技术创造与转化、技术吸收与留存两方面的作用，进而促进创新要素生产率的提升，技术势能在此过程中转换为创新动能；在技术势差的作用下，创新动能通过创新价值链和产品生产链的链式融合推动地区研发创新、过程创新以及产品创新活动，从而进一步驱动产业结构升级；创新动能除了直接推动研发创新、过程创新和产品创新活动外，还会通过促进知识溢出从而间接推动创新。概括来说，本书主要从以下几个方面开展研究：第一，梳理了产业梯度转移、技术创新和产业结构升级的相关理论基础。第二，在明确提出技术势能和创新动能概念的基础上，完成了测度工作，并根据现有有关产业梯度转移和产业结构升级的研究，分析了它们与技术势能和创新动能的相关关系。第三，接下来从三个方面依次解析了产业梯度转移促进技术势能提升的集聚机制、技术势能流动加速创新动能积累的转换机制以及创新动能推动产业结构升级的作用机制。第四，基于创新动能促进知识水平式溢出的视角研究了嵌入式创新驱动产业结构协调化的内在作用机理与空间效应。第五，基于创新动能促进知识垂直式溢出的视角解析了融合式创新驱动产业结构高度化的内在机理与空间效应。基于这几个主要方面的研究成果，本书依据相应的理论与实证分析结论有针对性地进行政策机制设计。

第一，通过对产业梯度转移中出现的众多问题进行分析，不难发现技术创新能力落后导致的技术落后是产业梯度转移并不顺畅的重要原因。对于技术创新的内在机理，当前文献一般从知识流动的角度加以考量，认为知识势差是造成不同区域间知识流动的内因。知识的不断积累促进了区域技术创新的不断推进，也就势必导致区域技术能力的不断增强，进而使得区域产业结构产生较大变动。所以，在一定程度上，区域技术创新和区域产业结构的优化升级之间存在一定关系。但是，在产业梯度转移中，区域技术势能在创新环境、创新要素、创新意愿三个维度的集聚路径与程度怎样？技术势能集聚如何促进区域创新要素吸收与凝聚进而通过何种方式转化为创新动能？创新动能在研发创新、过程创新、产品创新三个过程中如何深化创新价值链与生产链的融合，进而促进区域产业结构升级？这在空间上又有何异同？目前，学界对上述问题的思考尚显不足。而上述问题又是回答当前我国产业梯度转移过程中巨大的人力、物力、财力投入与区域技术创新分布不均、各地区产业结构依然不合理这种低效产出不匹配现象的关键。鉴于此，在产业梯度转移过程中，探究技术创新内在能量集聚以及转化机理、剖析技术创新与区域产业结构升级之间内在联系成为本书的研究方向。在开展这一方向的相关研究工作前，自然需要先梳理相关的理论基础。因此，本书第1章用三节分别梳理了与产业梯度转移、技术创新和产业结构升级相关的理论基础。

第二，技术创新是区际产业梯度转移推动产业结构升级的有效途径，主要包括技术势能集聚、技术势能转换为创新动能两个过程。而本书旨在从产业梯度转移的创新效应出发，将技术创新进一步分解为技术势能集聚和创新动能转换两个阶段，依次探究产业梯度转移促进技术势能集聚、技术势能转换为创新动能、创新动能推动产业结构升级的内在作用机理。于是，需先明确产业梯度转移、技术势能和创新动能的概念与内涵，进而探究产业梯度转移与技术势能集聚、创新动能与产业结构升级的内在关联关系。因此，本书第2章首先将技术创新划分为“技术势能集聚”和“创新动能形成”两个阶段，将物理学中重力势能和机械动能的有关概念、理论引用到经济学问题的分析中来，在知识场理论的基础上，提出了技术势能和创新动能的概念，并将技术势能划分为三个维度，完成了其测度工作。然后选择网络分析法探究产业梯度转移与技术势能集聚的空间关联性，并构建新古典增长模型分析区域创新动能驱动产业结构升级的空间收敛性。

第三，产业梯度转移带来的产业政策、产业布局和要素配置变动将分别影响技术势能的三个维度。在梯度差的作用下，产业从转移地转到承接地，此过程与产业发展配套设施和政策环境的变化密切相关，还涉及了产业布局的动态调整，这将加快资本、信息、劳动力、技术和其他资源与要素在区域内部和区域之间的自由流动，从而实现创新要素的二次配置和结构重组，可以提高区域技术势能的集聚水平。因此，本书第3章首先通过动态系统演化的视角探究了区域产业梯度转移促进技术势能集聚的内在机理，认为产业梯度转移对技术势能集聚的促进作用主要体现在三个方面：在创新环境子系统中改善技术创新的软、硬环境；在创新意愿子系统中激发创新意愿；在创新要素子系统中提升创新要素吸引力。其次，采用主成分分析、EG集聚指数等方法对技术势能集聚进行定量分析，发现我国技术势能集聚水平在时间维度上不断增长，并在不同的经济发展阶段表现出差异化的特征；在空间维度上，则呈现出一种从东北往西南蔓延的“传导式”演化模式，其中东、北部沿海地区和京、津地区为集聚中心。最后，运用基于地理区位和制度关联的综合权重矩阵，实证检验了产业梯度转移促进技术势能集聚的空间效应。结果表明：产业梯度转移能显著促进技术势能集聚，但其空间溢出效应的方向具有不确定性。

第四，产业梯度转移能促进技术势能集聚，但是技术势能集聚水平并不等同于地区实际创新能力，技术势能代表的是技术创新的潜在能力，需要先转换为创新动能，通过创新动能的作用才能够直接推动技术进步，技术势能转换为创新动能后，区域技术创新的潜在能力也转换成了实际的创新推动能力。因此，第4章首先以Griliches－Jaffe生产函数为基础来构建理论框架，探究技术势能向创新动能转换的内在机理。其次，借鉴机械动能测度方法对创新动能和技术势能的转换效率进行定量分析。最后，借助SDM模型分析技术势能转换效率的影响因素。结果表明：创新意愿、创新环境和创新要素吸引力对创新动能稳态增长率都具有正向影响，技术势能对创新动能的空间溢出效率具有不确定性；创新动能和技术势能转换效率在时间维度上持续增长，在空间维度上大致表现为东部大于中部以及中部大于西部的格局；创新型人力资本积累对技术势能转换效率具有显著正效应。

第五，技术势能转换为创新动能后，区域技术创新的潜在能力也转换成了实际的创新推动能力。本书从创新价值链和产品生产链融合的视角出发，探究创新动能推动产业结构升级的内在机理，并深入解析研发、过程和产品创新对产业结构升级的作用机制。在这一阶段，创新意愿激发创新实践、创新环境促进创新合作、创新要素支撑创新生产，经过创新价值链和产品生产链的交叉融合实现创新知识积累、形成创新产品方案并生产创新产品，进而推动主导产业变更和传统产业升级。因此，第5章首先从创新价值链和产品生产链链式融合的视角解析了区域创新动能对产业结构升级的内在作用机理，发现产品生产过程中研发创新、过程创新和产品创新效率的外溢有助于改善企业的创新价值链和产品生产链的运作，保障创新价值链和产品生产链的高效融合，继而改善生产要素的配置方式，研发高附加值的产品，促进传统产业的高技术改造，最终促成产业结构升级。其次，构建基于经济集聚度的空间权重矩阵，实证检验了创新动能推动产业结构升级的空间效应，发现创新动能和外商直接投资是驱动产业结构升级的核心要素，经济活动的集聚会强化创新动能对产业结构升级的空间效应。

第六，上述章节已细致分析了产业梯度转移促进技术势能提升的集聚机制、技术势能流动加速创新动能积累的转换机制以及创新动能推动产业结构升级的作用机制，明确了创新动能通过直接作用推动产业结构升级的路径和作用方式。而事实上，创新动能除了直接推动研发创新、过程创新和产品创新活动，还会通过促进知识溢出从而间接推动创新。因此，本书第6章首先说明了技术嵌入式创新驱动产业结构协调化的作用机理，认为技术嵌入式创新与产业结构协调化均会对经济增长产生正向促进作用，并且两者在时间和空间维度上的交互作用会形成时空的循环作用效应。其次，探究形成这种循环交互作用回路的原因，指出人力资源、技术创新战略和经费资源等内源驱动因素和政府支持、技术进步和市场竞争等外源驱动因素是实现技术嵌入式创新驱动产业结构协调化系统共生演化的推动力和拉动力，两者的相互作用维持系统的动态平衡。最后，解析了技术嵌入式创新驱动产业结构协调化空间效应存在的原因，主要是产业结构协调化在空间层面存在异质性和全局、局部空间关联性，结果发现全局角度（42个工业行业）以及局部角度（三大行业细分）的水平式知识溢出下技术嵌入式创新驱动产业结构协调化的空间效应均显著为正。

第七，创新动能能够推动知识溢出，而知识既存在水平式溢出的形式，也存在垂直式溢出的形式。垂直式知识溢出即知识在上下游产业之间的溢出形式。上下游产业中企业技术效率的提升不会造成其技术和知识租金的损失，但会提升产业间耦联扩散系统的技术知识壁垒，而关联产业间的技术知识壁垒会随着产业关联度的提升而降低，技术知识壁垒的降低加速了区域技术的融合式创新，而区域技术融合式创新会引致高技术产业部门向低技术产业部门发生知识溢出进而实现产业融合，而低技术产业部门也会向高技术产业部门发生知识溢出，使得产业融合现象出现，进而能够促进产业结构的高度化。因此，本书第7章分三步探究了技术融合式创新驱动产业结构高度化的空间效应。第一步，阐述了区域技术融合式创新和产业结构高度化的内涵，得出企业是促使区域技术融合式创新和产业结构高度化之间关系更紧密的突破口的结论；第二步，详细解析了技术融合式创新和产业结构高度化系统的因果作用回路，认为劳动力资源、FDI、融合式技术创新收益和产业结构优化是两个相互独立的系统紧密联系的纽带，技术进步、制度创新和城市人文恢复效力有助于优化技术融合式创新驱动产业结构高度化的耦联扩散系统；第三步，构建前向知识溢出和后向知识溢出（技术引进和技术改造升级）的空间权重矩阵探究垂直式知识溢出效应，发现技术溢出对产业结构高度化的作用为正但显著性不高，模仿创新对产业结构优化升级产生显著的负向作用效应，我国的技术创新可能存在逆向溢出的现象，从而抑制了产业结构高度化的形成。于是，只有对引进的技术进行消化吸收并改造升级，提升自主创新能力才是促进产业结构高度化的关键所在。在上述七个章节研究成果的基础上，就能够有针对性地提出促进我国技术与产业全面发展的政策建议。

本书的相关研究得到了国家自然科学基金项目（71973055、71473109、71773041）、国家社会科学基金项目（18BJY001、19CTJ012）、江西省自然科学基金项目（2018ACB29001、2018BAA208028）、江西省社会科学基金一般项目（19YJ15）等的资助，在此表示感谢！最后感谢经济管理出版社领导和魏晨红编辑对本书的出版所给予的大力支持！

由于笔者水平有限，本书的缺点在所难免，敬请专家、学者及读者不吝指正。

目　录

0 绪论

0.1 研究背景及意义

0.1.1 研究背景

近年来，随着我国经济的不断发展，依靠基础要素投入的传统发展模式所带来的发展动能逐渐减弱，而由其引发的资源消耗、环境污染、区域发展不均衡等负面问题却日益突出。为打破原有经济发展模式的制约，推动我国经济长期稳定可持续发展，学界提出了利用创新提升全要素生产率进而促进经济增长方式转变的解决方案（王一鸣，2017）[1]。党中央在十八届五中全会上也提出“创新、协调、绿色、开放、共享”的发展理念，指出必须把“创新”摆在国家发展全局的核心位置，“共享”作为发展的目标，党的十九大报告进一步强调了共享发展的重要性。与此同时，国务院出台了《国务院关于中西部地区承接产业转移的指导意见》，强调中西部地区应结合自身产业特点引进东部地区先进的产业技术，并以此为契机促进自身技术创新，推动区域内产业结构优化升级。这都表明我国迫切需要通过产业梯度转移来促进承接地的技术创新能力提升，利用创新促进产业结构调整，推动经济稳定可持续发展，实现改革开放成果的全民共享。为促进产业梯度转移顺利推进，推动承接地的技术创新能力提升和产业结构升级，我国投入了巨大的人力、物力、财力。2016 年财政部、商务部产业扶持入库计划中，中西部地区超过 60%，扶持资金超过 6500 亿元。然而，《中国区域创新能力评价报告 2015》数据显示，虽然我国创新能力稳步上升，但创新能力由东向西递减的分布格局并未发生改变，中西部地区创新水平与东部地区相比差距加大、高新技术产业对 GDP 占比提升不明显，如图 0－1 所示。

上述这些情况表明在区域产业梯度转移过程中，中西部地区对国家巨量投入有效创新要素（人力、资金、技术等）的吸收和转化能力不强，导致我国在产业梯度转移过程中创新要素的投入与产出并未有效匹配。区域创新水平的不均衡发展，

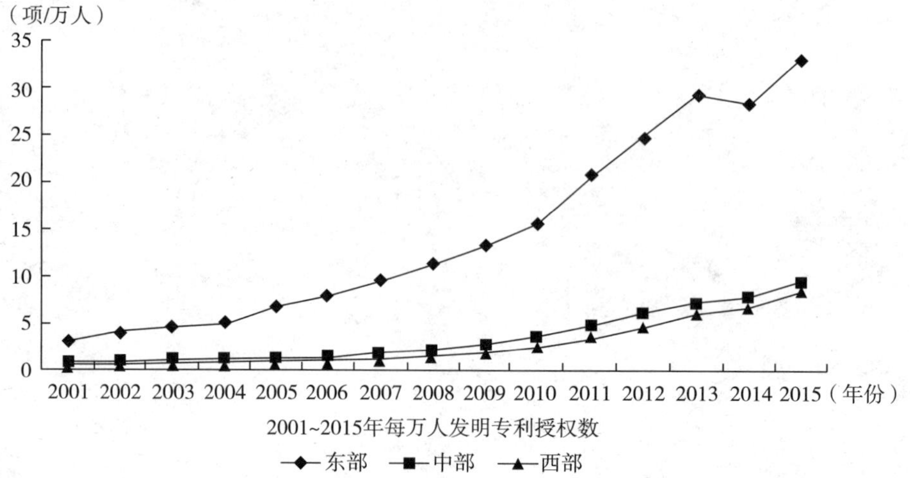

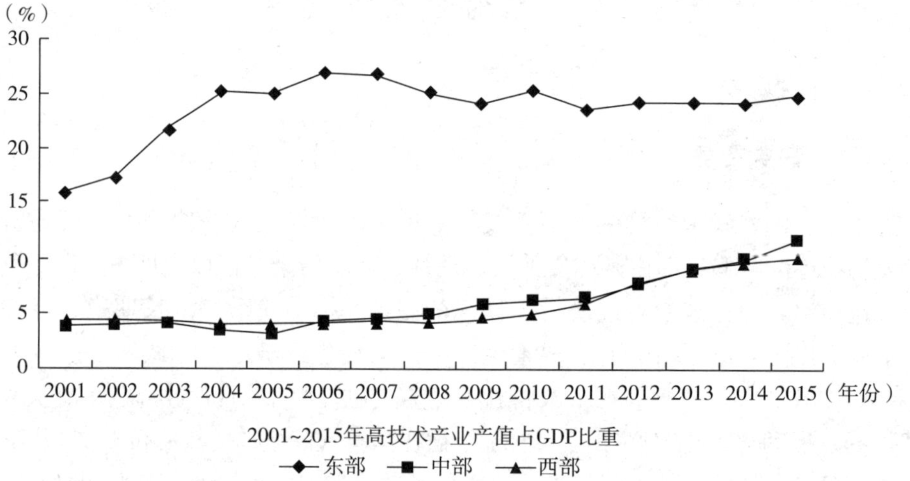

图 0-1　2001~2015 年区域创新能力和高技术产业发展的情况

特别是创新资源吸收能力和创新转化效率的不均衡发展严重阻碍了国民经济发展成果的"共享"，制约了我国经济顺利转型。而技术创新作为技术进步的主要路径，对产业发展有至关重要的影响。随着全球经济的日益发展，世界各地尤其是发达国家和地区极其重视高技术含量、高竞争力和高附加值的高技术产业的发展，而在经济全球化和知识经济的背景下，知识、信息、技术在企业间、产业间乃至行业间以各种形式不断溢出、转化、交替，使得产业结构实现优化升级。知识溢出下区域技术创新已成为促进产业结构优化升级的中坚科技力量，区域产业结构优化升级亦是技术创新持续发展的可靠保证。因此，在新时期下，通过改善要素布局和优化要素结构，加快沿海发达地区与内陆欠发达地区之间的产业梯度转移，推动技术创新的区域均衡发展，提升技术创新转换效率，利用技术创新推动区域产业结构升级，成为我国今后发展所必须面对的一个难题。在此背景下，我们认为有必要对区际产业梯度转移中，技术创新与产业结构升级之间的相关问题进行详细思考和深入分析。

当前，学界对产业梯度转移、技术创新与产业结构三者本身的理论研究较为丰富，在“提升区域技术创新能力，可以促进产业梯度转移”“利用技术创新推动产业结构升级”这两个观点上也存在广泛共识。但是，关于当前经济发展过程中三者之间具体联系的界定还比较模糊。事实上，技术创新可以分为两个阶段，即技术创新潜能的集聚阶段和技术推动能力的形成阶段，分别作用于产业梯度转移和产业结构升级，将三者有机联系起来。为顺利推进产业梯度转移，承接地一般会在产业政策、创新要素配置、产业布局等方面做出相关调整，这些因素的变化会逐步引起技术创新潜能的集聚。这种创新潜能的变动会影响创新要素的生产率，使创新潜能或多或少地转化为技术创新的推动能力。由于创新能力不仅取决于技术创新潜能的大小，也取决于技术创新潜能向技术创新推动力转化的转换效率。对产业梯度转移下技术创新潜能集聚以及技术创新潜能与技术创新推动力的转化这两个技术创新内在机理的思考就显得非常重要。技术推动能力的变动深刻影响着创新价值链和产品生产链的融合，进而能改变区域产业结构。因此，探析技术创新潜能集聚机理、技术创新潜能与技术创新推动能力的转化机理、技术创新对产业结构升级的推动机理以及三者在空间上的特征与效应，对于承接地结合自身特点，寻求一条有益于区域产业升级的道路显得非常重要。知识溢出引起的技术创新能力的提升已成为促进产业结构优化升级的主要发展方向，基于此，有必要进一步探究在知识溢出视角下创新动能推动下的技术创新通过知识溢出促进产业结构升级的具体作用机制。当前，我国经济正处于现代化建设承上启下的关键阶段，利用技术创新促进区域产业结构升级进而提升我国综合国力，极其迫切且重要。只有坚持以“创新”为核心的发展理念，才可以持续稳定快速发展。

0.1.2 理论意义

当前，中国经济发展正面临较为严峻的形势。一方面，国外经济进入深度调整期，有效需求下降，再工业化、产业回流本土的进口替代效应增强，极大缩减了我国的出口市场。另一方面，我国经济过度依赖基础要素投入，资源转换效率低下，经济驱动力明显不足。面对复杂的国内外环境，关键是需要凝聚创新要素、提高创新能力，利用创新推动新技术、新产业的发展，并以此促进产业结构升级，走出一条“持续、优质、共享”的发展道路。因此，在产业梯度转移过程中，明晰技术势能集聚机制、技术势能与创新动能之间的转换机制、创新动能推动产业结构升级的作用机制，对全面剖析技术创新与产业结构升级之间的作用关系，实现我国经济持续稳定发展，具有重要理论和实践意义。

（1）理论意义。①将物理学与经济学进行嫁接融合，结合技术创新的内在阶段特征，提出技术势能与创新动能的概念，将技术势能划分为技术创新环境、创新要素吸引力、技术创新意愿三个维度，探究产业梯度转移承接地在要素市场价值规律、创新价值链重组等因素的作用下促进技术势能集聚的内在机理，有利于深化产业梯度转移创新效应的理论研究。②基于对“技术创新初级阶段即技术势能集聚之后，创新的推动能力是如何形成的”这一问题的深入思考，将创新要素吸引力分解为要素吸收能力和凝聚能力两个方面，逐步解析它们推动技术势能流动最终转换为创新动能的作用方式，这是对技术创新阶段化研究理论的有益探索。③深入剖析创新动能推动作用下的创新价值链和产品生产链的深度融合模式，明确创新与生产“链式融合”之后创新实践、创新生产等推动产业结构升级的具体路径，能够促进产业结构升级与技术创新关联理论的进一步延伸。

（2）实践意义。①根据产业梯度转移促进技术势能集聚的内在机理，结合各产业梯度转移承接地的不同特点，测算各地技术势能集聚水平，设计出提升技术势能集聚水平的政策机制，为各地区政府部门研判自身创新潜在水平提供参考。②根据不同技术势差下技术创新潜能激发创新动能的转换机制，给出转换效率测度方法，并对创新动能的空间分布特征进行详细分析，构建提升动能势能转换效率的政策机制，为政府部门有效促进地区技术势能与创新动能转换提供建议。③分析创新动能在创新价值链与产品生产链融合过程中促进创新效率提升的内在动力，并研究三种模式下创新效率的提升与产业结构升级之间的空间溢出效应，为推动技术创新视阈下的区域产业升级提供了重要的现实依据。

0.2 文献综述

本书旨在研究产业梯度转移过程中，产业梯度转移与技术创新的内在联系，同时分析不同产业承接地创新要素变化引起的技术创新内在技术势能集聚机制、技术势能与创新动能之间的转换机制以及创新动能如何推动创新效率提升进而促进产业结构优化升级。在此基础上，进一步分析知识溢出视角下创新动能推动产业结构升级的具体作用机制。因此，从产业梯度转移与技术创新、技术创新的内在机理、技术创新与产业结构优化升级、知识溢出效应相关研究这四大方面开展相关研究与现状分析评述。

0.2.1 产业梯度转移与技术创新互动关系的研究现状

梯度转移理论，最早源于 Vernon（1966）[2] 提出的生命周期理论，区域经济学家将这一理论引入区域经济学中，形成了区域经济发展梯度转移理论。按照梯度转移理论，无论是国家之间还是一国的区域之间，经济技术的发展都是非均衡的，客观上存在经济技术梯度，主导产业处于创新阶段和发展阶段的地区为高梯度地区，主导产业处于成熟阶段后期和衰退阶段的地区为低梯度地区，高梯度地区产业会向低梯度地区转移，并引致承接地的产业升级。丁建军（2011）[3]认为产业转移实际上是企业区位选择引起的空间布局变化。自从改革开放以来，我国经济得到了30多年的快速持续发展，区域间不均衡发展的问题一直困扰着我们，特别是近些年，东西部发展的差距越发明显。为缩小东西部发展差距，加快引导东部沿海产业向中西部地区转移被认为是解决该问题的一条行之有效的重要途径。然而，产业梯度转移并非一个简单的问题，它会促使承接地人力、资本、政策等诸多要素发生变动，其过程中必然会产生诸多问题，特别是产业黏性的存在使我国大规模产业转移至今还未出现（Martin 和 Ottaviano 等，1996；刘友金，2012；王思文等，2012）[4-6]。实际上，当企业进行投资区位决策时，不仅要考虑到要素禀赋所形成的优势，而且还要考虑产业组织、交易成本等因素所产生的优势。发达地区产业链条上下游企业所产生的集聚可以带来成本的下降，企业更愿意留在集群程度较高的发达地区，而不愿意去往集群分散的欠发达地区（Dunning，1988；Martin，1995；Muûls，2014；惠树鹏，2015）[7-10]。产业由高梯度地区向低梯度地区转移的是产业链上的低端环节或落后环节，产业转移的结果不仅无法解决低梯度地区的技术落后状况，而且还会导致区域技术差距进一步拉大。所以，当前来看，东西部转移主要以资源密集型产业为主，技术密集型产业大范围转移还未出现（张国胜，2014；Zhen，2014；李占国，2011）[11-13]。要解决梯度转移中出现的问题，很大程度上还是需要通过技术引进和吸收来促进承接地自身技术创新能力提升进而改变承接地技术落后的局面（孟凡生、赵刚）[14]。

技术创新是指生产技术的创新，包括开发新技术，或者将已有的技术进行应用创新。作为经济增长的主要动力，技术创新被众多学者所关注。当前，国内外学者对技术创新的研究主要集中在以下两个方面：一方面是对技术创新的动力、模式以及作用等方面的理论分析，如 Youtie 和 Shapira（2008）[15]通过乔治亚理工学院的案例说明了大学在区域技术创新和区域经济发展过程中角色的转变，并提出了自己的见解。也有学者对新兴市场中技术创新如何扩散以及其运作机理进行细致研究，认为技术落后地区以及新兴市场应当结合自身发展特点，寻觅适合自己的发展路径（Júnior 等，2014；Tigabu，2015；Adersson，2016）[16-18]。李燕、李应博（2015）[19]对我国战略性新兴产业的创新体系的支撑机制进行了研究。陶长琪、齐亚伟（2009）从技术创新的角度分析了产业融合的实质，并通过建立信息产业协同发展模型，研究信息产业技术创新与产业融合的创新机制。戴园园、梅强（2013）[20]基于演化博弈的视角对我国高新技术产业创新模式进行了分析，构建了博弈模型并且进行了策略的稳定性分析。然而，单纯技术引进带来的技术创新并不能显著提升区域经济水平，更应强调对技术转化吸收后的技术创新，在产业集群下的技术创新网络可以有效提高技术吸收效率，促进技术创新和产业升级（Caniëls 和 Romij，2001；Camisón 和 Forés，2011；Chatterjee 和 Sahasranamam，2018；Flor 等，2018）[21-24]。另一方面，当前也有学者从创新的影响因素入手，构建相关评价体系，从技术创新效率测度等方面对技术创新进行实证分析，以此阐释和描述技术创新的发展轨迹。Lynch（2016）[25]通过对新兴市场中创新扩张现象的研究，总结了相关影响因素。韩先锋等（2014）[26]在信息提供能力和信息需求水平两个维度测度信息化水平，并实证分析其与区域创新效率之间的关系，认为信息化与技术创新效率之间存在显著的倒U形关系。刘晖、乔晗等（2015）[27]用DEA方法对2007～2012年我国28个省市的高新技术产业技术创新效率进行了测度，认为我国区域创新发展不均衡，创新波动较大。

在开放经济中，技术创新可以由多种方式促成，如技术的扩散、转移、吸收、引进等。明晰上述可能促成技术创新方式的内在详细作用机理，对分析技术创新的整体脉络会有巨大帮助。因此，近年来国内外学者对这方面有诸多研究。有学者认为技术转移对于落后国家技术进步是一个重要源泉。在当前全球贸易迅速发展的时代，贸易成为重要的知识载体，对不同国家的全要素生产率提升有着重要促进作用（Abramovitz，1986；Coe，1997）[28-29]。但是，通过技术转移促进承接地区技术提升需要一些条件。一方面，承接地的教育和研发水平必须要有一定水平才可以引进技术促进生产率提高；另一方面，引进技术还在于吸收，如果单纯地引进技术而没有吸收，这也不能促进经济增长（Keller，2009）[30]。与技术转移概念有所相似的技术扩散也是创新过程不可分割的一个部分。但是它的影响因素较为复杂，一般来说应包括新技术的特性与创新企业行为，同时连接技术输出和接收双方的传播渠道也是扩散成败的关键（Shin和Kook，2014；Dong和Yang，2015；Delre，2010）[31-33]。技术引进对全要素生产率提升，进而促进技术创新也有积极作用。陶长琪、齐亚伟（2010）[34]检测了技术创新与外资技术溢出对全要素生产率的影响。多位学者应用相关数据实证分析了技术引进对于中国高新技术产业、绿色产业等新兴产业成长所起的作用（储德银，2013；张江雪、蔡宁，2015；姚嘉，2016）[35-37]。

产业梯度转移是一个十分复杂的过程，一方面，会使承接地政策环境、创新要素等朝着有利于技术创新的方向变动；另一方面，转移的过程中会引起转移地和承接地之间技术的转移、扩散、吸收、溢出等，而这些过程可以直接或者间接促进区域产业技术创新潜能的提升。通过梳理可知，上述文献对产业梯度转移以及技术在转移地与承接地之间转移、扩散、吸收、溢出的相关理论有较多研究，而产业梯度转移对创新要素的具体影响，以及产业梯度转移对技术创新潜能提升的作用机理在当前文献中并不多见。

0.2.2 技术创新内在机理的研究现状

从上述论述中可知，尽管当前文献对技术创新的概念、模式、途径等的研究较为丰富，但对其内在机理的研究并不多。一些学者试图从扩散的角度对不同地域间技术创新能力的差异性做出分析，认为技术创新扩散程度的不同造成不同区域技术创新能力的不一致，如陈国宏、王丽丽（2010）[38]基于Bass修正模型对产业集群技术创新扩散问题做出了研究。马永红、王展昭、周文（2015）[39]在技术创新扩散系统复杂性特征分析的基础上，基于扩散源视角剖析技术创新在不同地域间转移的动力要素。龚旻（2015）[40]则基于系统动力学方法对技术创新扩散流动构建了模型并开展仿真。另一些学者则希望利用多学科交叉的知识特别是物理学中的相关理论对技术创新的内在机理做出分析，以期解释不同地区技术创新潜在提升能力的不同。由于知识的传播与流动类似于液体的流动，为了清晰地分析知识流动机制，许多学者引入物理学中势能与势差的概念，详细剖析了其内在机理。Nonaka（1995）[41]首次在研究知识动能创造过程中提出了“知识场”理论，形成了以“知识场”研究知识流动的雏形，并同时对 SECI 模型进行了全面阐述。Siemens（2005）[42]、Rubin（2015）[43]研究了企业内部知识流动，运用“知识场”理论分析知识流动规律与路径，并对澳大利亚和以色列地区的数据进行了实证分析。王邦兆、郭本海（2015）[44]利用 GERT 网络模型分析了区域知识创新价值的流动。“知识场”的内在动力机制较为复杂，许多学者以辩证的角度，结合物理学知识对“知识场”内部基于知识位势造成知识扩散的路径进行了研究，认为以“知识位势差”为基础的知识传播不会停止，直到整个社会知识水平提高（Li 和 Chen，2010；Wang，2013；Han，2013）[45-47]。陈武（2010）[48]对知识势能如何在势能高点和低点之间流动进行了详细论述，并对其流动形成机理和传播机理做出了分析。通过分析“知识场”的演进规律，可以推出知识在高势能节点与低势能节点之间的流动规律。这又为我国产业创新能力提升的路径研究奠定了理论基础（王晓红等，2011；项丽瑶等，2014）[49-50]。余泳泽、刘大勇（2010，2013）[51-52]在外资企业进入程度及技术差距的基础上，提出了“技术势能”假说，认为内外资企业技术差距越大，外资企业进入本行业程度越深，技术提升潜力就越大，即技术势能越大，同时利用我国高技术产业数据进行了实证分析。

技术创新潜在能力最终还是要反映到要素投入对创新能力的推动上来，对于创新能力的研究多在于对其形成机理、评价等方面。如 Massis（2013）[53]对家族企业知识创新动态过程进行了分析。Camison（2014）[54]对集群化的知识创新系统进行了分析，并提出改善组织创新能力的建议。周海波、胡汉辉（2015）[55]界定产业集群下创新升级两种模式 STI 与 DUI，并对两种模式下创新绩效差别进行了探讨。Leong（2013）[56]认为知识管理对于技术创新才是最重要的影响因素。实际上创新的影响因素非常多，但一般来说，多从投入要素、转换要素、绩效要素、社会环境几个方面考量，而研究方法和研究角度却从专利影响因素、内生增长模型、复杂网络理论等方面进行，不仅在理论上获得了支撑，也结合数据进行了实证分析（Boschma，2005；Peretto 和 Valente，2015；Uwe Cantner 和 Holger Graf，2006）[57-59]。各微观企业主体创新合理嵌入本地区创新系统，并与本地区创新网络联结，通过企业与产业发展间协同，成为有效扩展区域技术创新能力的途径（王伟光等，2011；任胜钢等，2011；徐建中等，2015；项玉卿，2015）[60-63]。创新水平的确定，还在于对区域创新能力及创新能力水平的评价，主要集中在两个方面：①通过微观层面，以企业为研究对象对企业创新能力进行评价，进而推广到区域水平。如曹庆奎等（2006）[64]应用粗糙集理论对影响企业技术创新能力的指标进行简化，提取主要指标，并建立数学模型进行评价。徐辉、刘俊（2012）[65]提出了一套针对企业的技术创新能力的测度指标体系，运用灰色关联分析模型对广东省企业技术创新能力进行了定量分析，并提出提高区域技术创新能力的政策建议。张果、郭鹏（2015）[66]对企业技术标准化与技术创新能力之间关系进行了详细研究，利用协调度模型进行企业技术创新能力评价。②直接针对整个区域技术创新能力进行分析，如结合区域技术创新特点，运用个性优势特征分析、熵值权重分析、指标特征分析等多种评价方法对区域创新能力进行评价（赵希男，2009；易平涛，2016）[67-68]，随着我国“绿色化”的提出，许多学者在环境规制和技术溢出等新的影响因素下，测度了区域技术创新能力（陶长琪、周璇，2016；王锋正、姜涛，2014）[69-70]。

通过梳理可以发现，现有文献对于技术创新的扩散以及技术创新推动能力的形成有较丰富的研究成果。但是，关于技术创新内在潜能的提升以及这种潜能与技术创新推动能力之间转换机理的研究，相对较少。

0.2.3 技术创新与产业结构升级互动关系的研究现状

产业结构指的是一个国家的国民经济系统中各个产业之间的比例关系和相互之间的联系，产业结构优化升级突出表现为大多数产业从低附加值层级向高附加值层级演进的过程。部分学者从产业结构层级演变特征的不同角度分析了产业结构优化升级。Kaplinsky（2000）[71]从产业链的角度提出了产业集群升级的层级特征。在工业 4.0 角度下，有学者对国内外工业结构演进过程进行了分析，认为技术变化可以促进产业结构的演进（Smith，2014；陈福中，2015）[72-73]。沈秋英、王文平（2009）[74]建立了基于信任和企业进入退出机制的演化模型，并研究了进入壁垒的不同集群规模演化规律。完善产业政策、深化体制改革、优化发展环境等可以促进区域产业结构的优化，但是政府推动，还需配合出口导向和居民消费导向的合理形成（Aghion 等，2015；Fullerton 和 Heutel，2010；王春杨，2015）[75-77]。实际上，产业结构的变动离不开产业组织的演变（胡立君，2005；梁军，2008）[78-79]。Lin 等（2009）[80]从 FDI 的产业结构作用效应角度分析了行业内和行业间的溢出效应。由于区域产业结构的优化升级与区域经济有着密切联系，对区域产业结构优化升级的测度就显得尤为重要，许多学者也对其进行了研究，并将方法逐步改进（Finger 和 Kreinin，1979；雷玷，2012；樊福卓，2013；黄亮雄，2013）[81-84]。与测度产业结构升级水平相比，更重要的是要明晰适应当前发展状况的产业结构对应水平，并据此向政府部门提出相应的政策建议以此促进区域产业结构的提升（刘晓辉，2014；肖兴志等，2012；任涛，2014；蒋文莉，2015）[85-88]。

技术创新可以推动技术生产效率的大幅提升，进而使区域主导产业发生变化。

而一个地区主导产业的变化往往会带动整个区域产业结构的转变。近年来，越来越多的学者开始关注技术创新与产业结构优化之间的联系。汪琦（2006）[89]认为，技术创新与技术创新引致的需求之间的互动是复杂的关系，而正是两者之间的互动效应带动了产业结构的升级。姜泽华、白艳（2006）[90]认为，社会需求、技术创新、制度安排、资源禀赋是影响产业结构优化升级的主要因素。孙军（2008）[91]从需求角度探析技术创新机制的形成，并构建产业结构演化模型，对技术创新与产业结构优化升级之间的关系进行了模拟。技术创新作为区域发展的内在要素，经常与融资约束、创业、知识保护程度等外部环境进行融合，通过协同作用对区域产业结构升级产生影响（Aghion 等，2004；Henrekson，2014；Chen 和 Puttitanum，2004；李胜文等，2016）[92-95]。也有学者试图解释两者之间的直接关系，如徐晔、陶长琪（2013）[96]借助物理学中的耦合概念，对区域产业创新与区域产业结构升级之间的耦合关系展开研究，构建了产业创新与产业结构升级评价体系，利用 2003 ~ 2011 年我国珠三角地区的数据对两者进行了实证分析，认为通过技术吸收、获取的技术创新可以有效推动产业升级。冯志军（2015）[97]运用我国制造业 29 个行业 2001 ~ 2010 年面板数据，考察技术创新对我国制造业升级的影响，结果表明，技术创新绩效对我国制造业升级具有显著的促进作用。陶长琪和周璇（2016）[98]在要素集聚的视角下对技术创新和产业结构优化升级的非线性和溢出效应做出研究，研究认为不同要素集聚背景下技术创新对产业结构优化升级的影响是不同的。林春艳、孔凡超（2016）[99]利用我国 1997 ~ 2013 年省级面板数据建立动态空间杜宾模型研究了技术创新与产业结构优化升级的空间传导机制，结果表明技术创新有利于本地区产业结构优化，且存在长期空间溢出效应。

从上述论述可以看出，当前国内外学者对产业结构优化升级和技术创新的研究已经较为成熟，但多数在于将技术创新和环境规制、融资环境等作为一个整体，研究其与产业结构升级之间的关系，对于两者之间直接关系的研究，多在于用实证方法证明两者之间存在一定的互动关系，而关于技术创新如何促进区域产业结构优化升级内在机理和机制分析的文献却较少。

0.2.4 知识溢出效应的研究现状

知识溢出一般指知识在传播和扩散过程中对环境等造成的外部性，新经济增长理论说明了知识溢出与区域经济可持续发展间的关系，指出区域经济发展受知识溢出的影响较大。学术界对知识溢出效应含义和性质的界定均没有统一标准，马歇尔早在 1890 年就关注了知识的这一外部性特征，阿罗（1962）[100]将知识溢出对经济增长的作用效应解释为知识的外部性。Glaeser 等（1992）[101]将知识的外部性划分为同一产业内部的“MAR 外部性”和不同产业之间的“Jacobs 外部性”。王铮等（2003）[102]也在很早之前就界定了区域间的知识溢出现象和强度的理论含义。Raffaele 和 Stefano（2009）[103]指出，同一个国家内的相邻地区间是发生知识溢出的高峰区域，而生产结构、技术差异和经济状况差距是造成区域间估计方法鲁棒性差异的原因。Franz（2012）[104]假设了创新经济学说和经济地理学说，提出集群企业主要受益于知识的溢出效应，并呼吁政策制定者和学者要更加注意科技知识溢出中的创新集群假说。Yener等（2013）[105]说明了产业内部以及产业之间的知识溢出对城市发展产生的差异性作用，其实证结果指出了行业间知识溢出的重要性，这主要通过Jacobs外部性体现。Plummer和Acs（2014）[106]认为，知识溢出对创业活动的促进作用取决于商业化效率。Perri和Peruffo（2015）[107]分析了知识溢出与FDI的关联度。Serrano－Domingo和Cabrer－Borrás（2016）[108]探究了知识溢出对部门生产率的直接和间接外部性效应。Wang和Guo（2017）[109]认为，在FDI溢出效应的影响下本土企业的技术创新显著刺激和增强了外国企业的创新行为。谢子远和吴丽娟（2017）[110]认为，知识溢出效应是产业集聚提升工业企业创新效率的纽带。

国内外学者还研究了知识溢出的内在作用机理及测度方法。罗默（1986）[111]借鉴阿罗的思想构建了知识溢出模型。许箫迪等（2007）[112]通过计量经济学建模测度了企业间的知识溢出效应，并比较分析了各影响因子与知识溢出的相关性。陶锋和李诗田（2008）[113]运用偏最小二乘回归法得出学习倾向、知识复杂性、厂商间信任等因素对知识溢出的显著性影响。宋琦等（2010）[114]在创新集群内涵的基础上引入知识溢出熵作为集群生命周期的划分标准和分析依据，给出了创新集群各阶段的特点及其定量跃迁条件。Karl Wennberg等（2011）[115]着重考虑了专注于学术研究所涉及行业的知识转移，并且比较研究了1994～2002年瑞典的知识密集型行业中普遍服务义务和民间社会组织的人口完整性。Chen和Tao（2012）[116]通过文化算法对不同学科和来源的知识进行整合并对知识进行精确分类，达到减少知识冗余、删除矛盾知识的目的。郑慕强和李兰芝（2015）[117]分析了不同知识溢出下的知识溢出对创新能力的作用。Cantù（2016）[118]认为，通过协作产生的知识溢出能够支持创业公司成长。

当前，学术界大多通过地理分布差异阐释知识溢出的发生机制，而对知识溢出的衡量主要涉及其对经济增长产生促进作用的替代变量，对知识溢出特征与分类影响效应的研究尚显不足。本书从知识溢出的特征角度对其进行细分，探究各种知识溢出形式下区域技术创新驱动产业结构优化升级的空间效应，有助于更细致地探究知识溢出的作用机理。

0.2.5 文献评述

通过对国内外文献的梳理，可见，学术界对于产业梯度转移有利于缩小我国东西部地区发展差距的作用是认同的。同时，通过对产业梯度转移中出现的众多问题进行分析，认为技术创新能力落后导致的技术落后，是使产业梯度转移不顺畅的重要原因。现有文献对技术创新的研究主要集中在三个方面：一是对其体系、模式等基本理论进行了详细论述；二是对技术创新影响因素以及效率测度的研究；三是对开放经济中可能引致技术创新的相关途径包括技术扩散、转移、吸收、外溢等的原理和作用进行了较多分析。对于技术创新的内在机理，当前文献一般从知识流动的角度加以考量，认为知识势差是造成不同区域间知识流动的内因。知识的不断积累促进了区域技术创新的不断推进，也就势必导致区域技术能力的不断增强，进而使区域产业结构产生较大变动。所以，在一定程度上，区域技术创新和区域产业结构的优化升级之间存在一定的关系，国内很多学者也对这两者之间的关系从理论和实证上做出了一定分析。以上学术研究成果都为本书的研究奠定了深厚基础。但是，在产业梯度转移中，区域技术势能在创新环境、创新要素、创新意愿三个维度的集聚路径与程度怎样？技术势能集聚如何促进区域创新要素吸收与凝聚进而又通过何种方式转化为创新动能？创新动能在研发创新、过程创新、产品创新三个过程中如何深化创新价值链与生产链的融合，进而促进区域产业结构升级？这在空间上又有何异同？目前，学界对上述问题的思考尚显不足。而上述问题又是回答当前我国产业梯度转移过程中，巨大的人力、物力、财力投入与区域技术创新分布不均、各地区产业结构依然不合理这种低效产出不匹配现象的关键。鉴于此，在产业梯度转移过程中，探究技术创新内在能量集聚以及转化机理，剖析技术创新与区域产业结构升级之间内在联系，成为本书的研究方向。

首先，本书从区域间产业梯度转移中不同区域的创新能量分析着手，对产业梯度转移中区域技术创新势能与技术创新动能之间的关系进行分析。通过测度不同区域技术创新势能与技术创新动能水平明晰各区域的技术创新状况。其次，对产业梯度转移促进技术势能提升的集聚机制、技术势差驱动下技术势能与技术动能之间的转换机制进行详细分析，并对其空间特征与空间效应进行研究，以此明晰技术创新内在机理。在厘清技术创新内在机理的基础上，探析其推进区域产业结构升级的内在作用机制。最后，依据创新链与产业链的作用形式对技术创新进行嵌入式和融合式的分类（刘友金，2006）[119]，并用产业结构的协调化、高度化和高效化三个阶段（张延明、李明生，2011）[120]表征产业结构的优化升级，进而通过知识的水平式和垂直式溢出（王子龙、谭清美，2004）[121]，研究区域技术创新驱动产业结构优化升级的空间效应。

0.3 研究内容与思路

0.3.1 研究内容

本书以区际产业梯度转移与升级中的技术势能、创新动能为主要研究对象，沿着区际产业梯度转移—技术创新—产业结构升级的逻辑主线，将技术创新过程分解为技术势能集聚和创新动能形成两个阶段，依次解析产业梯度转移促进区域技术势能提升的集聚机制、技术势能流动加速创新动能积累的转换机制以及创新动能推动产业结构升级的作用机制，最后从知识溢出的视角进一步分析创新动能推动下技术创新对产业结构升级的具体作用机制，并分析这些机制中的空间效应和影响因素，提出促进我国技术与产业全面发展的政策机制。本书研究的逻辑关系如图0－2所示。

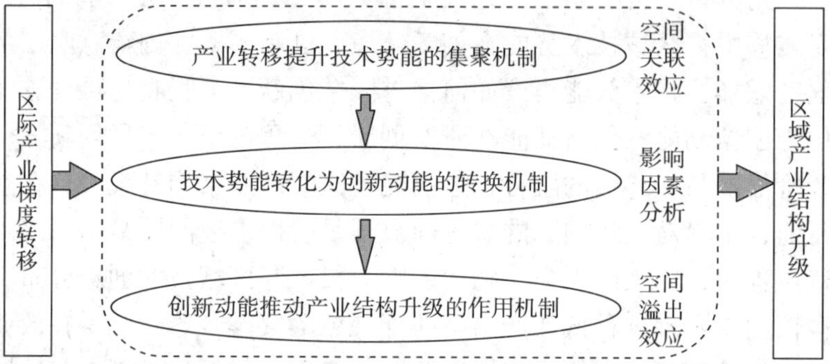

图0－2　研究的逻辑关系

其中，技术势能是指区域所具有的技术创新潜在能力，反映了该地区在做出技术创新决策时可能实现的最大技术提升能力；创新动能则是指在技术势差作用下区域最终实现的技术提升能力。本书的主要研究内容从七个方面展开，研究的内容框架如图0－3所示。本书的主要研究内容具体安排如下：

0.3.1.1　*产业梯度转移、技术势能和创新动能的理论基础与关联分析*

第2章在明确产业梯度转移、技术势能和创新动能概念的基础上，针对技术势能的三大维度划分，设计依次测算技术创新环境、技术创新意愿以及创新要素吸引力的具体可行方法，完成技术势能的测度与结果分析，最后进一步分析产业梯度转移和技术势能集聚的空间关联性，并刻画创新动能对产业结构升级驱动效应的敛散性。

0.3.1.2　*产业梯度转移促进技术势能提升的集聚机制*

第3章从技术势能的三大维度出发，运用动态系统演化的方法探究产业梯度转移促进技术势能集聚的内在机制，设计技术势能集聚水平的测度方法以明确其发展现状，接着测算区域产业梯度转移系数以明确各地区产业梯度转移现状，并构建空间计量模型实证解析产业梯度转移与技术势能集聚的空间关联效应。

0.3.1.3　*技术势能流动加速创新动能积累的转换机制*

第4章基于 Griliches－Jaffe 函数理论解析技术势能向创新动能转化的转换机制，从创新要素生产率入手测算创新动能和技术势能转换效率，构建实证模型分析技术势能转换效率的影响因素。

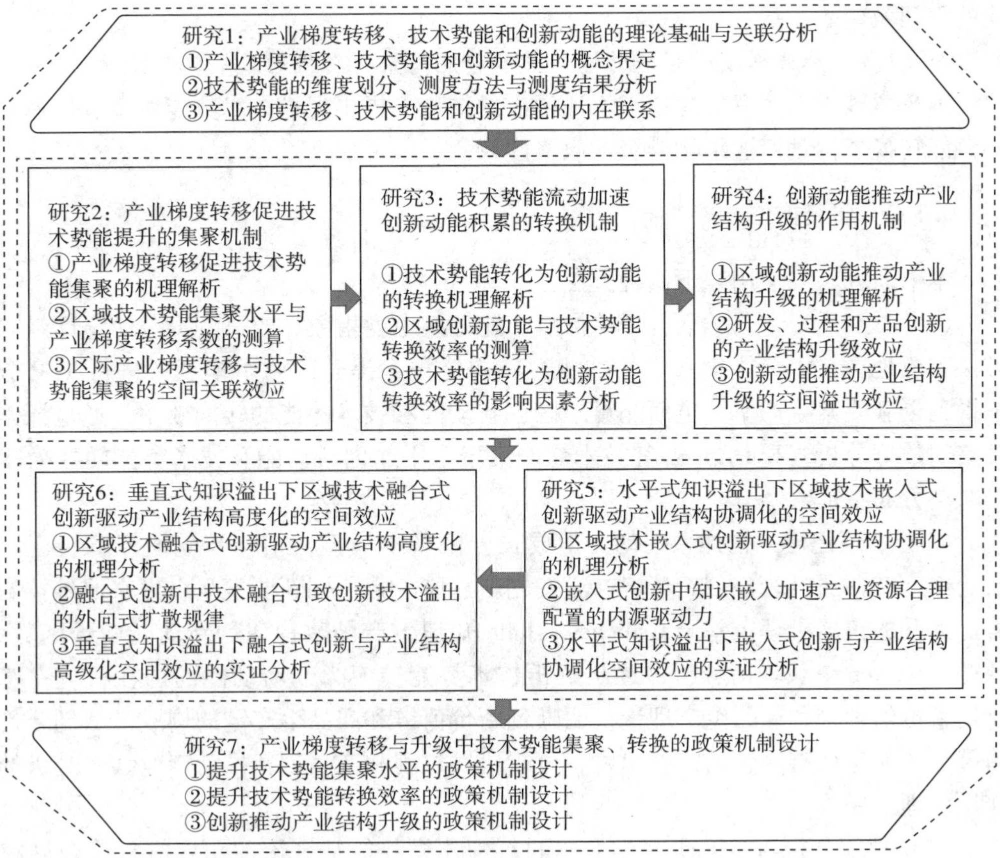

图0-3 研究的内容框架

0.3.1.4 创新动能推动产业结构升级的作用机制

第5章从创新价值链和产品生产链融合的视角解析创新动能推动产业结构升级的作用机制，分析创新动能如何驱动研发创新、过程创新以及产品创新，构建SDM模型实证检验创新动能推动产业结构升级的空间溢出效应。

0.3.1.5 水平式知识溢出下区域技术嵌入式创新驱动产业结构协调化的空间效应

第6章从内源驱动因素和外源驱动因素角度探究了水平式知识溢出下区域技术嵌入式技术创新驱动产业结构协调化的驱动力机制，实证分析了嵌入式创新驱动产业结构协调化的空间效应。

0.3.1.6 垂直式知识溢出下区域技术融合式创新驱动产业结构高度化的空间效应

第7章分析了融合式技术创新系统和产业结构高度化系统间的耦联扩散机制，构建垂直式知识溢出下的空间权重矩阵，实证研究了融合式创新驱动产业结构高度化的空间效应。

0.3.1.7 产业梯度转移与升级中技术势能集聚、转换的政策机制设计

第8章基于上述章节理论与实证得出的结论，提出促进技术势能集聚、加速技术势能转换、推动产业结构升级的政策建议。

0.3.2 研究方法

本书研究主要使用以下四种方法：

（1）统计分析。综合运用EG指数、地理集中度指数、改进的G－O统计量等方法完成地区技术势能集聚水平的测算；构建技术提升的内生模型并进行TFP分解得到创新要素生产率，进而测算地区创新动能和技术势能的转换效率。通过探索性空间数据分析（ESDA）探究技术势能集聚水平、创新动能和技术势能转换效率的时空分布特征。

（2）数理建模。构建系统动力学成长上限基本模型，结合演化模型解析区际产业梯度转移通过改善创新环境、激发创新意愿、强化创新要素吸引力来促进技术势能提升的集聚机理；基于Griliches－Jaffe知识生产函数构建创新动能增长函数，通过Hamilton一般均衡分析，逐步解析技术势能转换为创新动能的内在机理；基于创新价值理论和产品生产理论，明晰创新价值链和产品生产链的构成，从创新价值链与产品生产链融合的角度出发，分析研发过程和产品创新推动产业结构升级的作用机理。

（3）规范分析与实证研究。上述的数理建模只能从理论的角度解析产业转移和升级中技术势能的集聚、转换和作用机制，并不能细致解析不同变量的实际影响效应。于是本书使用规范分析和实证研究的方法进行进一步的深入探究，构建一般嵌套空间模型（GNS）探究区际产业梯度转移对技术势能集聚的空间关联效应；构建空间杜宾模型（SDM）探究技术势能转换效率的影响因素和创新动能推动产业结构升级的空间溢出效应。

（4）比较研究。本书对比了不同产业（全部行业、采矿业、制造业、电力燃气及水的生产和供应业、高技术产业）在水平式知识溢出下的技术嵌入式创新驱动产业结构协调化的空间效应，对比了不同区域（全国、东部、中部和西部）在垂直式知识溢出下的技术融合式和集群式创新驱动产业结构高度化和产业结构高效化的空间效应，目的在于通过分析行业间和区域间的差异，找出产业结构优化升级的一般性规律。即选择横向和纵向归纳法，研究某一现象发生的缘由，从而找出普遍存在的原因，分析区域技术创新驱动产业结构优化升级存在的差异性问题。

0.3.3 本书的技术路线

本书依据产业经济学、技术创新和新经济地理学的相关理论，以区际产业梯度转移与升级中技术创新的内在联系为主线，借鉴已有研究成果，综合运用一般均衡

理论、物理学、系统动力学、探索性空间数据分析（ESDA）基本理论和方法，深入挖掘技术创新的内涵，提出技术势能和创新动能的概念，对区际产业梯度转移中的技术势能集聚、技术势能转换为创新动能、创新动能推动产业结构升级的作用路径和理论机制进行了具体的分析。在此基础上，针对技术势能集聚水平、创新动能和技术势能转换效率设计了可行的测度方法，探究了它们的时空演变现状。而后，构建空间计量模型对相关的空间效应和影响因素进行了实证研究。

接下来，从水平式与垂直式知识溢出的视角出发，进一步分析创新动能推动下的区域技术创新驱动产业结构优化升级的机制研究，从机理分析、机制论证和实证研究三个方面展开分析。

第一阶段，分析水平式知识溢出下区域技术嵌入式创新驱动产业结构协调化的机制。首先，通过技术嵌入式创新驱动产业结构协调化的空间动态效应分析嵌入式创新与经济增长、经济增长中的产业结构协调化和技术嵌入式创新驱动产业结构协调化的空间效应。其次，从嵌入式创新驱动产业结构协调化的内源、外源驱动因素角度分析嵌入式创新中知识嵌入加速产业资源合理配置的内外驱动力和驱动力机制。最后，从构建水平式知识溢出下的空间权重矩阵、嵌入式创新与产业结构协调化的空间特性以及实证分析的角度探究技术嵌入式创新与产业结构协调化的空间作用效应。

第二阶段，分析垂直式知识溢出下区域技术融合式创新驱动产业结构高度化的机制。首先，从区域技术融合式创新及产业结构高度化的内涵、区域技术创新驱动产业结构高度化的空间效应角度分析区域技术融合式创新驱动产业结构高度化的空间动态效应。其次，构建技术融合式创新子系统和产业结构高度化子系统的系统动力学图分析融合式创新引致传统产业改造的耦联扩散机制。最后，从构建垂直式知识溢出下的空间权重矩阵、融合式创新与产业结构高度化的空间特性及实证研究的角度解析技术融合式创新驱动产业结构高度化的空间作用效应。

本书的研究总路线如图 0-4 所示。

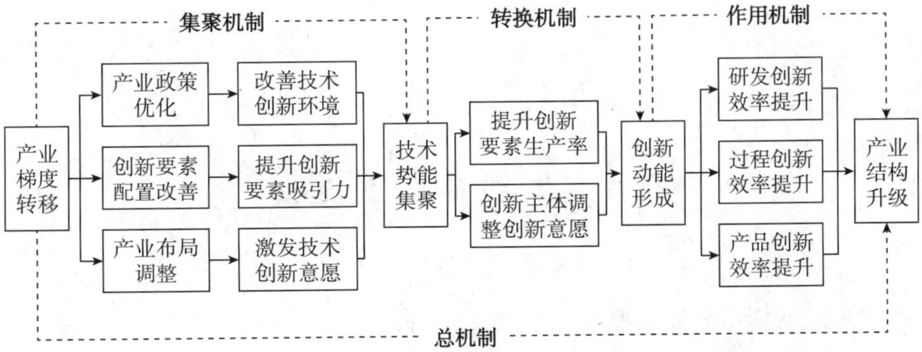

图 0-4　本书的研究总路线

为实现研究目标，本书采用的技术路线如图 0－5 所示。

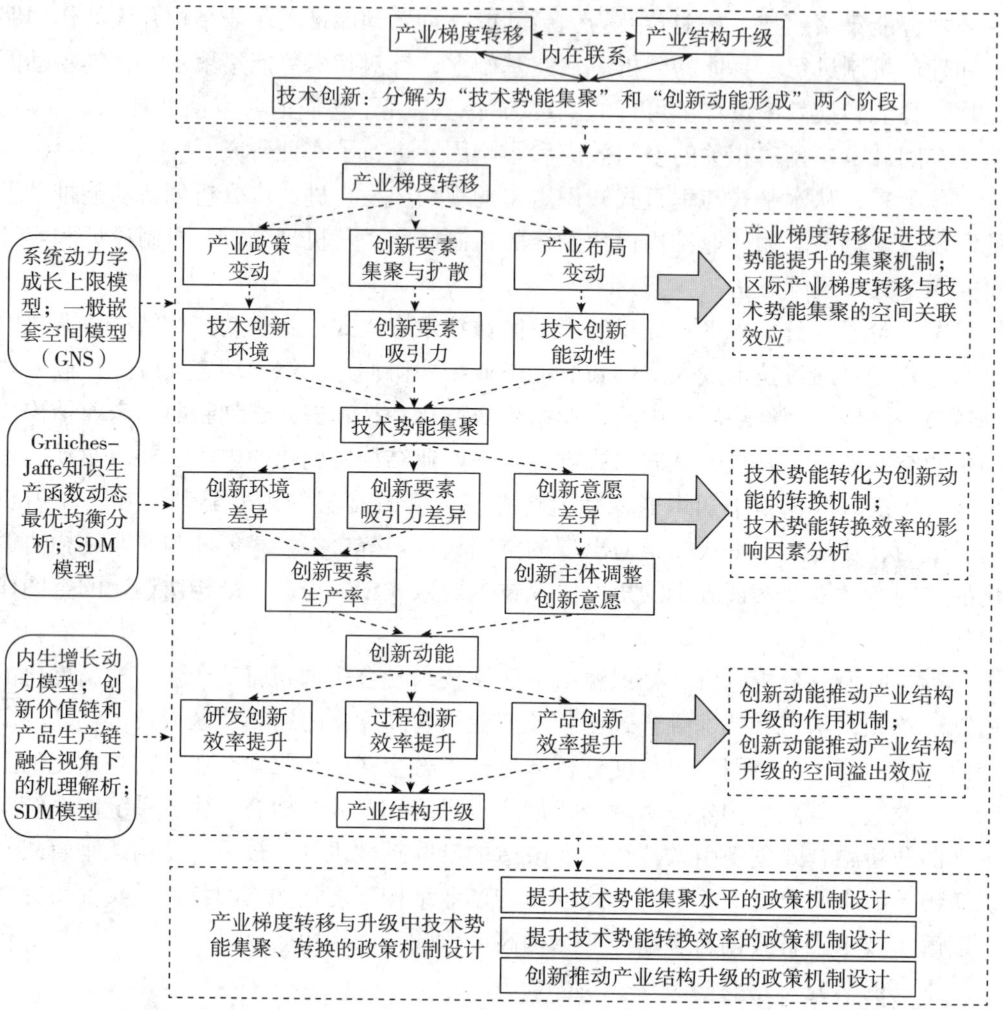

图 0－5　技术路线

0.4　本书的创新之处

本书可能的创新之处主要在以下几个方面：

（1）将技术创新分解为技术势能集聚和创新动能形成两个阶段，为探究区际产业梯度转移与产业结构升级的内在联系提供了新的视角。已有的关于区际产业转移与升级关系的研究中，几乎没有基于创新价值理论将产业转移与升级中的创新活动进行阶段划分的做法。本书从技术势能、创新动能的视角出发，将产业发展中的创新活动划分为产业转移促进技术势能集聚、技术势能转化为创新动能、创新动能推动产业结构升级这三个阶段，依次解析了三个阶段的内在机制，深化了技术创新理论和产业发展理论。

（2）运用物理学知识解释经济学问题，提出技术势能的概念并将其划分为创新环境、创新意愿和创新要素吸引力三个维度。基于此设计了技术势能集聚水平的测度方法，明确了区域技术势能集聚水平的时空分布现状；从产业梯度转移与技术势能各维度之间的正、负反馈路径出发构建系统动力学成长上限模型分析了产业梯度转移促进技术势能提升的集聚机制，运用 GNS 模型从地理区位和制度关联的视角探究了产业梯度转移促进技术势能集聚的空间效应。

（3）将创新要素吸引力划分为创新要素吸收能力和凝聚能力，提出了创新动能的概念，从创新要素生产率增长的视角探究技术势能转化为创新动能的转换动力与机理。基于吸收和凝聚能力两个维度分解得到创新要素生产率，进而测算创新动能和技术势能转换效率；明确了技术势能的转换动力主要由技术创新环境、创新要素吸收能力和创新要素凝聚能力构成；基于 Griliches – Jaffe 框架构建创新动能产出函数，逐步解析技术势能通过内在潜能释放、对外空间溢出、突破制度壁垒等阶段转换为创新动能的内在机理。

（4）基于创新价值理论和产品生产理论，在创新价值链与产品生产链深度交叉融合的视角下探究创新动能推动产业结构升级的作用机制。本书从创新动能推动下的创新实践、合作与生产过程出发，依次分析研发创新效率提升强化知识积累、过程创新效率提升改善生产流程、产品创新效率提升丰富创新产品的理论途径，探究创新与生产的链式融合对市场需求结构调整、行业竞争分化和产业发展规模差异的内在作用机理；运用基于经济集聚度的空间权重矩阵构建 SDM 模型解析创新动能促进产业结构升级的空间溢出效应。

1 理论基础

1.1 产业梯度转移理论

1.1.1 产业梯度转移理论

梯度涵盖的经济学范畴较广，包括要素、产业、技术、文化和环境等方面的发展水平。其中，产业梯度特指产业结构水平的阶梯状差距，其形成原因主要来自不同区域间生产要素禀赋、技术、产业分工等方面的差异。这种梯度水平的高低不仅是区域产业发展水平的决定因素，更成为区域产业互动的物理阻隔，削弱了企业转移的积极性，制约了生产要素的自由流动。而产业梯度理论则全面揭示了产业梯度的作用和规律，并提出了对梯度的合理有效利用方式。

产业梯度转移理论是一种区域经济理论，源自雁行理论（Akamatsu，1962）[122]。雁行理论以日本经济作为实证研究，提出产业发展会经历进口产品、进口替代、出口导向三个阶段，并且伴随着这三个阶段的依次出现，高梯度国家的产业会发生梯度转移进入低梯度国家，两国的产业结构也会逐渐升级。其后，日本的多名经济学家都对该理论进行了延伸，提出了更丰富的产业梯度转移模式和规律。

Raymond Vernon（1966）[123]提出的产品生命周期也被看作产业梯度转移理论的基础，该理论描述产品生命要经历形成、成长、成熟、衰退的生命周期，并提出如果各国技术水平不同，则同种产品的生命周期在不同国家将出现时差，从而引起产业在国际间的转移。其转移路径严格遵循经济梯度，从经济最强的国家顺梯度依次转移，直至进入经济最差的国家。Thompson 和 John（1966）[124]对其观点进行了延伸，提出了区域生命周期，该理论指出区域发展也如人类生命一样会经历青年、中年和老年三个不同阶段，青年时期的区域容易吸引投资进入，随着区域优势的不断积累和显现，区域走向繁荣，然后随着优势的逐步消失，产业又会陆续转出。因此，区域产业的兴衰变化，将直接影响区域产业的收敛性转移时间和转移方向。

Hirschman（1957）[125]进一步提出生产要素流动的涓滴效应，其观点是生产要素从发达地区流向落后地区能帮助实现区域平衡发展，即产业转移顺应经济梯度进行，从高向低进行转移，经济发达地区带动不发达地区的经济发展。这些理论把对产业梯度的研究从静态层面提升为动态层面，突破了静态梯度理论将梯度定位固定化的局限，克服了静态梯度理论僵化的一面，为产业梯度理论的发展提供了新的研究视角。Williamson（1965）[126]提出的倒“U”形理论和 Alonso（1980）[127]提出的钟形发展理论也都是从动态出发，将时间变量引入经济发展水平研究。其理论提出，经济发展水平随时间的推移将导致区域差异的产生，在经济发展初期，区域收入差异会逐渐扩大至某个极点，然后再逐渐缩小，这些理论也都暗含着梯度推移的机理，使研究更加贴近经济发展的实际情况。

李国平和许扬（2002）[128]提出了广义梯度理论，并建立了广义梯度的结构模型。广义梯度理论对梯度的研究构建了一个结构复杂的巨型系统，该系统由自然、经济、社会、人力、生态等梯度子系统构成，将梯度抽象为多个层面，全面、综合地研究了多重要素，包括自然界中物质能量等宏观事物，国家基础设施、经济增长水平、经济规模、产业结构等经济要素，人民生活水平、社会公平、社会安全等社会因素，人口数量、人口分布、人口竞争力、教育水平、科技能力等人力因素，环境污染、生态保护、环境管理等生态因素。该理论的各子系统间相互联系、相互影响、相互制约，形成纵横交错、纷繁复杂的系统网络关系。广义梯度理论将生态因素纳入研究范畴，体现了对人类发展的终极关怀，顺应了经济社会可持续发展的人类价值取向。由此可见，广义梯度理论涉及的研究内容和应用领域十分广泛，研究方法多元化，与传统的梯度理论、逆梯度理论、增长极理论等多种梯度理论都有相互关联和融合之处，是一种综合性和应用性极强的研究理论。因此，在我国的梯度研究中，大部分学者都是以该理论作为研究的理论基础。

总的来说，产业梯度理论的发展经历了一个不断修正、完善的过程。产业梯度理论强调了梯度的存在和差异，肯定了在一国之内的不同区域之间发生产业转移的可能性和必要性，将国外的产业转移理论有效运用于分析中国经济发展需求，为解决我国经济快速发展中出现的失衡问题提供了理论指导。我国学者在应用产业梯度理论研究我国产业转移中的实际问题时，应紧密联系我国国情和经济实际，取其精华，去其糟粕，在该理论的指导下，切实推动我国经济发展和产业结构升级。

1.1.2 产业集群理论

产业集群是对产业集聚现象的一种描述。产业集群里的企业，不仅在空间上集聚在同一个区域，而且在产业分工中还保持着紧密的合作关系，它们通过纵横交错的网络关系紧密联系在一起。这种集群式的发展方式，能够构建高效的专业化分工协作体系，有利于形成专业市场，建立区域性品牌。通过分享集中的生产资源和技术以及有效的市场竞争，使集群内的企业共同受益、共同成长，实现跨越式发展。

Marshall（1890）[129]最早提出企业会为了实现产业规模而形成集聚，并由此可取得信息技术共享、服务行业发展和专业劳动力市场的发展。此研究虽然在当时还未形成系统的产业集群理论，但它引导人们开始关注产业集群这种特殊的经济现象。Hoover（1948）[130]重点研究了集群的最优规模。其理论表明，集群内产业应该适量，过多会导致整体效益下降，过少则会导致规模效应无法实现。该理论可指导区域政府在发展产业集群时，不应盲目追求数量，应适度控制规模。Kenneth（1969）[131]提出的产业集聚出现在一个国家投资建立的地域生产综合体中，其形成超越了市场的选择，主要依靠政府的力量。这一做法和我国中西部地区在承接产业转移时，由承接地政府出面，建设承接载体和承接平台的做法非常相似，但也存在计划性过强的缺陷。Poter（1998）[132]在其著名的钻石模型中提到了产业集群的概念，并因此被很多学者认为是产业集群理论的创始人。他指出，一个国家通过建立产业集群，可发挥产业竞争优势，进而增强国家竞争优势。由于其理论主要是研究国家和国家之间的竞争关系，因此，在用于指导国内产业转移，研究国内区域之间的竞争关系时，此观点存在一定的局限性。

当前，产业集群已经成为我国政府在产业转移调控中常用的调控办法和调控标准。无论是对于产业转出地还是对于产业承接地，都以发展产业集群作为推进区域产业发展、延长产业链的基本途径。而从产业转移的历史进程来看，产业转移主要会经历两阶段的转移模式。第一阶段是产业从分散到集聚的转移，第二阶段则是产业从集聚再到分散的转移。产业能够从集聚中实现规模效应，获得成本优势时，就会积极参与集聚；产业集聚的规模效应递减到过低时，产业则会在集聚后转而分散，这也是由市场决定的通行规律。

1.1.3 产业区位理论

区位理论是区域经济学的核心基础理论。其中，区位是指人类行为活动的空间，又可分为自然区位和社会区位。自然区位反映事物的地理位置及与其他自然环境要素的相互关系；社会区位反映事物与经济环境、文化环境、政治环境的相互关系。区位主体是各种经济活动和社会活动。在这些活动中，参与者都会选择合适的区位，以实现成本的最小化和收益的最大化。例如，选择最低地租的地域或者选择路线最短的路程。因此，区位理论就是关于人类经济活动的空间区位选择和空间结构及空间区内经济活动优化组合的学说。

Alfred Weber（1929）[133]创立了工业区位理论，该理论提出工业区位的决定因素是成本因素，分别由运输、劳动力和产业集聚三项条件决定。三项成本之和最小的区域就是最合理的工业区位。August Losch（1939）[134]进一步将市场因素引入该理论。他提出利润的最大化是决定企业选址的重要依据。这种微观角度的思考方式有助于深入判断和准确预测市场主体的市场行为。Isard（1956）[135]在前人的基础上，提出了从“空间经济论”的角度研究区位理论，他将对区域经济的研究着重放在比较成本和投入产出两个方面，提出在不同的地理范围内，存在很多不同因素会影响工业发展和布局，且各种因素之间还存在复杂的联系。他还将工业区位理论与实际经济相联系，提出利用工业区位理论指导地区经济的发展，并指出地区发展经济应该结合地区特色，注重发挥地区优势，建立区域性的最优生产部门。根据此理论，企业可在劳动力成本高、技术先进、资金成本低、资金充足的地区多投入资金，并运用自动化设备生产，以降低劳动力成本；企业可在劳动力富余、劳动力成本低、资金紧张、利率高的地区，以较低的技术水平进行生产，以减少资金投入。Krugman（1990）[136]将运输成本纳入分析框架，提出集聚经济、外部性、规模经济等现象都受运输成本变化的影响。克鲁格曼研究“报酬递增规律”对产业空间集聚的影响，他指出，产业在不同空间分布的不同选择，由“报酬递增”决定。产业可以选择在劳动力充裕、工业基础雄厚、地域范围更大的区域内发展，产业的扩大和规模化发展将受益于区域可持续扩张的要素供给。新经济地理理论为解释经济活动的集聚现象提供了新的视角，该理论开创性地将空间因素引入分析框架，并通过被广泛接受的数学模型，从微观角度研究经济活动的空间分布规律，解释现实中存在的不同规模、不同形式的空间集聚机理。

在实证研究方面，学者们进一步研究了区位选择的影响因素。Keith 和 John（1996）[137]的实证结果表明，产业集聚决定了产业转移的区位选择。Leonard（2000）[138]通过研究中国 29 个地区对 FDI 的引进，提出 FDI 的区位选择主要受基础设施、政府政策和市场情况影响。Belderbos 和 Carree（2002）[139]对电子制造业从日本转入中国的现象进行研究后提出产业集聚是日本企业进行区位选择的首要考量。

综上所述，产业梯度理论、产业集群理论和产业区位理论分别从三种不同角度研究了产业转移发生的条件、相关影响因素和运动规律，其中有些理论适合分析我国当前的产业转移现状，可以为国家制定产业转移调控政策提供有力的理论依据，也为本书后续的分析思路确定和对策建议的提出提供了有效的理论指导。

1.2 技术创新相关理论

1.2.1 技术创新理论

作为经济增长的主要动力，亚当·斯密和马克思在 18 世纪 80 年代就强调了技术创新的重要性，技术创新即赋予现实事件以构思的新颖性和成功实现性的特征，技术创新过程的复杂性使得国内外对技术创新的标准发展过程没有一个统一的界定，但是不少文献对技术创新的内在运行机理进行了细致描述。Das 等（2000）[140]证明技术创新网络的不稳定性是造成华为、AIR－BUS 等取得更大成功的障碍。Jan 和 Philip（2008）[141]通过乔治亚理工学院的案例说明了大学在区域技术创新和区域经济发展过程中角色的转变，并提出了自己的见解。赵增耀和王喜（2007）[142]分析了汽车行业的技术水平、产销量作用下企业产生的溢出效应。张听和李廉水（2007）[143]探讨了制造业生产行为集聚所产生的各类知识溢出对区域创新绩效的影响。Zhang 等（2010）[144]将知识转移的决策过程视为核心企业和技术创新联盟伙伴之间的斯坦克尔伯格领导者—追随者的游戏。Paruchuri（2010）[145]通过中心性和结构洞两个维度来衡量制药企业在企业间联盟网络中的网络位置对创新活动的影响。魏守华等（2011）[146]用区域基尼系数和塞尔指数分析了我国区域创新能力的空间集聚特性，并通过多元回归实证得出了区域创新能力的影响因素。李大为和杜传忠（2011）[147]从“两个熊彼特”悖论的视角，分析产业集群技术创新网络对促进我国当下技术创新和产业升级的意义。Priem 等（2012）[148]从需求方的视角，探究了消费对技术创新的驱动作用。党兴华等（2013）[149]实证分析了西安高新区高技术企业网络位置和组织间信任与网络惯例之间存在的正向相关关系，从更深层次上把握网络合作创新的意义。Choi 等（2016）[150]构建系统动力学仿真模型从长期和动态角度探究了技术创新的内在作用机理。Reichardt 等（2016）[151]认为技术创新系统的运作方式会影响德国的政策组合的演变。

单方面从技术创新机理阐述其作用过程，会导致技术创新的理论缺乏支撑，于是更多学者从技术创新能力、技术创新效率和影响因素方面详细阐释技术创新的发展轨迹。毕克新和王晓红（2007）[152]建立了我国中小企业的技术创新关系模型，分析了技术标准对我国中小企业创新投入产出的影响。池仁勇（2007）[153]统计归纳了区域中小企业创新网络的基本框架及网络节点的关系链形式，并总结了中小企业创新网络节点的联结强度对创新绩效的影响。李习保（2007）[154]实证分析了影响我国区域创新能力差异的效率因素，并解释了造成这种差异和区域集聚的制度原因。王霄和胡军（2009）[155]通过探索性因素分析和构建结构方程模型，测量分析了我国中小企业的技术创新影响因素。陶长琪和齐亚伟（2009）[156]从技术创新的角度分析了产业融合的实质，并通过建立信息产业协同发展模型研究信息产业技术创新与产业融合的创新机制。Wang 和 Xie 等（2009）[157]运用一种基于新的粗糙集及 BP 神经网络的方法，构建了一个综合网络模型测度区域技术创新能力，最后用一个例子证明了该方法的准确性和可行性。刘凤朝和孙玉涛（2010）[158]从创新能力的角度分析了我国技术引进和溢出的影响因素。Gao 等（2010）[159]通过构建区域技术创新能力指标体系，分析得出中国的科技增长速度比经济增速快。陶长琪和齐亚伟（2010）[160]使用技术效率表征区域创新的空间差异，探究了 R&D 对技术效率、技术进步和生产率的改进作用。Zhang 等（2012）[161]选择了 16 个指标评价环渤海经济圈的技术创新能力，得出必须通过增加 R&D 的投入、提高技术创新效率、促进技术扩散转移和优化产业结构的方式来促进区域经济协调发展的结论。张米尔和朱媛（2012）[162]使用专利池表达了技术专利的重要性，并测算了技术的内聚性。袁博等（2014）[163]从知识产权的保护效应角度分析了重大科研项目的受影响状况。Wafa（2015）[164]分析了技术和非技术创新对企业创新的影响效应。Karltorp 等（2017）[165]认为，可持续的技术创新使得我国的风电行业面临越来越多的财政限制。

已有技术创新理论的相关研究对技术创新的影响因素和作用方式进行了较为详细的阐释，但是对技术创新各种方式的内在特征和作用形式缺乏具体性研究，从创新链和产业链的作用形式角度开展技术嵌入式、技术融合式和技术集群式创新三种分类的研究较少见。本书基于技术创新的三种分类，从更细致的角度描述了创新链和产业链的作用方式，探究其对产业结构优化升级的作用效应。

1.2.2 创新价值链理论

创新价值链是由“创新”及“价值链”两部分构成，从经济学角度看，“价值链”是基础，而“创新”是在其基础上的扩展。

著名学者 Porter 在 1985 年率先提出价值链理论[166]，他把企业所进行的产品设计、生产、销售等价值创造过程看作一条价值链，包括研发设计、生产制造、市场营销等基本过程以及企业采购、人力资源管理、质量管控和物流管理等辅助过程，这些彼此间相互联系但又有所不同的企业日常经营环节，造就了一条创造价值的动态流程，也就是价值链。著名经济学家 Schumpeter（1912）[167]在对创新研究过程中首次提出“创新”的概念，他认为，企业在生产过程中应对不同的生产要素进行组合和配置，在此基础上不断提升企业技术研发能力，促使企业产生创新效应，获得超额利润。随后诺贝尔经济学奖获得者 Robert Solow 明确提出了技术创新“两步理论”，他指出，企业要想开展技术创新，就要符合两个前提条件：一是需要有崭新的设想，二是需要有与这些新设想相联系的后续环节。新设想、新想法是技术创新的根基，在此基础上通过研发将新设想转化为新技术和新工艺，之后将新技术和新工艺通过生产转变为产品，最后将这些产品尽可能地通过市场营销投放到市场中，从而取得尽可能多的收益，以便使得技术创新更有价值。美国经济学家 Hansen 和 Birkinshaw（2007）[168]在研究企业创新的基础上，全面提出了创新价值链的内涵，指出创新价值链是从创意产生开始，到创意的转换，再到创意的扩散，并以促进企业绩效提升为目的的链式结构。该内涵认为企业需要建立科学系统的创新流程，以此寻求制约企业创新发展的阻力，以便运用合适的技术途径来破除这些阻碍。因此，国外主要将创新价值链按创新流程划分为三个环节，分别为创意产生环节、创意转换环节和创意扩散环节，对于每个创新价值链环节，创新主体都需要承担一定的职责。首先创新管理者需要利用各种有效途径去吸收对企业发展有用的新想法和新创意；其次根据需要对收集的新想法和新创意进行研发设计；再次对研发设计出来的新成果通过生产转变为新产品；最后将新产品投放到市场进而转化为企业利润收益。在企业层面上，企业通常会在一些环节或一些任务上具备较强的竞争优势，但是也会在一些环节或一些任务上有着较弱的竞争劣势。因此，企业需要利用各种有效途径来维持和增强自身的竞争优势，并且也需要利用各种有效途径来弥补自身的竞争劣势。

与此同时，创新价值链理论还指出，企业需要从整体上系统地对待和把握企业创新活动。首先企业创新管理者需要投入大量精力通过汇集企业各种优质资源采用有效的方法来改进企业的劣势环节和领域，而不是将这些优质资源投入企业不需要改进的地方和领域，这样才能从根本上强化企业的创新能力与创新水平。同时，企业需要运用创新价值链理论对企业的创新过程展开分析，从而可以发现企业原本优势的环节正在减弱并可能会转变为企业劣势的环节。因此，企业在创新过程中需要充分征求多方面的提议和见解，进而利用各种有效途径来对企业创新的劣势环节进行补强，从而才能从根本上将企业劣势转化为优势。随着创新的发展，创新价值链理论也引起了我国学者的关注。张晓林等（2005）[169]认为，创新价值链是一种将相关创新环节联合在一起的链式结构，从基础研究出发形成项目专利等前端要素，再经过企业的开发制造形成商品等主体要素，最后经过市场营销形成利润等目标要素。温肇东（2007）[170]在产品生命周期的基础上，认为创新价值链是从产品创意开始到产品产生，再到市场销售，从而促使创新从发明到被应用的整个过程。曾祥炎（2013）[171]在前人研究基础上进行了总结，认为创新价值链由基础理论创新、工艺创新、产品创新和服务创新组成。刘亭立等（2019）[172]从创新产出角度出发认为创新价值链是创新要经过技术产出再到产品产出最后到效益产出的一个复杂过程。创新价值链是一条创新活动的价值创造以及转移的连续过程链，从新思想开始，经研发制造形成新产品，再将新产品投入市场进行销售最终形成利润。

1.3 产业结构升级相关理论

1.3.1 产业结构与产业结构升级

产业结构指的是一个国家的国民经济系统中各个产业之间的比例关系和相互之间的联系，产业结构优化升级突出表现为大多数产业从低附加值层级向高附加值层级演进的过程。部分学者从产业结构层级演变特征的不同角度分析产业结构优化升级。Kaplinsky（2000）[173]从产业链的角度提出了产业集群升级的层级特征。张耀辉（2002）[174]提出产业创新的概念，认为产业创新引致大量高附加值产业的涌现。谢伟（2006）[175]阐释了中国激光视盘机产业的技术创新，描述了中国企业的创新分布、创新分类方法和产业结构演变。吉敏和胡汉辉（2011）[176]基于产业集群的网络特性分析了集群升级过程中的网络演化形态，并采用社会网络分析方法分析内生型集群升级过程中的网络演化形态。黎春秋和熊勇清（2011）[177]基于战略性新兴产业的培育和发展对传统产业产生的溢出、置换和联动三类效应，提出了传统产业优化升级的具体途径。朱永彬和王铮（2014）[178]预测了我国的产业结构优化升级路径。齐兰和陈晓雨（2015）[179]分析了我国的经济金融化对产业结构优化升级的影响效应和机制。

1.3.2 产业结构升级的机理与分类

产业结构优化升级的过程遵循其自身的内在发展规律，同时也会受到各方面的影响。Schroeter（2006）[180]建模证明了政府的立法管理对畜牧产业结构演进有积极作用。Carriquiry（2007）[181]的研究表明，政府在产品标准方面的严格管理对产业和企业甚至对产业结构变化有一定影响。程大中（2008）[182]对中国和13个OECD经济体的生产性服务业发展水平、部门结构及其影响进行了比较研究，得出我国服务业发展应该打破市场垄断、理顺市场机制以及打破诚信经济的结论。干春晖和郑若谷（2009）[183]分析了我国多时间段的生产要素构成变化、产业结构演进、要素生产率水平和增长率的差异，并利用偏离—份额法探究了产业结构的生产率增长效应。王德章等（2009）[184]构建产业结构升级模型，从理论上揭示了通过政策创新导向促进绿色食品产业结构升级的依据、条件、主要内容与路径。张少军和刘志彪（2009）[185]从理论上界定了GVC（全球价值链）模式下产业转移的定义，探究了GVC模式的产业转移对发展中国家产业升级的影响。Almedida（2010）[186]从开放市场的角度分析了我国的技术创新能力对本土产业结构优化升级的影响力度。肖兴志等（2012）[187]通过分析产业结构优化升级的影响因素，构建了最优产业结构测算指标，为中国政府在制定和调整产业结构目标、优化资源配置、推动产业结构优化升级方面提供了切实可操作的产业政策工具。Liu和Gan（2014）[188]分析了经济、资源、能源和环境制约下我国的产业结构优化模型。Wang等（2015）[189]分析了我国FDI对产业布局和产业结构优化的影响。Li和Lin（2017）[190]构建超效率DEA模型探究我国省域绿色生产力产业结构合理化的影响因素。

1.3.3 系统视角下的产业结构升级

产业结构之间、产业组织之间都因相互联系而关系密切，产业内部和产业之间的联动关系也会促进产业结构优化升级。殷醒民[191]早在1996年就提出了产业集中的定义，分析了产业结构对中国工业资源合理配置的影响方式和关系。Elisa（2002）[192]详细分析了产业与职业结构之间的关联性。通过建立产业—职业矩阵，分析加利福尼亚州的11个大城市中产业与职业结构之间的一致性关系。Harris和Robinson（2004）[193]、Lin等（2009）[194]从FDI的产业结构作用效应角度分析了行业内和行业间的溢出效应。Jing（2005）[195]从对外贸易视角考察和分析了外国直接投资对我国产业结构升级的影响和作用，并根据实证分析的结论提出了相应的政策建议。路江涌和陶志刚（2006）[196]考察了中国制造业的区域集聚程度发展趋势，并进行了国际比较，得出我国的行业区域集聚程度呈上升状态。原毅军等（2007）[197]分析了技术关联的产业间即生产性服务业和制造业之间的博弈关系，在混合纳什均衡的条件下分析了产业间的弱关联关系。孙晓华（2008）[198]通过系统动力学因果流图分析了产业集聚效应的框架，并得出系统动力学模型与产业集聚效应的实际演化过程具有较高拟合程度的结论。张军等（2009）[199]分析了不同行业的要素配置效率对中国工业行业结构调整与市场改革之间结构红利的存在性。綦良群和王成东（2012）[200]对区域高新技术产业与装备制造业相互作用关系及过程进行了系统分析，分析了部分区域高新技术产业与装备制造业相互作用效率低下的原因。Qiang 和 Xiuxiu（2014）[201]探究了贸易开放度、产业结构优化升级与经济增长间的交互作用关系。Guan 和 Xu（2015）[202]分析了辽宁省 14 个地级市的能源技术效率和消耗效率关联作用下的产业结构优化升级效应。Li 等（2016）[203]通过不精确随机多目标规划（ISMOP）法分析了山东省的产业结构优化方式。

学者从产业结构演进和产业结构的内在关联性角度分析了产业结构优化升级的作用机理，并通过产业集群、产业网络阐释产业的集聚效应，而上述的文献没有详细地对产业结构优化升级的每个具体过程进行细致的分析，很少从产业效率变化即产业结构高效化角度说明产业结构优化升级。本书创新性地提出了产业结构高效化的概念，探究产业结构合理化、产业结构高度化和产业结构高效化三层递进的产业结构优化升级过程，分析各个阶层下的空间作用效应。

2 产业梯度转移、技术势能和创新动能的关联分析

2.1 产业梯度转移、技术势能和创新动能的概念界定

技术创新是区际产业梯度转移推动产业结构升级的有效途径，主要包括技术势能集聚、技术势能转换为创新动能两个过程。本书从产业梯度转移引发的创新效应出发，把技术创新进一步分解为技术势能集聚和创新动能形成两个阶段，依次探究产业梯度转移促进技术势能集聚、技术势能转换为创新动能、创新动能推动产业结构升级的内在作用机理。于是，需先明确产业梯度转移、技术势能和创新动能的概念与内涵，进而探究产业梯度转移与技术势能集聚、创新动能与产业结构升级的内在关联关系。

2.1.1 产业梯度转移

2.1.1.1 产业梯度转移的概念与成因

产业转移作为一种经济运行过程，是指产业从一个经济区域向另一个经济区域的转移，在此过程中伴随着技术转移和资源流动，能够实现资源配置状况的进一步优化。从转移路径的视角来看，产业通常从发达地区向次发达或落后地区转移，表现出显著的“梯度”特征（Akamatsu，2010）[204]。区分“等级”“层次”和“秩序”差异的“梯度”概念来自区域经济学。区域梯度涵盖了要素禀赋和经济、产业、社会、文化发展等多个范畴，其中产业梯度是区域梯度的核心组成部分。在产业转移理论中，产业梯度主要是指国家或地区由于资源禀赋、经济、技术和产业分工的不同而在产业结构层次上形成的阶梯状差异程度（Kumbhakar，2000）[205]。

从微观的角度来看，产业转移的成因主要是企业在发展过程中自发的逐利行为。一方面，当各地理区域的产业竞争环境发生变化时，优势企业通过重新选址来

维持自身领先地位，高梯度产业中多数企业的迁移自然形成了所谓的产业转移；另一方面，即使区域竞争环境相对稳定，随着企业主营业务拓展和规模扩张，它们开始对所在地以外的其他地区进行投资，相应的技术、人力、物资以及生产与组织向投资地输送，促使其所在产业发生转移（Gary Gereffi，2005）[206]。从中观和宏观的角度来看，产业转移是行业布局调整在空间维度上的具体表现，行业产品需求和产业支撑条件的改变是产业转移的主要动力（Lipsey 和 Weiss，1984）[207]。当行业产品需求和产业资源供给的空间分布格局发生变化时，假设 A 地区某行业产品需求上升或相应产业资源供给增加，由此形成的低成本高利润优势将刺激其他地区相关产业转入 A 地区；反之，则可能使 A 地区相关产业转移到其他地区。综上，产业转移是以优化产业的整体布局为目标，以行业布局调整、企业合作分工等为手段，以综合要素区际再配置为表现形式的时空演变现象。

2.1.1.2　产业梯度转移的核心环节

经济全球化发展的大环境对全球经济体系中的所有成员都提出了新的更高要求，一个国家或地区想要在整个国际经济的发展进程中占据符合自身预期的较高地位，努力提高自身的国际竞争力是必不可少的，国际竞争力的提升并非易事，需要其在微观、中观和宏观三个层面都达到一定的条件。在微观层面的企业维度，需要国家或地区企业具有较强的竞争能力；在中观层面的行业维度，要求行业内和行业间具有合理的布局结构；在宏观层面的产业维度，产业发展的支撑能力成为必备条件。产业梯度转移是保障这三个条件的重要途径，它包括以转出地区为主的产业迁移和以承接地区为主的产业承接，其中产业承接是产业梯度转移的核心环节，在整个转移过程中具有非常关键的作用（Thomson，1956）[208]。就中国而言，有效的产业承接不仅是平衡东西部发展步伐、促进南北方经济协同的重要推力，还能够从整体上改善资源要素的配置状况，进而加速制造业和服务业的智能化，助力新经济的提质保量，为新时代的经济增长动力转换打下坚实的基础（Miao 和 Zhang，2015）[209]。

高效的产业承接应至少具备四个方面的能力：①在接收相关产业及其综合资源前，承接地要具有较强的选择能力，从众多的转出地区中选出与自身发展契合的目标产业。②在确定目标产业后，承接地区需要提升对目标产业和相关要素资源的吸引能力，以保障获取目标产业所在地区的转出意愿。③在接收目标产业的过程中，承接地区需及时改善现有产业发展环境，为顺利承接并发展目标产业提供配套的支撑能力。④承接地区接收目标产业后，还要积极培育产业发展能力，做到接收后的产业能力在继承中有所发展。上述四个方面的能力共同构成了承接地区的产业承接力，它们相互联系且彼此依存，是产业梯度转移有效性的重要保障（Fortuin 等，1962）[210]。

2.1.1.3　产业转移的分类与特征

产业转移是产业发展时空演变的重要组成部分，根据研究视角的不同可划分为不同的种类，现有研究中较常见的分类如表 2-1 所示（Dentan 等，2002；Heide，2012）[211-212]。

表 2-1 产业转移的常见分类

研究视角	产业转移类型	主要特征
产业转移的驱动因素	政府调控型转移	以弱化或消除经济发展中的分化效应、保障地区之间的均衡发展为主要目标；政府的主观调控在转移过程中发挥主要作用
	市场主导型转移	在要素市场和产品市场均衡的约束下，以获取产业扩张的规模效应和集聚的外部效应或降低生产和经营成本为主要目标；市场规律的客观作用在转移过程中发挥主要作用
产业转移的内容	局部转移	在不确定转移能否改善产业发展局面的情况下，产业链的部分环节发生转移；产业转移通常从局部转移开始
	整体转移	受限于初始地区的发展空间或在承接地区能获取更大发展空间的情况下，产业链整体全部转移；整体转移一般发生在局部转移之后
产业转移的空间范围	国际转移	发生在不同国家之间的产业转移
	区际转移	发生在同一国家不同地区或同一地区不同经济区之间的产业转移

根据表 2-1 可知，不同类型的产业转移具有不同的特征。除了这些差异化的特征外，不同的产业转移活动还具有梯度性、阶段性、综合性、逐利性和关联性五个共同的特征（李向阳，2017）[213]。

这五个共同特征的具体表现在于：①梯度性。由于各区域的发展程度存在差异，形成了各区域不同的经济梯度，产业从梯度较高的经济发达地区转移至梯度较低的不发达地区。②阶段性。随着地区产业结构的变化，产业转移才会发生，而产业结构的变化具有一定的阶段性，所以产业转移也具有一定的阶段性。③综合性。产业转移不是单一要素的转移，而是包括资本（K）、技术（A）、劳动力（L）等禀赋在内的综合转移。④逐利性。产业是基于不同国家或地区间存在的利益差为动力进行产业转移的。⑤关联性。指国内产业转移与国际产业转移间存在一定的关联性，产业转移最初在国内区域间进行，直至各区域的比较优势都发挥完之后，国家就会进行国际间的产业转移，从一定程度上来说，国际产业转移是国内产业转移的拓展与延伸。

2.1.2 技术势能

魏仁兴和朱宝荣（2007）[214]从技术创新的本质出发，明确指出创新的事物所具有的潜在能力与动力，应包括域、势、能三个方面，并依次对这三个方面进行了深入分析，充分肯定了环境、能动性以及吸附与凝聚力对技术创新潜在能力的重要作用。对先进技术的吸收能力与凝聚能力是技术势能的首要维度，刘秉镰和余永泽

(2010)[215]从FDI技术溢出效应的视角出发，验证了技术势能取决于吸收能力和技术差距、地区创新环境、企业特征等因素这一“技术势能”假说。

“知识场”理论的相关研究是技术势能研究的有效补充。知识场中内在动力机制较为复杂，许多学者以辩证的角度，结合物理学知识对“知识场”内部基于知识位势造成知识扩散的路径进行了研究，认为以“知识位势差”为基础的知识传播不会停止，直到整个社会知识水平提高（陈国宏和王吓忠，1995；党兴华等，2006）[216-217]。

现有关于技术势能的研究尚未形成统一的概念，本书将物理学中重力势能的概念引申到“知识场”理论中，结合创新主体意愿、创新的内外部环境和参与主体创新要素的潜在创新与吸收能力这三个维度，提出技术势能的定义。在物理学概念体系下，重力势能等于物体质量、重力加速度与相对高度三者之积，其中质量代表着其本身特性，重力加速度反映物质所处的环境特征，高度则表征物质的潜在水平特征，能反映其势能的“加速能力”，即势能提升的潜能。也就是说，物体的重力势能是由它本身的特征、所处环境的特征和潜在的水平特征共同决定的。基于此，本书将技术势能的概念界定为：技术势能是指系统内的各创新主体在自身创新意愿、内外部创新环境和创新要素吸引力三大维度的约束下通过自主研发协同创新等不同形式的创新活动所能实现的最大技术提升，是该创新主体潜在的最大创新能力，是在现有条件下的技术进步上限。在创新决策行为中，创新主体需要按照自身意愿安排研发活动、结合创新环境优化资源配置，在发挥环境优势、突破环境约束的同时，充分利用自身的创新要素吸引力，一方面努力自主研发，另一方面尽可能多地吸收外来先进技术，从而形成技术势能（见图2-1）。当这一系列环节的决策都能够实现最优化结果时，就能够实现技术进步的上限，将自身创新潜能完全转换为实际创新能力，实现技术势能的完全转化。事实上，在复杂的创新活动中，技术势能并不能全部转化为实际创新动力，转化损耗必然存在。

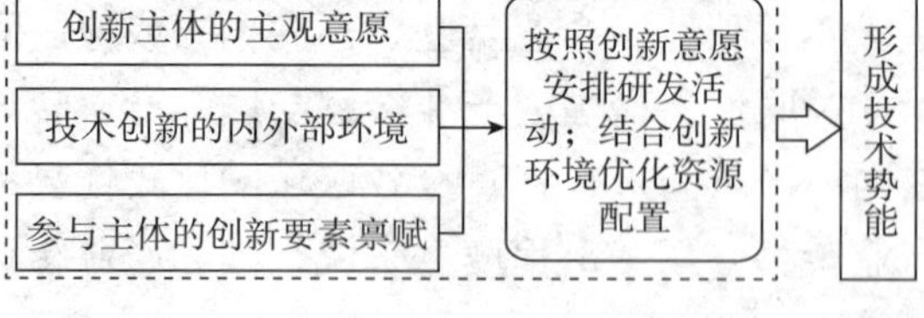

图2-1　技术势能形成过程

技术势能是创新主体技术创新综合潜能水平的最直观表现。技术势能水平越高，意味着该主体所能够掌握的创新要素在种类和数量上更具优势、要素配置结构也更为合理，且由其主观意愿引导的创新行为更适应内外部的创新环境，进而能更有效地利用金融支持、政策制度等带来的创新环境外部性红利，在整个创新系统的运作过程中，该创新主体能够实现的创新价值增长自然更大。

2.1.3 创新动能

前文从创新主体的意愿、内外部创新环境和创新要素吸引力三个维度定义了技术势能的概念。技术势能在产学研协同创新过程中的驱动作用，是三个维度合力推动的效果，需要通过技术势能的形成和转化两个步骤才能发挥其创新效应。在创新理论体系中，技术势能的形成、转化阶段与物理学中重力势能形成和转化为机械动能的过程是对应的。其对应关系如图 2－2 所示。

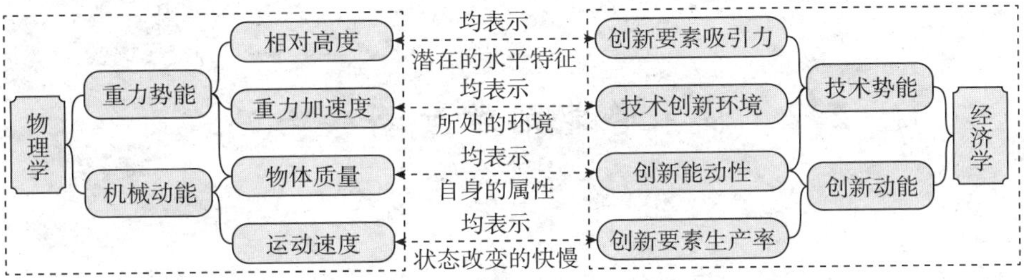

图 2－2 技术势能与重力势能对应关系

由图 2－2 可知，重力势能反映了物体在一定高度所具有的潜在做功能力，由相对高度、重力加速度和物体质量三个维度决定；技术势能旨在反映创新主体所具有的技术创新潜在能力，其值取决于创新要素吸引力、内外部创新环境和创新主体意愿三个维度。机械动能反映的是物体在重力势能转化之后实际具有的做功能力，由物体质量和物体运动速度共同决定；技术势能转化形成的创新动能，旨在反映释放技术创新潜能后实际具有的对技术创新的推动力，创新主体意愿和创新要素生产率（代表技术进步的速度）共同决定其发展状况。

重力势能转换为动能的过程是重力持续做功的过程，在这个过程中物体具有下降的速度，当物体在重力的作用下由高处落到地面时，会对地面产生撞击力，下降速度越快，撞击力越大，相应的机械动能也越大。

由于不同创新主体主观意愿、面临的内外部创新环境以及创新要素禀赋等因素均存在差异，主体间技术势差的存在具有必然性，技术势差的存在使得创新要素总是由高技术势能主体流向低技术势能主体。本书认为，在自身对外技术势差流出、外来技术势差对内流入以及自身技术势能的潜能实现等多方合力的复杂作用下，最终实现的技术提升能力就是（技术）创新动能。技术势能转换为创新动能的过程，是技术势能潜能释放的过程，这个过程中会形成技术进步（其实质是在自身创新要素吸引力的作用下获取相应的创新要素，并在创新活动中消耗创新要素转化为创新成果，至此就形成了技术进步。单位时间内的技术进步即为技术前进的速度，单位时间内的创新要素利用率或创新要素生产率也能反映技术前进的速度），技术势能的“落地”会对技术创新产生推动力，技术前进的速度越快，技术势能作用下形成的对创新的推动力也越大。

事实上，技术势能转换为创新动能的过程会更复杂一些，期间技术改进的速度是受多方合力的影响：外来技术势能流入（相当于更高处落下的物体带来的撞击力）、自身留存的技术势能释放（其成因是对外的技术势能流出，自身所有的技术势能释放相当于重力的作用，而对外的技术势能流出，相当于在下降过程中碰撞了其他物体，使得重力的作用被抵消了一部分，自身留存的技术势能释放相当于重力作用扣除被抵消的部分之后的剩余部分）。

2.2 技术势能的维度划分与测度

2.2.1 技术势能的维度划分

技术差距理论（Technology Gap Theory）诞生于20世纪60年代，以技术差距长期内是否会收敛作为分水岭形成三大主要观点：赶超论、累积论与新累积论。很多学者在不同层面对技术差距的概念做了界定。从宏观层面，技术差距即国家间产品或工艺技术不对称而形成的差异。我国学者汪星明、孙兆刚等认为，技术差距是指科学技术水平在世界范围内所形成的差别，是科学技术在基础研究、应用研究和开发研究中的差别的总和。从微观层面，孙兆刚等认为，技术差距是指不同的技术承担者在同一技术的最高技术水平上的差距。也有学者引入物理学中势差的概念对技术差距进行了诠释。势差本是物理学概念，认为世间所有物质与非物质的传导、扩散总从高势能向低势能方向转移。陈国宏、王吓忠提出技术势差这一概念，指人类在发展科学技术并将其应用于实践过程中某种技术在同一时点上、不同领域、不同行业、不同地域、不同单位之间存在的技术水平差异。技术从高技术势能企业向低技术势能企业转移。

2.2.1.1 技术创新之域：技术创新环境

一般学界把技术创新域当作创新环境，如 Leonard 和 Swap（1999）[218]把技术创新环境分为内部环境和外部环境，内部环境可分为物理环境与心理环境；Zahra（2000）[219]把技术创新环境分为动态环境、异质环境、竞争环境。但是，环境内涵过广，无法反映技术创新的特定区域的物质、能量和信息等因素的不均质以及复杂性，也无法表述创新域内因利益不同所体现出来的区隔与分层。尽管域内在于环境，但是，域的相对封闭性与环境的不区分的开放性具有一定的差异。由于创新主体所在的区位不同，以及创新主体的利益所系，创新环境被区隔为不同的域。技术创新之域就是技术创新的背景内所蕴含的一切物质、信息、能量、人力资源等事物的整合的有机场所，而不是一种简单的空间概念，如果把技术创新视为一种果实，那么技术创新之域就是种植者所拥有的土壤，是创新的根植所在，是技术创新的流域或者吸引盆。

创新作为一种结果，源于特定的区域。这个区域具有吸附周边人力、物力、信息之能力，并能使这些被吸附的事物按一些规则，在域内的特定轨迹内运行，从这个意义而言，这种区域就是技术创新的吸引域。创新是创新主体与环境交互的一种结果，是吸引域的产物，只有集聚人力、物力和信息，才能实现一种技术的凸显。吸引域最典型的就是各个国家的科技园，它吸引了一个国家或地区的大量资源，而这些科技园也涌现出大量的发明和新技术。对于这个吸引域的描述，更多的研究者是从生物学的角度来剖析的，李子和等（1999）[220]认为高新技术创新群落具有生态学特征；刘友金（2002）[221]则从群落学探讨技术创新群落的组织形式和创新优势；罗发友等（2004）[222]则运用行为生态学的理论对技术创新形成与演化等进行了研究。这些研究表达了一种倾向，创新不是一种无限度环境的产物，而是有机区域类同于生物生存空间的产物，应该将创新放在有机区域去解读。基于此，本书认为技术创新环境可以作为技术势能的一个主要维度。

2.2.1.2　技术创新之势：技术创新意愿

技术创新孕育于特定的域之内，但是只有具有诸多的条件才能成为现实，变现为科技成果，转化为经济力量，而势就是驱动变现最为关键的要件之一。本书所论的势就是孕育技术创新域内的要素有机耦合所形成的形态以及变化趋向。这种态势或架势不同于域的有形性，最主要地体现为域内的无形性以及所蕴含的潜在性、吸附性和凝聚性，这也是“势力”所显，其具体体现为整个国家的政策、方针路线导向，以及地区性的对科学和技术创新的规章制度，还有相应区域内的各级领导者对区域内的科学和技术创新的重视程度和对区域内要素的整合统筹能力等，同时还有创新域内的人心所向，科学和技术创新的文化氛围等。要使技术创新成为一种创造物质和精神财富的不竭源泉，需要创新域内在政治、经济、政策、文化、制度等方面形成一种有利于创新的氛围，不管是领导还是民众对创新都有一种推崇的心理定式，通过诸多因素整合形成一种不可逆转的趋势。这种趋向尽管是无形的，但是可以被域内外的人们所感触、所认知的，犹如一种高姿态的磁场，在域内凝聚着民心，集聚应有的资源为技术创新服务，对域外则吸附着周边的资源，为域内的创新所用。基于此，本书认为技术创新意愿可以作为技术势能的一个主要维度。

2.2.1.3　技术创新之元：创新要素吸引力

技术创新之元，就是技术创新域内所具有的潜在能量或技术创新动力来源，其中包括创新主体的潜能实现，也包括域与势所形成的特有功能，所有的这些最终促使域内要素相互耦合而涌现出创新的成果，域内能的主要特征就是内在于域里，寄生于势之上，是域内创生的动力本源，也是域和势可维持演化的根本所在。技术创新的动力本源是多维度的，创新 DNA 模型认为技术创新的驱动因子包含创意、改变、热情与趋势，而技术创新的产出包含更新、改变、再次发明与新的趋势，只有这样才能引导出另一波创新循环。总之，技术创新能力主要是通过产品、制程、顾客、组织、文化、学习、管理策略、激励措施等项目进行衡量，但是这样就忽略了域内制度和规则对创新的重要影响。这一点霍兰在论述复杂适应性系统中特别强调资本在交配中必须要遵循特定的规则，否则整个系统会出现一种无序的状态。在具有一定的主体之后，特定域内的创新往往依据于规则的有效性，这一点在元胞自动机以及社会秩序中得到充分的体现。基于此，创新要素吸引力可以作为技术势能的一个主要维度。

基于以上分析，本书将技术势能划分为技术创新环境、技术创新意愿和创新要素吸引力三个维度。

2.2.2 技术势能的测度方法

2.2.2.1 技术创新意愿

技术创新意愿指的是创新主体对外界或内部的创新激励做出的创新选择，其表现形式为创新主体的主观意愿，由决策者针对创新行为或成果制定的激励机制。Zhang 等（2008）[223]的研究表明，良好的激励机制有助于提升组织中的知识交流效率；反之，不公正的激励机制则会对知识转移构成障碍。基于此，本书采用地区政府科技支出①占财政收入的比重作为量化创新意愿的指标。

2.2.2.2 技术创新环境

技术创新环境指的是进行技术创新活动的环境，包括制度政策方面的软环境和产学研机构情况、技术创新综合服务体系等硬环境。其中，软环境主要包括人才引进制度、知识产权保护制度和产业扶持政策，硬环境则包括高等教育资源、科研机构布局、科技基础设施和科技产业规模等方面。

本书选择主成分分析（PCA）方法来测算技术创新环境。技术创新环境是由多个因素组成的复杂总体，主成分分析方法是对这种复杂系统进行综合评价的常用方法，如樊纲和王小鲁等（2003）[224]在研究市场化指数时采用的就是 PCA 方法。吴玉明（2010）[225]、陈搏（2015）[226]基于 PCA 方法建立的技术创新环境综合评价指标体系如表 2 - 2 所示。

2.2.2.3 创新要素吸引力

创新要素吸引力决定了地区对外来创新要素的吸收能力和对本地区创新要素的凝聚能力，较高的创新要素吸收能力和凝聚能力最终都体现为创新要素在地区上具

---

① 政府科技支出在 2006 年前后的统计口径不一致，在 2006 年及以前，统计指标为科技三项费用，2007 年之后统计指标为政府支出中的科学技术支出，为保持数据连续性，本书对科技三项费用指标作了相应统计处理：先根据 2007 ~ 2015 年的数据求得各地区科技支出年均增长率，再以 2007 年科技支出及年均增长率为基础推算 2006 年科技支出，然后对 2000 ~ 2006 年的序列进行调整，使其相对大小不变，2006 年绝对量为推算值。

表 2-2 技术创新环境综合评价指标体系

综合指标	一级指标	二级指标	拟采用的数据指标
技术创新环境	软环境	人才引进制度	人才引进力度
		知识产权保护制度	知识产权相关官司数
		产业扶持政策	产业扶持力度
	硬环境	高等教育资源	地区高校教师数
		科研机构布局	地区科研机构数
		科技基础设施	科技支出占地区总支出的比重
		科技产业规模	高技术产业产值占地区生产总值的比重

有较高的集聚水平。基于此，本书采用地区创新要素集聚水平来表示创新要素吸引力。

参照 Ellison 和 Glaeser（1997）[227]提出的 EG 集聚指数进行创新要素集聚的量化。设经济系统中共有 N 个地区，M 类创新要素，时间跨度为 T。RF_{ijt} 表示第 t 年第 j 类创新要素在地区 i 的集聚度：

$$RF_{ijt} = \frac{GN_{ijt} - (1 - x_{ijt}^{2})H_{ijt}}{(1 - x_{ijt}^{2})(1 - H_{ijt})}, x_{ijt} = \frac{F_{ijt}}{\sum_{i} F_{ijt}}, H_{ijt} = \frac{F_{ijt}}{\sum_{t} F_{ijt}} \quad (2-1)$$

GN_{ijt} 表示基尼系数，参照文玫（2004）[228]的做法，计算公式如下：

$$GN_{ijt} = \frac{1}{2N^{2}\bar{x}_{t}} \sum_{k=1}^{N} \sum_{l=1}^{N} | F_{ljt} \sum_{i} F_{ijt} - F_{kjt} / \sum_{i} F_{ijt} |, \bar{x}_{t} = \sum_{t} x_{ijt} / n \quad (2-2)$$

其中，$i=1, 2, 3, \cdots, N$；$j=1, 2, 3, \cdots, M$；$t=1, 2, 3, \cdots, T$，F_{ijt} 表示第 t 年地区 i 中创新要素 j 的拥有量。其中，创新要素包括用于创新活动的人力资本投入、用于创新活动的物质资本投入、技术信息资源以及知识存量（陶长琪和彭永樟，2018；周杰文等，2018；卓乘风和邓峰，2018）[229-231]。

为衡量所有创新要素在地区上的综合集聚水平，以各创新要素对创新的贡献度 CD_j 为权重对地区 i 上各创新要素的集聚度进行加权求和，以此完成创新要素吸引力的量化。

CD_j 可根据创新生产过程推出。设创新生产过程中各创新要素对创新产出的作用是内生且弹性为 α_j 的，则创新产出为：

$$C = \prod_{j=1}^{M} F_{j}^{\alpha_j} \quad (2-3)$$

创新要素 j 对创新的贡献度为：

$$CD_j = \alpha_j \ln F_j / \sum_{j} \alpha_j \ln F_j \quad (2-4)$$

综上，得到创新要素吸引力：

$$AIF_i = \sum_{j=1}^{M} CD_j RF_{ij} \quad (2-5)$$

2.2.3 技术势能的测度结果

根据前文分析，区域 i 的技术势能为 $TP_i = TI_i \times TE_i \times AIF_i$，基于此，计算得到我国各地区技术势能水平，如表 2－3 所示①。

表 2－3　2001～2015 年我国各地区技术势能水平

年份	2001	2003	2005	2007	2009	2011	2013	2015	排名
北京	0.3217	0.4037	0.4520	0.5355	0.5967	0.6616	0.7184	0.8106	3
天津	0.2471	0.3269	0.4149	0.4478	0.5178	0.5906	0.6263	0.6825	11
河北	0.2808	0.3621	0.4228	0.4837	0.4967	0.5713	0.5803	0.6512	16
山西	0.2378	0.3170	0.4005	0.4417	0.4858	0.5612	0.5854	0.6281	19
内蒙古	0.2430	0.3225	0.3950	0.4323	0.4747	0.5510	0.5942	0.6266	22
辽宁	0.2623	0.3428	0.4416	0.4532	0.5259	0.5981	0.6333	0.7150	7
吉林	0.2270	0.3054	0.3966	0.4287	0.4760	0.5522	0.5761	0.6278	20
黑龙江	0.2228	0.3008	0.3871	0.4415	0.4830	0.5587	0.6004	0.6471	17
上海	0.2806	0.3618	0.4308	0.4884	0.5331	0.6045	0.6399	0.7343	6
江苏	0.3715	0.4529	0.4924	0.5731	0.6502	0.7087	0.7451	0.9195	1
浙江	0.2789	0.3601	0.4408	0.4914	0.5619	0.6306	0.6651	0.7427	5
安徽	0.2710	0.3519	0.4276	0.4751	0.5336	0.6050	0.6253	0.6667	15
福建	0.2591	0.3394	0.4224	0.4618	0.5181	0.5909	0.6173	0.6751	13
江西	0.2435	0.3230	0.3997	0.4497	0.4859	0.5614	0.5898	0.6266	21
山东	0.3203	0.4022	0.4700	0.5365	0.6427	0.7021	0.7231	0.8072	4
河南	0.2426	0.3220	0.3985	0.4514	0.4964	0.5711	0.6000	0.6798	12
湖北	0.2683	0.3490	0.4227	0.4563	0.5248	0.5970	0.6244	0.6902	8
湖南	0.2644	0.3450	0.4251	0.4582	0.5218	0.5943	0.6191	0.6714	14
广东	0.3657	0.4472	0.4925	0.5746	0.6698	0.7257	0.7690	0.8836	2
广西	0.2222	0.3002	0.3854	0.4130	0.4578	0.5352	0.5694	0.6195	23
海南	0.2716	0.3525	0.4330	0.4576	0.4746	0.5509	0.5511	0.5626	30
重庆	0.2532	0.3333	0.4009	0.4508	0.4956	0.5703	0.5937	0.6314	18
四川	0.2647	0.3453	0.4127	0.4761	0.5156	0.5886	0.6195	0.6838	9
贵州	0.2374	0.3165	0.3964	0.4277	0.4737	0.5500	0.5777	0.5980	26
云南	0.2511	0.3310	0.3954	0.4428	0.4707	0.5472	0.5580	0.6054	25
陕西	0.2413	0.3207	0.4037	0.4393	0.4905	0.5656	0.5969	0.6829	10
甘肃	0.2413	0.3207	0.4075	0.4390	0.4832	0.5588	0.5855	0.6194	24

① 为避免技术势能三个维度测算过程中可能存在的统计口径和量纲不一致的问题，在测算出三个维度的结果后，本书还对其进行了归一化处理。

续表

年份	2001	2003	2005	2007	2009	2011	2013	2015	排名
青海	0.2349	0.3138	0.4204	0.4284	0.4931	0.5680	0.5311	0.5864	29
宁夏	0.2298	0.3084	0.3806	0.4274	0.4815	0.5573	0.5830	0.5921	28
新疆	0.2558	0.3360	0.3962	0.4418	0.5010	0.5753	0.5872	0.5965	27

注：限于篇幅，只给出了技术势能水平在奇数年的测算结果，以及2015年各地区技术势能水平的排名。

不难发现，中国各省级区域的技术势能基本都表现出持续增长趋势，并且其空间分布情况相对稳定，前文测算的15年间东部地区始终处于领先水平，中部地区次之，西部地区的技术势能培育情况最差。

为了进一步分析技术创新意愿、技术创新环境、创新要素吸引力和技术势能的空间演变状况，本书选择技术势能水平及其三个不同的维度在2015年的数据，并分别计算这4组数据的30%、60%和80%分位数，以这些分位数为界把每组数据都划分成4个区间段，并按从大到小的顺序将逐个区间段中的地区认定为处于高、较高、一般和较低水平，在此基础上，给出技术创新意愿、技术创新环境、创新要素吸引力和技术势能的空间分布。

2015年我国技术势能及其三个维度在空间上都表现出了明显的层次性，相对的水平状态沿着东部、中部、东北部和西部的顺序依次降低（其中AIF在东北部和西部的区域差异不明显）。此外，不难找出技术势能的集聚中心，东部主要集中于苏、沪等沿海地区，中部则集中在鄂、豫地区。

2.3 产业梯度转移、技术势能和创新动能的内在联系

在明确了产业梯度转移、技术势能和创新动能的概念后，需要进一步探究它们之间的内在联系，为实现这一目标，本书选择网络分析法探究产业梯度转移与技术势能集聚的空间关联性，并构建新古典增长模型分析区域创新动能驱动产业结构升级的空间收敛性。网络分析法即一种针对关系数据的跨学科分析方法，现已被应用于很多学科领域（Liao、Chen，2015）[232]，并已成为消费行为研究、组织行为研究和国际经济系统的新范式（Porter，1990）[233]。

2.3.1 区际产业梯度转移促进技术势能集聚关联网络的构建

区际产业梯度转移促进技术势能集聚的空间关联网络是产业梯度转移与技术势能集聚关系的集合。各个区域代表网络中的“点”，各区域间的联系在区际产业梯

度转移促进技术势能集聚的空间关联关系中表现为网络中的“线”，点和线的联结便构成了产业梯度转移背景下技术势能集聚的空间关联网络。构建区际产业梯度转移促进技术势能集聚关联网络的关键是刻画各个区域间的空间关联关系，这是网络分析的关键，而现有文献存在两种确定关系的方法，分别是 VAR Granger Causality 检验方法（Jacobs，1970）[234]和引力模型（王立平、吕民乐，2005）[235]。VAR 方法对模型滞后阶数的过度敏感性将导致网络结构特征的精确性受到限制并且在 VAR 背景下构建的网络无法准确刻画空间关联网络的演变趋势。因此，本书在综合考虑以上两个缺陷后，选择引力模型分析区际产业梯度转移促进技术势能集聚的空间关联性。引力模型既能综合考虑经济地理距离等相关因素，又能使用截面数据直接刻画空间关联网络的动态演变趋势的模型。本书将引力模型引入经济领域，同时为了体现区际产业梯度转移对技术势能集聚的促进作用，将产业梯度转移系数和区域技术势能集聚水平的乘积项加入模型进行分析，通过此类改进以增强模型的适用性。如式（2-6）所示。

$$AT_{ij} = k_{ij}\frac{\sqrt[4]{P_i IG_i TG_i Y_i}\sqrt[4]{P_j IG_j TG_j Y_j}}{D_{ij}/(g_i - g_j)}, k_{ij} = \frac{IG_i TG_i}{IG_i TG_i + IG_j TG_j} \qquad (2-6)$$

其中，i、j 表示地区，AT_{ij}为地区 i 和地区 j 产业梯度转移与技术势能集聚之间的引力，k_{ij}为地区 i 在地区 i、j 之间区域产业梯度转移促进技术势能集聚的贡献度，P_i（P_j）为地区 i（地区 j）的年末总人口数，IG_i（IG_j）为地区 i（地区 j）的产业梯度转移系数，通过区位商和比较劳动生产率测算得到，TG_i（TG_j）为地区 i（地区 j）的技术势能集聚水平，运用改进的 G-O 统计量测算得到①，Y_i（Y_j）为地区 i（地区 j）的实际地区生产总值，D_{ij}是省会城市间的距离，g_i（g_j）为地区 i（地区 j）的人均 GDP 数值，用省会城市距离与人均 GDP 的差值比能同时考虑地理距离和经济距离的能源消费的空间关联影响。依照式（2-6）可计算出区域产业梯度转移促进技术势能集聚的引力矩阵。对引力矩阵的各行取均值得临界值，当引力值高于临界值时记为 1，说明该行省市对该列省市的产业梯度转移与技术势能集聚具有关联关系；反之记为 0，说明两者不存在关联关系。

2.3.2 空间关联网络的结构特征刻画

2.3.2.1 空间网络结构图

根据式（2-6）改进的引力模型，确定了区域产业梯度转移与技术势能集聚的空间关联关系进而构建关系矩阵。本书使用 UCINET 可视化工具 Netdraw 绘制 2015 年区域产业梯度转移对技术势能集聚的网络图以展现其空间关联网络结构形态，如图 2-3 所示。

由图 2-3 可见，我国任意两个地区间均存在直接或间接的关联性，区域间的

① 区域产业梯度转移系数 *IG* 和技术势能集聚水平 *TG* 的具体测算方法和结果在 3.2 中给出。

关联可以通过其他地区的过渡形式实现，我国的区域产业梯度转移与技术势能集聚的空间关联呈显著的网络结构形态。

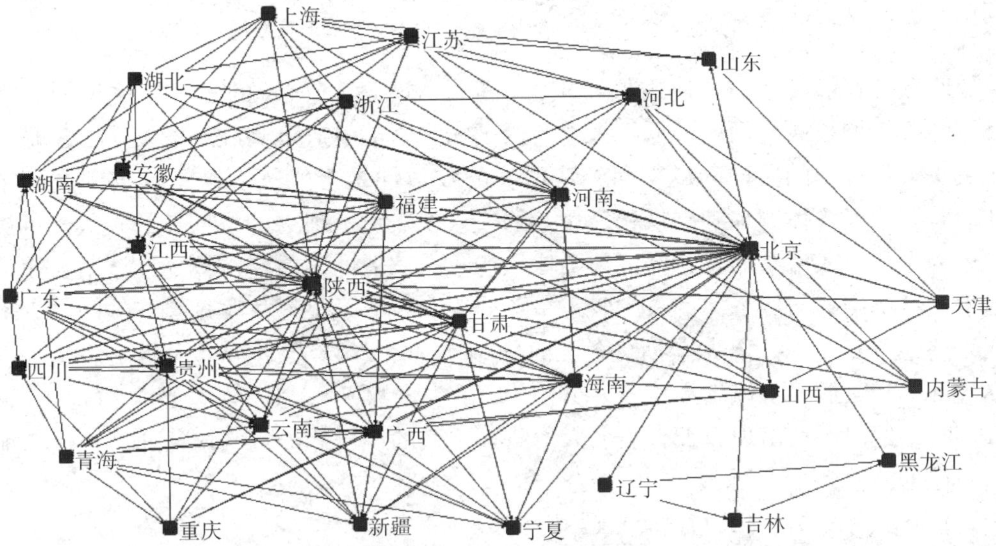

图 2－3　2015 年区域产业梯度转移与技术势能集聚空间关联网络结构

2.3.2.2　空间关联性

本书选择网络关联度刻画区域产业梯度转移与技术势能集聚的空间关联性。网络关联度是区域产业梯度转移促进技术势能集聚的系统自身脆弱性和稳健性的良好反映，即若某个地区延伸出来与其他地区相连的线条很多，则说明区域产业梯度转移对技术势能集聚的促进作用在空间网络中依赖该地区的程度越高，那么一旦消除该地区就会出现网络崩溃的现象，说明该网络的关联性较差。若该网络中的任意两个区域间存在一条直接或间接的路径相连，那么说明该网络的关联性较好。关联度用 Con 表示（$Con \in [0, 1]$），测算公式如下：

$$Con = 1 - V/[N \times (N-1)/2] \qquad (2-7)$$

其中，V 代表网络中不可达的点对数①。

本书测算了 2001～2015 年区域产业梯度转移与技术势能集聚空间网络的关联度，其数值均为 1，说明我国区域产业梯度转移与技术势能集聚关联网络的关联程度很高，省域之间的连通程度很高，具有很好的连通效果，同时说明该关联网络具有很好的通达性，省域之间的空间关联和溢出效应显著。

综上所述，我国区域产业梯度转移与技术势能集聚的空间关联性显著。于是，在知识溢出的各种形式下，分析区域产业梯度转移促进技术势能集聚的空间效应具

① 此处网络中可达的点对数指任意两个省域之间可以通过其他省域的中介桥梁作用来连通，反之则说明两省域间不可达。

有实践意义。

2.3.3 区域创新动能驱动产业结构升级的空间收敛分析

2.3.3.1 收敛性的定义

收敛性在经济增长中使用得较多，于是本书从经济增长的角度举例说明收敛性。在经济增长研究领域，低收入的落后国家是否能够赶上高收入的发达国家是一个关乎人类福利的关键问题，而经济增长的收敛性是否能够实现是这个问题的本质。若一个经济体的福利高低程度用人均收入来表示，那么经济增长的收敛性可被理解为人均收入偏高的发达经济体会比人均收入偏低的落后经济体的经济增长速度更慢，经济增速与经济体的人均收入呈负向关联，于是最终将实现经济体间的人均收入差距不断缩小甚至完全消失的目标（郭佩颖，2013）[236]。因而做出假设：发达经济体和落后经济体的人均收入分别为 $Y_1(t)$ 和 $Y_2(t)$，那么当 $Y_1(t) > Y_2(t)$ 时，经济增长出现收敛，表明人均收入更低的经济体的经济增长速度更快，那么有如下公式：

$$\frac{Y_2(t_2)-Y_2(t_1)}{Y_2(t_1)} > \frac{Y_1(t_2)-Y_1(t_1)}{Y_1(t_1)}, t_2 > t_1 \tag{2-8}$$

式（2－8）也可表示成式（2－9）的形式：

$$\frac{\dot{Y}_2}{Y_2} > \frac{\dot{Y}_1}{Y_1} \tag{2-9}$$

式（2－9）说明富裕国家的经济增长率低于贫穷国家的经济增长率，当经济间出现经济增长的收敛现象时，式（2－9）成立，这是经济增长收敛的必要条件。而当式（2－9）成立时，式（2－10）是论证经济增长收敛性的保障。

$$\lim_{t\to\infty} Y_2(t) = Y_1(t) \tag{2-10}$$

式（2－10）说明，当经济增长的期限足够长时，落后经济体的人均收入水平在不断发展中会逐渐趋同于发达经济体的人均收入水平。那么，当经济增长过程只满足式（2－9）时，其对应经济体的增长率会出现收敛现象，因为经济增长率的收敛不一定预示着经济体内的人均收入水平也收敛，只有进一步满足式（2－10）的经济增长过程即福利水平，才能说明经济体出现收敛。经济增长过程中的收敛性是否存在等相关问题一直是经济增长研究领域的关键问题，吸引了广大学者的广泛关注，本书构建新古典增长模型分析创新动能驱动产业结构升级的敛散性。

2.3.3.2 区域创新动能驱动产业结构升级的敛散性分析

新古典增长模型表明，落后国家或地区的人均资本存量较低，那么其资本的边际产出较高，更有利于资本积累，此时会出现落后地区的人均 GDP 增幅比富裕国家或地区的人均 GDP 增幅更高的现象。本书探究区域创新动能在各种不同的技术溢出形式下驱动产业结构升级，本书借鉴一个存在空间溢出效应的索洛模型进行分析（Yu、Lee，2012；朱国忠等，2014）[237-238]。根据前文分析，认为如果区域间存在由资本存量、劳动力或技术等因素的流动而产生空间溢出效应，那么区域间的收敛性将更加显著。构建如下模型分析创新动能驱动产业结构升级的空间敛散性。

$$Y_{it}=K_{it}^{\alpha}(A_{it}L_{it})^{1-\alpha} \tag{2-11}$$

经济增长在一定时期将会促进产业结构升级，Y 为产业结构升级，K 为资本存量，A 为劳动生产效率，L 为劳动力。于是，资本的时间增长率可表示如下：

$$\dot{K}_{it}=sY_{it}-\delta K_{it} \tag{2-12}$$

其中，s 为储蓄率，δ 为折旧率。而古典增长模型中的人口和技术进步分别满足 $L_{it}=L_{i0}e^{\alpha t}$ 和 $A_{it}=A_{i0}e^{\beta t}$。创新动能一般通过技术溢出的形式对产业结构升级产生显著影响，技术溢出存在空间的关联性，并且一个区域的技术进步会对其他地区产生溢出效应，那么，本书将技术设定为如下形式：

$$A_{it}=A_{i0}e^{\beta t}\prod_{j\neq i}^{n}A_{jt}^{\lambda w_{ij}} \tag{2-13}$$

其中，A_{it}是经济体 i 在 t 时刻的技术，该技术由初始水平 A_{i0}、增长率 β 及邻省的技术增长率 A_{jt}共同决定。λ 为溢出效应的大小，w_{ij}为邻省 j 是否存在技术溢出及这种技术溢出在多大程度上传递给其他经济体。对式（2-13）两边取对数，可得到如下形式：

$$\ln A_{it}=\ln A_{i0}+\beta t+\lambda\sum_{j\neq i}^{n}w_{ij}\ln A_{jt} \tag{2-14}$$

对式（2-14）合并同类项并表示成如下矩阵形式，令 $A_t=(A_{1t},A_{2t},\cdots,A_{nt})'$。

$$\ln A_t=(I-\lambda W_n)^{-1}\ln A_0+\frac{gt}{1-\lambda}l_n \tag{2-15}$$

其中，W_n为行标准化后主对角线为零的对称矩阵。那么，可得 A_{jt}在时间上的增长率。

$$\frac{\dot{A}_{it}}{A_{it}}=\frac{g}{1-\lambda} \tag{2-16}$$

在均衡条件下，参照索洛模型的动态学原理，有$\hat{y}_{it}=\hat{k}_{it}^{\sigma}$，$\hat{y}_{it}$和$\hat{k}_{it}$分别是经济体 i 的均衡产业结构升级和有效人均资本存量。那么，可进一步得到有效人均资本存量的增长率。

$$\dot{\hat{k}}_{it}=s\,\hat{k}_{it}^{\sigma}-\left(\frac{\dot{L}_{it}}{L_{it}}+\frac{\dot{A}_{it}}{A_{it}}+\delta_i\right)\hat{k}_{it}=s\,\hat{k}_{it}^{\sigma}-\left(p+\frac{g}{1-\lambda}+\delta_i\right)\hat{k}_{it} \tag{2-17}$$

那么，均衡条件下$\dot{\hat{k}}_{it}=0$，于是可得稳态条件下的有效人均资本存量。

$$\hat{k}_{it}^{*}=\left(\frac{s_i}{p+g/(1-\lambda)+\delta_i}\right)^{\frac{1}{1-\sigma}}\hat{y}_{it}^{*}=\left(\frac{s_i}{p+g/(1-\lambda)+\delta_i}\right)^{\frac{\sigma}{1-\sigma}} \tag{2-18}$$

其中，δ_i 和 s_i 分别为区域 i 的折旧率和储蓄率。于是，经济体收敛到同样的产业结构水平和资本存量的条件是储蓄率和折旧水平趋于一致。那么，对数线性化有效人均资本存量，可得：

$$\frac{\partial(\ln\hat{k}_{it}-\ln\hat{k}_i^*)}{\partial t}=-\xi^i(\ln\hat{k}_{it}-\ln\hat{k}_i^*),\xi^i=(1-\sigma)\left(p+\frac{g}{1-\lambda}+\delta_i\right)\qquad(2-19)$$

于是，求解关于 $\ln k$ 的一阶差分方程，可得式（2－19）的结果。

$$\ln Y_{it2}=\ln A_{it2}-e^{-\xi\tau}\ln A_{it1}+e^{-\xi\tau}\ln Y_{it1}+(1-e^{-\xi\tau})\ln Y_i^*\qquad(2-20)$$

将式（2－15）代入式（2－20），可得到如下表达式：

$$(I-\lambda W_n)\ln tfp_{i,t2}=(I-\lambda W_n)e^{-\xi\tau}\ln tfp_{i,t1}+(1-e^{-\xi\tau})\ln A_0+(I-\lambda W_n)(1-e^{-\xi\tau})\ln tfp_i^*+(t_2-e^{-\xi\tau}t_1)l_n$$

最终得到区域创新动能驱动产业结构升级的表达式：

$$\ln Y_t=\lambda W_n\ln Y_t+\gamma\ln Y_{t-1}+\rho W_n\ln Y_{t-1}+c_n+\tau_n l_n+U_{nt}\qquad(2-21)$$

其中，c_n 是个体固定效应，$c_n=(1-e^{-\xi\tau})(\ln A_0+\frac{\sigma}{1-\sigma}\ln X_n-\frac{\sigma\lambda}{1-\sigma}W_n\ln X_n)$；$\tau_n$ 是时点固定效应（$\tau=t_2-t_1$），$X_n=\left(\frac{s_1}{p+g/(1-\lambda)+\delta},\cdots,\frac{s_n}{p+g/(1-\lambda)+\delta}\right)'$。

其中，$\gamma=e^{-\xi}$ 衡量一个区域中是否出现创新动能驱动产业结构升级的收敛现象。若 $\gamma<1$，则说明落后地区的创新动能驱动产业结构升级效应比富裕地区的更大，即我国的区域创新动能驱动产业结构升级出现了收敛特性；反之则说明存在发散现象。$\rho=-\lambda e^{-\xi}$ 衡量一个区域滞后的空间效应的影响情况。同样，当 $\rho<1$ 时，表明我国的区域创新动能驱动产业结构升级出现了空间收敛的特性，当 $\rho>1$ 时，则说明我国落后地区的创新动能驱动产业结构升级效应比富裕地区小，即我国区域创新动能驱动产业结构升级出现了空间发散的特性。

由上述分析结果还可得到区域创新动能驱动产业结构升级的收敛效应，用误差修正模型的形式表示式（2－21），得到如下结果（邹薇、刘红艺，2015）[239]：

$$\Delta\ln Y_t=(1-\lambda W)^{-1}\{[(\gamma-1)I+(\lambda+\rho)W]\ln Y_{t-1}+(c_n+\tau_n l_n+U_{nt})\}\qquad(2-22)$$

于是，区域创新动能驱动产业结构升级的收敛效应如下：

$$\partial\Delta\ln Y_t/\partial\ln Y_{t-1}=(1-\lambda W)^{-1}[(\gamma-1)I+(\lambda+\rho)W]\qquad(2-23)$$

式（2－23）说明，区域创新动能驱动产业结构升级的收敛效应除了与 γ 和 ρ 的取值相关外，还与空间加权矩阵以及产业结构升级的滞后效应相关。

3 区际产业梯度转移促进技术势能提升的集聚机制

上述章节提出了产业梯度转移、技术势能与创新动能的概念，并分析了三者之间的内在关联性和空间敛散性。本章探究区际产业梯度转移促进技术势能集聚水平提升的内在机制，在此过程中，产业梯度转移带来的产业政策、产业布局和要素配置变动分别影响技术势能的三个维度，促使创新环境、创新意愿和创新要素获取能力的优化，最终提升技术势能的集聚水平。

3.1 产业梯度转移促进技术势能集聚的机理解析

在梯度差作用下，产业从转移地转到承接地，此过程与产业发展配套设施和政策环境的变化密切相关，还涉及了产业布局的动态调整，这将加快资本、信息、劳动力、技术和其他资源与要素在区域内部和区域之间的自由流动，从而实现创新要素的二次配置和结构重组，可以提高区域技术势能的集聚水平。本书从技术势能的三个维度出发明确产业梯度转移促进技术势能集聚的作用路径，并采用动态系统演化的方法探究其内在机理。

3.1.1 产业梯度转移促进技术势能集聚的作用路径

产业梯度转移促进技术势能集聚的作用路径如图 3－1 所示。

根据图 3－1 可知，产业梯度转移将带来转移地区和承接地区产业政策、产业布局和创新要素配置结构的变动，继而对创新环境、创新意愿和创新要素吸引力产生影响，最终作用于技术势能集聚。区际产业梯度转移促进技术势能集聚的作用路径由三个部分组成。

3.1.1.1 产业梯度转移通过改善创新环境促进技术势能集聚

一方面，产业梯度转移带来的制度移植和制度创新能有效改善技术创新软环境，进而促进技术势能集聚。制度移植和制度创新是产业接收地区对产业转移地区

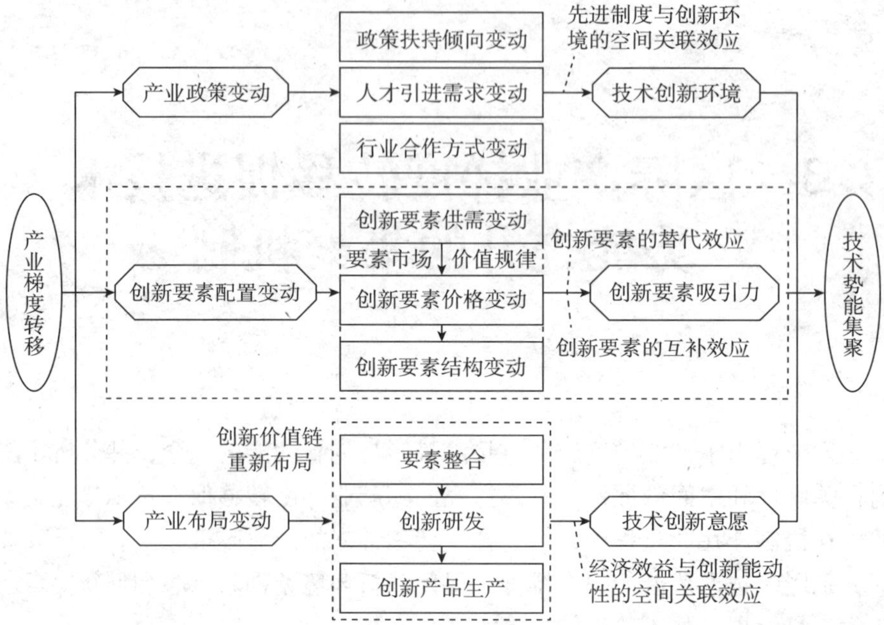

图3-1　产业梯度转移促进技术势能集聚的作用路径

原有相关制度的两种承接方式，两者既有联系也有区别。联系在于它们都是对制度的承接，将对产业承接地相关产业成员的生产经营活动发挥正向激励作用和负向约束作用，同时能够保障参与主体的切身利益；制度移植和制度创新的区别主要体现在承接原有制度的侧重点上，前者侧重于在不同的外部环境下对现有制度规范进行更新和修正，而后者旨在强化相关制度的激励和保护作用，更侧重于对现有制度的补充、丰富与发展。制度环境的适宜性是地区积累创新潜能的重要前提，可以降低创新要素积累和创新研发过程中的各类成本，并为创新成果和创新产品带来更高的经济效益，是衡量技术创新软环境的重要指标。

另一方面，产业梯度转移带来的产业基础设施和创新配套能力能有效改善技术创新硬环境，从而促进技术势能集聚。作为联系企业生产经营和区域创新潜能培育的桥梁，交通、水电以及信息通信设备等基础设施的建设既是技术创新硬环境不可或缺的一部分，也是技术势能集聚的基本条件；创新配套能力则保证了产业转移后的生产链上下游企业之间、产业内横向部门之间技术势能集聚的专业化分工协作，可享受规模经济效应、成本费用降低等好处，促进了技术势能集聚水平的提升。

3.1.1.2　*产业梯度转移通过激发创新意愿促进技术势能集聚*

产业梯度转移通常意味着主导产业的变更，区域产业布局也会相应调整，这一调整表现为以新主导产业为核心的关键创新要素整合和相关创新研发成果的需求变动，要素整合带来的创新成本削减和创新成果需求变动带来的创新效益提升都会激发各经济主体的创新意愿，继而促进技术势能的集聚。对于产业承接地区而言，随着对转入产业的接收工作逐步完成，原有产业因成长性不高、综合效益差而逐渐处于竞争劣势，对区域经济的贡献度和驱动力也不断削减，最终失去主导地位。而转入产业在技术、资源和制度等方面都处于优势地位，具有较高的经济效益，能够引领区域产业体系的前进方向和发展模式，最终取代旧有产业成为新的主导产业。转入产业在此过程中往往表现出"高创新投入、高技术水平、高经济效益"的特征，这种特征能激发各参与主体的创新意愿，从而促进产业承接地的技术势能的集聚。

3.1.1.3 产业梯度转移通过强化创新要素吸引力促进技术势能集聚

产业梯度转移对地区创新要素配置有两方面的影响：一是在产业梯度转移过程中，许多创新要素会伴随产业共同转移；二是随着主导产业的变更，地区生产导向和要素配置也会发生变化。要素配置变动导致在产业梯度转移后地区创新要素的供需状况有所改变，在要素市场价值规律的作用下，地区创新要素价格发生变化，这进一步影响了创新要素的获取成本，从而影响了地区创新要素吸引力，最终作用于技术势能的集聚。

产业梯度转移对创新要素吸引力的影响在产业转移地区和产业承接地区同时发挥作用。对产业转移地区而言，随着产业转出，地区掌握的相关创新要素有所减少，在要素市场价值规律的作用下，地区获取这些创新要素的成本提升，削弱了创新要素的凝聚能力。但因其在产业转移中处于优势地位，通过产业转移能够获取一定的收益，从而提升了地区创新要素购买力，并且这种购买力带来的创新要素凝聚力强化足够抵消要素流出带来的负向影响，最终使得创新要素凝聚力并未降低甚至还有所增长。此外，随着产业导向变更，在创新要素的替代效应和互补效应的作用下，要素购买力提升的正向作用进一步强化，地区创新要素的吸收能力也得到提升。对产业承接地区而言，随着产业转入，相关的创新要素也同时流入，地区要素总量增长使得要素获取成本下降，创新要素凝聚能力提升。综上所述，产业梯度转移可以有效提升参与地区的创新要素吸引力，进而促进该地区技术势能的集聚。

3.1.2 产业梯度转移中的技术势能集聚系统

产业梯度转移对技术势能集聚的作用是一个系统性的动态过程，本部分采用系统动力学成长上限基模，解析区际产业梯度转移中的产业政策、产业布局和创新要素配置的动态调整对技术势能集聚的作用机理。

3.1.2.1 系统边界的确定

在运用系统动力学方法分析产业梯度转移对技术势能集聚的作用机理前，首先需要确定它们之间相互作用的系统边界，即明确技术势能集聚系统的研究范围和主要内容，从而确定系统内的主要变量以及各变量间可能存在的作用方式。系统动力学的研究对象，一般都是从涉及范围较大的社会系统中选取出来的部分动态闭合子系统，系统边界以内的各个要素构成我们所要研究的对象集合，因此定义系统的边界是十分必要的。

结合技术势能集聚系统的建模目的以及产业梯度转移的实际情况，本书将产业梯度转移中的技术势能集聚系统分析边界设定如下：①产业政策变动引致技术创新环境改变的创新环境子系统，通过这一子系统主要探究地区产业发展配套设施与政策环境的改变对技术创新软、硬环境的效用；②创新要素配置变动导致创新要素吸引力改变的创新要素子系统，通过这一子系统主要探究要素的区域重组和二次配置对地区创新要素获取能力的作用；③产业布局变动催动创新意愿改变的创新意愿子系统，通过这一子系统主要探究区域产业布局的动态调整对参与主体创新意愿的影响。

3.1.2.2　逻辑关系梳理

上述三个子系统共同构成了区际产业梯度转移促进技术势能集聚的成长上限基模，其中每个子系统都包含正反馈路径和负反馈路径。本部分将梳理各个子系统正反馈和负反馈的组成因素和这些因素之间的逻辑关系。

各子系统正反馈的动力来源于产业梯度转移给地区带来的有益影响。在创新环境子系统中，地区在进行产业转移或产业承接后，随着相关产业部门兴建配套基础设施、相关政府部门加大政策扶持力度，区域内和区域间不断加强行业合作，地区技术创新的硬环境和软环境都能够得到改善；在创新要素子系统中，随着创新要素的二次配置及其结构的区域重组，旧有的创新要素供需关系被打破，承接地要素获取成本降低，从而能有效提升地区获取创新要素的能力；在创新意愿子系统中，随着产业布局的进一步合理化，区域产业内的创新价值链优化提高了技术创新各参与方的收益，其创新意愿被进一步激发。基于上述分析，梳理各子系统正反馈路径的逻辑关系，如图 3－2 所示。

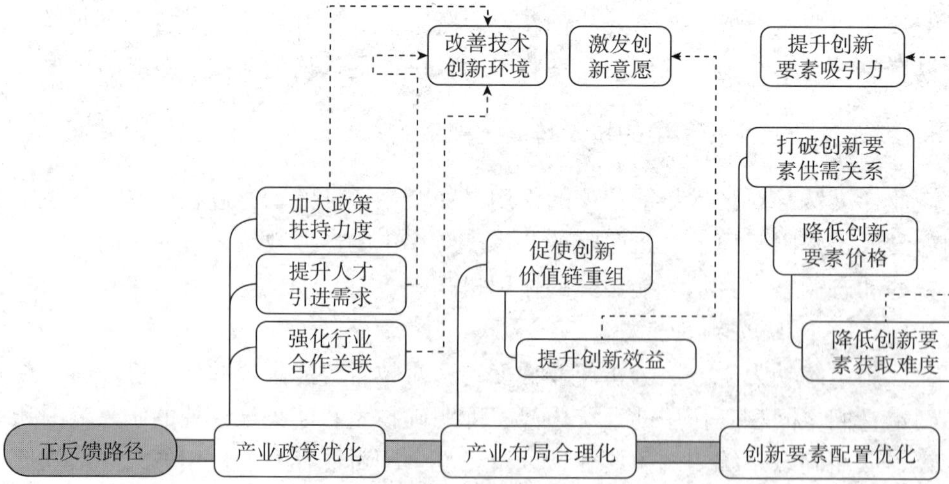

图 3－2　各子系统正反馈路径逻辑关系

各子系统负反馈的内生阻力归咎于地区技术、要素禀赋的局限性及其对产业梯度转移效应的抑制作用。在创新环境子系统中，由于产业转移方和产业承接方之间的管理体制差异性和政策执行链上的组织结构复杂性，导致地区政策制度执行力和协作创新效率低下，从而恶化技术创新环境；在创新要素子系统中，由于全局及局部要素的排他性和有限性，导致创新要素竞争加剧，进而降低了地区获取创新要素的能力；在创新意愿子系统中，技术和要素禀赋的先天缺陷加剧了地区创新风险，决策者创新意识的薄弱则对创新管理成本提出了更高的要求，这些因素的影响都损害了主体的创新收益，从而会削弱各参与主体的创新意愿。各子系统负反馈路径的逻辑关系如图 3－3 所示。

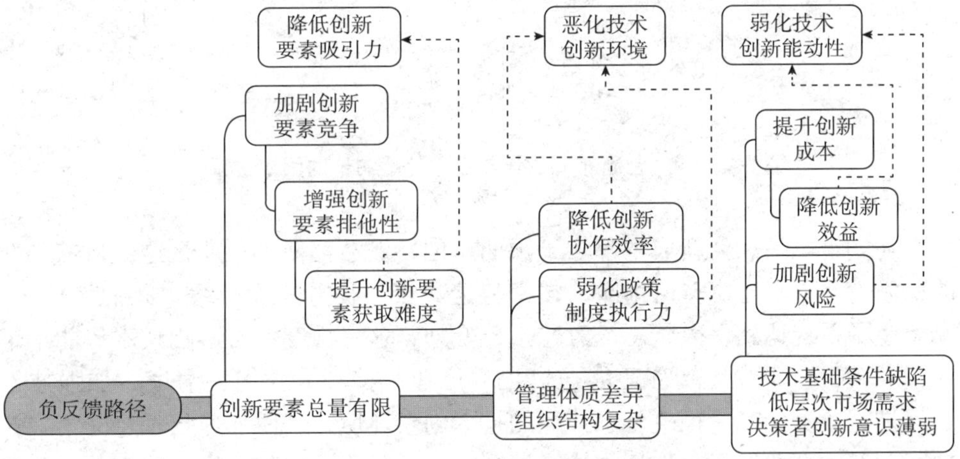

图 3－3　各子系统负反馈路径逻辑关系

地区创新系统的复杂性决定了产业梯度转移带来的动力无法一直促进区域技术势能集聚水平的提升，每个子系统中都存在负向的作用力，负反馈路径的作用最终会和正反馈路径的作用力完全抵消，每个子系统都达到平衡状态，地区技术势能集聚达到阶段性的成长上限。

3.1.2.3　基于系统动力学的因果关系分析

依据各个子系统梳理后的逻辑关系，得到产业梯度转移促进技术势能集聚的系统动力学模型因果关系，如图 3－4 所示。

根据图 3－4，本书认为区际产业梯度转移中的创新环境、意识和要素布局优化促进技术势能集聚的内在机理如下：

（1）产业梯度转移带来承接地产业布局的合理化，促使地区创新价值链重组，重组后的创新价值链体现出更高的创新效益，进而提升创新主体的创新意愿，最终促进技术势能集聚；在创新主体进行尝试性创新之后，由于技术基础条件存在缺陷、固有低层次市场需求一直存在、部分创新主体决策者创新意识薄弱等因素的影

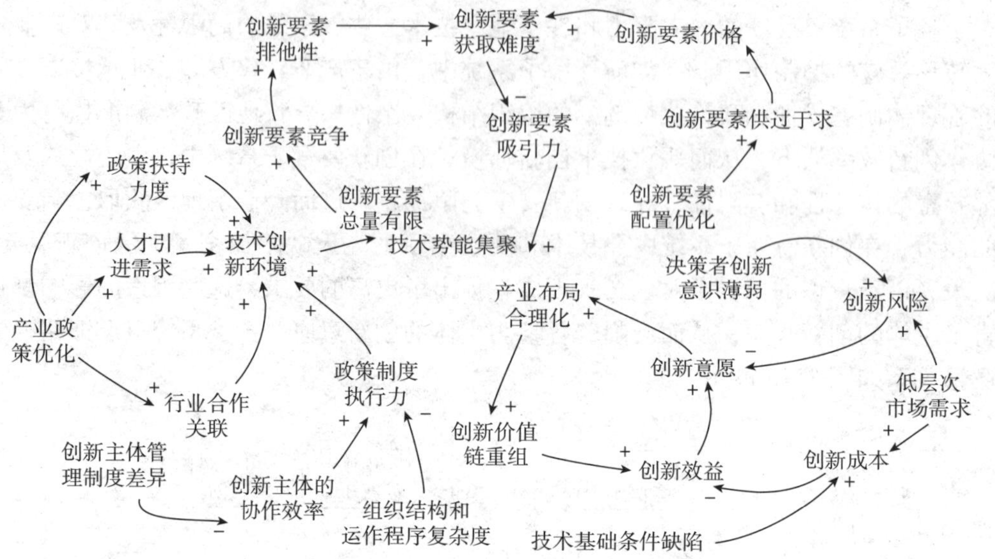

图 3-4　创新布局优化与技术势能集聚的因果关系

响，实际创新风险和创新成本都大于预期，创新效益都低于预期，这会打击创新主体的积极性，创新意愿有所削减，技术势能集聚的提升速度减缓；此消彼长之下，创新意愿子系统达到平衡状态，意愿不再变动，这一维度不再影响技术势能集聚。

（2）区际产业梯度转移还能通过提升产业扶持和人才引进力度、加强技术保护、促进行业合作等途径改善承接地的技术创新环境，进而加速技术势能集聚；随着地区创新体系的发展，创新主体管理制度不断分化、创新组织结构臃肿、创新活动运作程序复杂等问题不断凸显，最终技术创新环境子系统也达到平衡状态。

（3）区际产业梯度转移带来创新要素的配置状态变化具有阶段性。最初阶段，承接地在承接产业的同时也接收了创新要素，相应的创新要素供需平衡被打破，创新要素价格下降，要素获取难度降低，创新要素吸引力增强，区域技术创新集聚水平提升；一定时间之后，由于创新要素总量是有限的，不同地区之间、同一地区内的不同组织之间的创新竞争加剧，竞争行为强化了创新要素的排他性，最终导致创新要素不再流动，创新要素子系统达到平衡状态，地区创新要素吸引力不再变动。

总体而言，区际产业梯度转移能通过各子系统正反馈路径来促进技术势能集聚；随着技术势能集聚水平提升，各子系统负反馈路径形成的反向作用力不断加强，抵消了正反馈路径对技术势能集聚的推动力，势能集聚速度越来越慢，最终正负反馈路径的作用力完全一样，整个系统达到平衡状态，技术势能集聚水平达到阶段性成长上限；只有当新一轮的产业梯度转移发生，平衡状态才会被打破。

3.1.3　产业梯度转移促进技术势能集聚的演化机制

根据前文分析，产业梯度转移能够促进技术势能集聚，并在达到阶段性成长上限后实现系统的平衡状态，本部分通过演化模型的分析验证技术势能集聚系统均衡点的存在性。假设产业梯度转移中技术势能集聚系统反馈路径的起点即产业政策、创新要素配置、产业布局和技术势能的三个维度分别构成产业梯度转移促进技术势能集聚的非线性驱动力系统，那么可得如下演化方程：

$$\frac{dx(t)}{dt}=f(x_1,x_2,\cdots,x_n),k=1,2,\cdots,n \tag{3-1}$$

其中，$f(x_1, x_2, \cdots, x_n)$ 是 x_k 的非线性函数，其在 $x=0$ 处的 Taylor 级数展开式如下：

$$f(x_1,x_2,\cdots,x_n)=f(0)+\sum_{k=1}^{n}a_kx_k+\theta(x_1,x_2,\cdots,x_n),k=1,2,\cdots,n \tag{3-2}$$

其中，$f(0)=0$，a_k 为对应的偏导数，解析函数是 $\theta(x_1, x_2, \cdots, x_n)$，该函数至少具有二次项。基于此，根据李雅普诺夫稳定性定理，将式（3-2）的高次项剔除，即可得出式（3-3）所示的近似系统。

$$\frac{dx(t)}{dt}=\sum_{k=1}^{n}a_kx_k,k=1,2,\cdots,n \tag{3-3}$$

于是，分别构建如下产业梯度转移促进技术势能集聚的内部驱动力系统和外部驱动力系统：

$$f(IN)=\sum_{m=1}^{3}a_mx_m,m=1,2,3 \tag{3-4}$$

$$f(EX)=\sum_{n=1}^{3}a_nx_n,n=1,2,3 \tag{3-5}$$

式（3-4）中的 x_m 依次表示产业政策、创新要素配置以及产业布局的状态，a_m 是 x_m 对应的权重，而式（3-5）中的 x_n 则依次为技术创新环境、技术创新意愿和创新要素吸引力，a_n 是 x_n 对应的权重。各驱动因素下的内在驱动体系 $f(IN)$ 和外在驱动体系 $f(EX)$ 协同互动，组成了产业在区域间的梯度转移促进技术势能集聚的驱动系统。因此，根据 Bertalanffy（1992）[240] 的系统理论，把上述驱动系统里的 $f(IN)$ 和 $f(EX)$ 作为产业转移对技术势能集聚驱动系统的主要角色，从而推出式（3-6）和式（3-7）。

$$A=\frac{df(IN)}{dt}a_1f(IN)+a_2f(EX) \tag{3-6}$$

$$B=\frac{df(EX)}{dt}b_1f(IN)+b_2f(EX) \tag{3-7}$$

式（3-6）和式（3-7）中的 A 和 B 分别是产业梯度转移促进技术势能集聚驱动系统的内外部演变状况。假设 A 与 B 相互作用，其中任意子系统的改变都会影响到整个系统的演变状况，从而得到 A 和 B 对应的演化速度。

$$V_A=dA/dt \tag{3-8}$$

$$V_B=dB/dt \tag{3-9}$$

根据以上分析，式（3－8）和式（3－9）的协调性是保障驱动系统整体协调关系的基本要求，将产业梯度转移促进技术势能集聚的整体驱动系统的演变速度 V 设为 V_A 和 V_B 的函数，则有 $V=l(V_A, V_B)$。因此，本书将通过 V_A 和 V_B 的影响效应来探究产业梯度转移促进技术势能集聚整体驱动系统稳定状态和影响因素。

在内部驱动力系统 $f(IN)$ 与外部驱动力系统 $f(EX)$ 的交互共生中，推动产业梯度转移促进技术势能集聚驱动系统的演变和发展，于是本书分别构建 $f(IN)$ 和 $f(EX)$ 两个关于演化速度 V_A 和 V_B 的共生 Logistic 演化模型。

$$\begin{cases}\dfrac{\mathrm{d}V_A}{\mathrm{d}t}=r_AV_A\left(1-\dfrac{V_A}{N_A}+\dfrac{\delta_1V_B}{N_B}\right),V_A(0)=V_{A0},0<r_A、\delta_1<1,N_A、V_{A0}>0\\ \dfrac{\mathrm{d}V_B}{\mathrm{d}t}=r_BV_B\left(1-\dfrac{V_B}{N_B}+\dfrac{\delta_1V_A}{N_A}\right),V_B(0)=V_{B0},0<r_B、\delta_2<1,N_B、V_{B0}>0\end{cases} \tag{3-10}$$

其中，r_A 表示 V_A 的固定增长率，V_A 的初始值和最大值分别是 V_{A0} 和 N_A，δ_1 表示共生模式下 V_B 对 V_A 的影响系数；r_B 表示 V_B 的固定增长率，V_B 的初始值和最大值分别是 V_{B0} 和 N_B，δ_2 表示共生模式下 V_A 对 V_B 的影响系数。于是，在内外驱动子系统均达到共生稳态的情况下，不难推出微分方程组，如式（3－11）所示。

$$\begin{cases}f(V_A,V_B)=\dfrac{\mathrm{d}V_A}{\mathrm{d}t}=r_AV_A\left(1-\dfrac{V_A}{N_A}+\dfrac{\delta_1V_B}{N_B}\right)=0\\ g(V_A,V_B)=\dfrac{\mathrm{d}V_B}{\mathrm{d}t}=r_BV_B\left(1-\dfrac{V_B}{N_B}+\dfrac{\delta_1V_A}{N_A}\right)=0\end{cases} \tag{3-11}$$

设（V_A^*，V_B^*）为式（3－11）中方程组的均衡解，则内部驱动力子系统和外部驱动力子系统的最优化演变速度如式（3－12）、式（3－13）所示：

$$V_A^*=\frac{N_A(1+\delta_1)}{1-\delta_1\delta_2}>N_A \tag{3-12}$$

$$V_B^*=\frac{N_B(1+\delta_2)}{1-\delta_1\delta_2}>N_B \tag{3-13}$$

于是，可得式（3－10）所代表的产业梯度转移促进技术势能集聚驱动力系统的雅可比矩阵，如式（3－14）所示：

$$J=\begin{bmatrix}f_{V_A} & f_{V_B}\\ g_{V_A} & g_{V_B}\end{bmatrix}=\begin{bmatrix}r_A\left(1+\delta_1\dfrac{V_B}{N_B}-2\dfrac{V_A}{N_A}\right) & -\dfrac{r_AV_A\delta_1}{N_B}\\ -\dfrac{r_BV_B\delta_2}{N_A} & r_B\left(1+\delta_1\dfrac{V_A}{N_A}-2\dfrac{V_B}{N_B}\right)\end{bmatrix} \tag{3-14}$$

代入均衡点，有如下矩阵：

$$A_{Balance}=\begin{bmatrix}-r_A\dfrac{1+\delta_1}{1-\delta_1\delta_2} & -r_A\dfrac{N_A}{N_B}\dfrac{\delta_1(1+\delta_1)}{1-\delta_1\delta_2}\\ -r_B\dfrac{N_B}{N_A}\dfrac{\delta_2(1+\delta_2)}{1-\delta_1\delta_2} & -r_B\dfrac{1+\delta_2}{1-\delta_1\delta_2}\end{bmatrix} \tag{3-15}$$

于是，得到系统的稳定节点 $P\left[\frac{r_A(1+\delta_1)+r_B(1+\delta_2)}{1-\delta_1\delta_2}, \frac{r_A r_B(1+\delta_1)\times(1+\delta_2)}{1-\delta_1\delta_2}\right]$。

基于以上分析，产业梯度转移促进技术势能集聚系统存在稳定节点。这表明区域产业梯度转移促进技术势能集聚系统是在创新要素吸引力等内驱动力和产业布局等外驱动力的共同作用下实现整体协同演变的，并且长期存在系统均衡点，即稳定节点。

3.2 区域技术势能集聚水平与产业梯度转移系数的测算

为进一步探究产业梯度转移促进技术势能集聚的现实机制，本书从技术创新环境、创新主体意愿和创新要素吸引力三个维度出发，综合运用主成分分析、EG集聚指数等方法对技术势能和技术势能集聚水平进行定量分析，并运用产业梯度系数衡量产业梯度的转移现状。参照重力势能的计算公式，本书将技术势能的计算公式设定为 $TP = TI \times TE \times AIF$，其中，$TP$ 为技术势能；TI 表示技术创新意愿，反映创新主体自身的特征；TE 为技术创新环境，反映技术创新的环境特征；AIF 为创新要素吸引力，反映技术创新潜在的水平特征。只要分别量化技术势能的三个维度，就能够完成区域技术势能的测度；而产业梯度系数则可通过区位商和比较劳动生产率计算得到。

3.2.1 区域技术势能集聚水平的测度

本书采用修正的 Getis – Ord 统计量来测算技术势能集聚水平（Ord 和 Getis，1995）[241]。用前面测算的技术势能替换传统 Getis – Ord 统计量中的经济增长指标，即得到了技术势能集聚水平。

$$TG_i = \frac{\left(\sum_j w_{ij}TP_j - W_i TP^*\right) - \left(TP_i - TP^*\right)}{s\left[\left(nS_i - W_i^2\right)/(n-1)\right]^{\frac{1}{2}}} \tag{3-16}$$

其中，w_{ij} 为空间权重矩阵的元素，其值为两地区间距离的倒数，$W_i = \sum_{i\neq j} w_{ij}$，$S_i = \sum_j w_{ij}^2$，$s$ 为技术势能的方差，TP^* 为技术势能的均值。

TG_i 值越大说明地区 i 技术势能的集聚水平越高，对周边地区的影响也越大，这符合节点势能越大对其他节点产生势能流动的可能性越大的特征。

根据前文所述的方法，得到我国区域技术势能集聚水平的测算结果（见表3 – 1）。

表3 – 1 给出了我国30个地区历年技术势能集聚水平的计算结果以及在2015

年的排名情况。根据简单计算，2001 年中国区域技术势能的平均集聚水平是 0.2552，2005 年的平均集聚水平为 0.3366，2010 年的技术势能平均集聚水平达到 0.4311，到 2015 年底，区域技术势能集聚水平的平均值提高至 0.5795；2001 ~ 2015 年，中国区域技术势能集聚水平的增长幅度高逾 120%，从 5 年为单位的时间区段来看，21 世纪前 5 年的年平均增长率为 5.69%，接下来的两个 5 年期时间段对应的年增长率分别为 5.07% 和 6.10%。总体而言，中国 30 个地区技术势能集聚水平在时间维度上呈现持续增长的态势，且增长速度表现为增减交替的阶段性特征。

表 3-1　2001 ~ 2015 年我国各地区技术势能集聚水平

年份	2001	2003	2005	2007	2009	2011	2013	2015	排名
北京	0.3901	0.4197	0.5410	0.5466	0.6417	0.6776	0.7704	0.8012	1
天津	0.4009	0.4440	0.5225	0.5238	0.6113	0.6317	0.7346	0.7463	3
河北	0.2255	0.2348	0.2934	0.3099	0.3500	0.3727	0.4272	0.5082	25
山西	0.2386	0.2447	0.2801	0.2848	0.3399	0.3608	0.4293	0.5278	19
内蒙古	0.2421	0.2630	0.3269	0.3688	0.4268	0.4472	0.5357	0.5707	15
辽宁	0.2596	0.3063	0.3479	0.3972	0.4461	0.4540	0.5735	0.6190	9
吉林	0.2444	0.2498	0.2895	0.3020	0.3513	0.3774	0.4284	0.5715	14
黑龙江	0.2210	0.2579	0.3046	0.3326	0.3926	0.4101	0.4717	0.5441	17
上海	0.3778	0.4493	0.5262	0.5486	0.6199	0.6363	0.7106	0.7670	2
江苏	0.2550	0.2704	0.3214	0.3522	0.4246	0.4789	0.5414	0.6546	4
浙江	0.3315	0.3445	0.3947	0.4044	0.4718	0.4928	0.5545	0.6474	6
安徽	0.2164	0.2208	0.2589	0.2925	0.3402	0.3601	0.4048	0.5333	18
福建	0.2438	0.2694	0.3199	0.3335	0.3757	0.3906	0.4586	0.6344	8
江西	0.2562	0.2706	0.3361	0.3591	0.4155	0.4214	0.5021	0.5152	23
山东	0.2085	0.2551	0.2997	0.3692	0.4816	0.4873	0.5508	0.6140	10
河南	0.2788	0.2885	0.3332	0.3500	0.4088	0.4182	0.4886	0.5273	20
湖北	0.2490	0.2895	0.3566	0.3714	0.4229	0.4450	0.5440	0.6014	12
湖南	0.2236	0.2407	0.3214	0.3330	0.3861	0.4217	0.4910	0.5561	16
广东	0.2205	0.2353	0.3238	0.3304	0.4322	0.4839	0.5586	0.6501	5
广西	0.2152	0.2175	0.2734	0.2844	0.3308	0.3597	0.4362	0.4987	27
海南	0.2202	0.2570	0.2980	0.3008	0.3504	0.3702	0.4534	0.5034	26
重庆	0.2063	0.2298	0.2813	0.2958	0.4359	0.4585	0.5450	0.6046	11
四川	0.2238	0.2888	0.3473	0.3734	0.4419	0.4577	0.5601	0.5822	13
贵州	0.2223	0.2598	0.3100	0.3357	0.3839	0.3954	0.4437	0.4609	30

续表

年份	2001	2003	2005	2007	2009	2011	2013	2015	排名
云南	0.2217	0.2387	0.2976	0.3235	0.3678	0.3950	0.4623	0.4922	28
陕西	0.3454	0.3569	0.4144	0.4199	0.5398	0.5423	0.6274	0.6395	7
甘肃	0.2461	0.2583	0.3093	0.3212	0.3863	0.3988	0.4592	0.5146	24
青海	0.2220	0.2512	0.2853	0.3098	0.3540	0.3771	0.4360	0.5153	22
宁夏	0.2265	0.2378	0.3156	0.3215	0.3608	0.3910	0.4556	0.5176	21
新疆	0.2227	0.2329	0.2669	0.2709	0.3208	0.3613	0.4259	0.4649	29

注：限于篇幅，只给出了技术势能集聚水平在奇数年的测算结果，以及2015年各地区技术势能集聚水平的排名。

技术势能集聚水平的集聚中心有上海、江苏、浙江和天津等沿海地区以及北京和陕西这两个内陆区域，这些地区的技术势能集聚一直保持领先水平，东北地区、大西北地区、西南沿海以及黄河中游经济区的技术势能集聚水平则始终处于全国中下游；此外，2001～2015年，我国各地区技术势能集聚水平均随时间递增，然而，由于区域间的创新意愿、创新环境和资源禀赋各不相同，同时其吸引和凝聚高水平创新要素的能力所有差异，这些因素都使得技术势能集聚水平存在显著区域差异。2001～2005年，增长显著的只有北京、天津、上海、江苏、浙江等地区，它们具有更强的创新要素吸引力，开始成为中国技术势能的集聚中心；在随后的5年中，得益于北京、上海、江苏等省市技术势能的高速增长，在空间溢出作用下，产生的外部性效应不断影响周边城市，东部沿海地区技术势能集聚水平明显提升；近年来，随着创新驱动经济发展战略的提出，全国范围内均对技术势能的培育更为重视，各地区技术势能呈现普涨格局。

总体而言，我国地区技术势能集聚在时间维度上不断增长，并明显呈现出在不同的经济发展阶段具有不同的平均增速这一差异化的特征；在空间维度上，则显著表现为从东北往西南方向扩散的“传导式”演化模式，其中东、北部沿海地区和京、津地区为集聚中心。

3.2.2 产业梯度转移系数的测度

当前，关于产业梯度发展状况的测度研究已经比较成熟，本书参考前人的研究，采用产业梯度系数（IG）来度量我国各地区的产业梯度现状（Chorley和Haggett，1965；戴宏伟等，2003）[242-243]。产业梯度系数的相关度量指标分别为IG（产业梯度系数）、LQ（区位商）和CP（比较劳动生产率），各指标计算公式如下：

$$IG_{ij} = LQ_{ij}CP_{ij} \tag{3-17}$$

$$LQ_{ij} = \frac{X_{ij}/\sum_{i=1}^{m} X_{ij}}{\sum_{j=1}^{n} X_{ij} \sum_{i=1}^{m} \sum_{j=1}^{n} X_{ij}} \qquad (3-18)$$

$$CP_{ij} = \frac{X_{ij}/\sum_{j=1}^{n} X_{ij}}{Y_{ij}/\sum_{j=1}^{n} Y_{ij}} \qquad (3-19)$$

其中，i 和 j 分别表示产业和地区；m 和 n 则分别表示产业和地区的总数；X 代表生产总值，Y 表示从业人数。

表 3－2 给出了 2015 年我国 31 个地区三大产业梯度系数的测算结果。

表 3－2　2015 年我国 31 个地区三大产业梯度系数（IG）

地区	第一产业			第二产业			第三产业		
	LQ	CP	IG	LQ	CP	IG	LQ	CP	IG
北京	0.072	1.248	0.090	0.445	1.705	0.758	1.688	1.785	3.012
天津	0.150	1.413	0.212	1.050	1.814	1.904	1.105	1.538	1.700
河北	1.371	1.109	1.520	1.088	0.754	0.820	0.852	0.786	0.669
山西	0.729	0.526	0.383	0.917	0.796	0.730	1.127	0.865	0.974
内蒙古	1.077	1.265	1.363	1.137	2.717	3.090	0.857	1.023	0.877
辽宁	0.988	1.548	1.529	1.025	1.547	1.586	0.979	1.111	1.087
吉林	1.348	1.360	1.834	1.122	1.540	1.729	0.823	0.811	0.668
黑龙江	2.074	1.543	3.199	0.717	0.890	0.638	1.075	0.806	0.866
上海	0.052	1.068	0.055	0.717	1.310	0.939	1.436	1.811	2.600
江苏	0.675	2.038	1.376	1.030	1.180	1.215	1.030	1.689	1.740
浙江	0.508	1.665	0.845	1.036	0.823	0.853	1.054	1.352	1.426
安徽	1.326	0.788	1.044	1.121	0.670	0.751	0.828	0.457	0.378
福建	0.968	1.534	1.486	1.133	0.960	1.088	0.881	0.874	0.769
江西	1.259	1.011	1.273	1.133	0.746	0.845	0.828	0.607	0.503
山东	0.939	1.135	1.066	1.054	0.951	1.002	0.960	1.114	1.069
河南	1.351	0.728	0.984	1.091	0.661	0.721	0.852	0.675	0.575
湖北	1.330	1.055	1.404	1.030	1.220	1.256	0.913	0.817	0.746
湖南	1.369	0.921	1.261	0.999	1.032	1.030	0.935	0.815	0.762
广东	0.546	1.089	0.594	1.009	0.965	0.974	1.072	1.460	1.566
广西	1.813	0.805	1.459	1.035	1.134	1.173	0.822	0.675	0.555
海南	2.742	1.664	4.563	0.533	0.946	0.504	1.129	0.701	0.791
重庆	0.869	0.979	0.851	1.013	1.123	1.138	1.011	0.966	0.976

续表

地区	第一产业			第二产业			第三产业		
	LQ	CP	IG	LQ	CP	IG	LQ	CP	IG
四川	1.453	0.880	1.279	0.993	0.774	0.769	0.926	0.709	0.656
贵州	1.855	0.632	1.173	0.890	0.991	0.882	0.951	0.914	0.869
云南	1.793	0.584	1.046	0.896	1.068	0.957	0.956	0.569	0.544
西藏	1.134	0.454	0.515	0.826	0.912	0.753	1.140	0.470	0.536
陕西	1.053	0.906	0.954	1.135	2.043	2.320	0.863	1.087	0.938
甘肃	1.669	0.487	0.813	0.828	0.760	0.629	1.043	0.738	0.770
青海	1.027	0.813	0.834	1.125	1.231	1.385	0.877	0.688	0.604
宁夏	0.970	0.666	0.645	1.068	1.575	1.682	0.942	0.865	0.814
新疆	1.986	1.325	2.630	0.869	1.497	1.300	0.947	0.779	0.738

根据胡丹（2014）[244]的研究，可以通过产业梯度系数IG的区间划分来刻画产业的梯度水平。当IG<1时，产业处于劣势地位，具有低梯度；当1<IG<2时，产业具有一定的相对优势；当2<IG<4时，产业具有较大优势；当IG>4时，产业处于领先优势地位。本书照此标准对表3-2的结果进行阶段划分，得到2015年我国各地区三大产业梯度划分情况，如表3-3所示。

表3-3　2015年我国各地区三大产业梯度系数（IG）排序

	IG>4	2<IG<4	1<IG<2	IG<1
第一产业	海南	黑龙江、新疆	河北、内蒙古、辽宁、吉林、江苏、安徽、福建、江西、山东、湖北、湖南、广西、四川、贵州、云南	北京、天津、山西、上海、浙江、河南、广东、重庆、西藏、陕西、甘肃、青海、宁夏
第二产业	—	内蒙古、陕西	天津、辽宁、吉林、江苏、福建、山东、湖北、湖南、广西、重庆、青海、宁夏、新疆	北京、河北、山西、黑龙江、上海、浙江、安徽、江西、河南、广东、海南、四川、贵州、云南、西藏、甘肃
第三产业	—	北京、上海	天津、江苏、浙江、广东、山东、辽宁	河北、山西、内蒙古、吉林、黑龙江、安徽、福建、江西、河南、湖北、湖南、广西、海南、重庆、四川、贵州、云南、西藏、陕西、甘肃、青海、宁夏、新疆

就第一产业而言，海南的IG>4，其第一产业处于较高梯度水平，说明海南的第一产业规模过剩，需要转出；除海南外，需要将第一产业转出的地区还有黑龙江和新疆。第二产业中处于较高梯度水平的区域有内蒙古和陕西；共有16个地区第

二产业梯度系数低于1，即有过半地区第二产业发展不够成熟。北京和上海的第三产业处于全国领先水平；共有23个地区第三产业梯度系数低于1，多数地区第三产业仍具有较大提升空间。

3.2.3 产业梯度转移系数与技术势能集聚水平的相关分析

为了明确产业梯度转移和技术势能集聚的相关关系，首先根据前文方法测度了2001~2015年各地区的产业梯度系数，并选取2005年、2010年和2015年地区产业梯度系数和区域技术势能集聚水平的测算结果，绘制相应的核密度图，如图3-5所示。

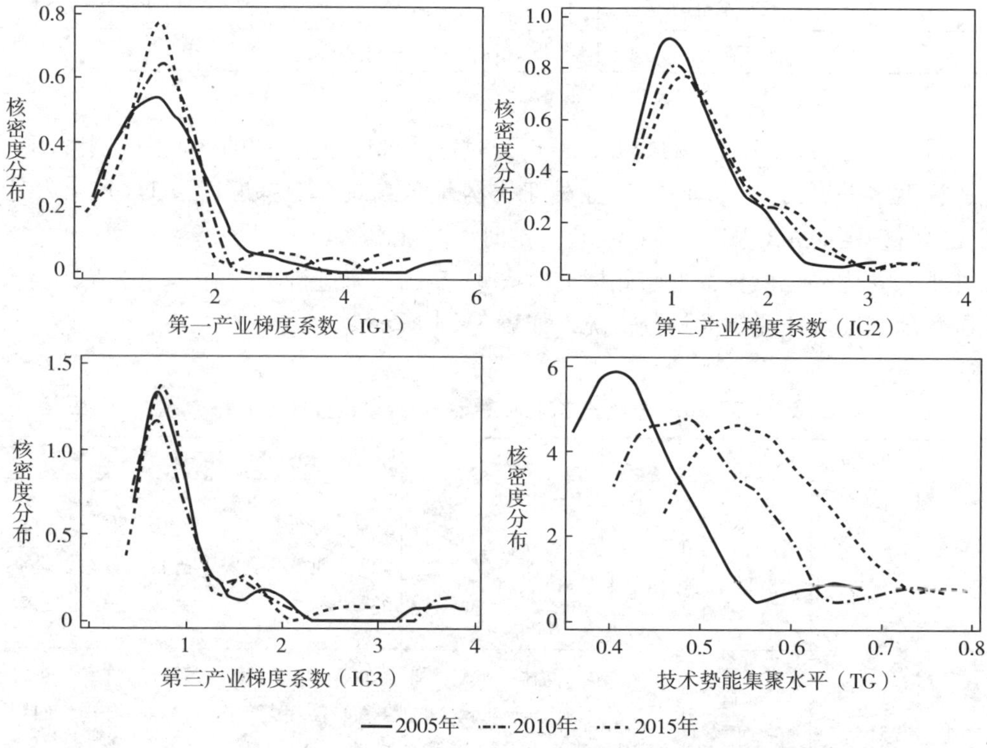

图3-5 我国区域产业梯度系数和技术势能集聚水平的核密度分布

核密度分布图能够反映变量在时间维度上的演变规律。在图3-5左上中，第一产业梯度系数的核密度图波峰位置随时间推移持续上升，水平位置基本不变；在图3-5左下中，第三产业梯度系数核密度图波峰位置随时间推移无规律变动，水平位置同样基本不变；在图3-5右上中，第二产业梯度系数核密度图波峰位置随时间推移不断降低，且它的水平位置稍向右移；在图3-5右下中，区域技术势能集聚水平核密度图波峰位置随时间推移不断降低，水平位置不断右移。对比四个核密度分布图，不难发现，第一和第三产业的梯度系数无明显时间规律；第二产业梯度系数和区域技术势能集聚水平都在时间维度上具有相同的变化规律，都表现为随时间推移而持续增长。因此，初步认为第二产业梯度系数与技术势能集聚存在正向相关关系。

接下来，本书还需考虑产业梯度转移和技术势能的空间关联性。根据定义，地区技术势能为 $TPE = TI \times TE \times AIF$，技术创新意愿、技术创新环境和创新要素吸引力是构成技术势能的三个维度，在正反馈作用下，区际产业梯度转移通过优化产业布局、政策和要素配置来提升技术势能的三个维度进而促进技术势能的集聚。

首先分析产业布局优化与技术创新意愿的关系。设 Δt 内地区 i 的产业布局优化量为 Δl_i，产业布局优化能够提升技术创新意愿，即 $\Delta TI = f_1(\Delta l_i)$，且 ΔTI 和 Δl_i 成正比，考虑地区 j 的产业布局优化对地区 i 技术创新意愿的空间效应，则有 $\Delta TI = f_1(\Delta l_i, \Delta l_j)$，为简化分析过程，不妨设 $\Delta TI = f_1(\Delta l_i, \Delta l_j) = a_1\Delta l_i + a_2\Delta l_j$，即 $dTI = a_1 dl_i + a_2 dl_j$，当时间间隔足够小即 $\Delta t \to 0$ 时，可得到 $TI = l_i^{\alpha_1} l_j^{\alpha_2}$，同理可得 $TE = ie_i^{\beta_1} ie_j^{\beta_2}$ 和 $AIF = fa_i^{\gamma_1} fa_j^{\gamma_2}$，从而有：

$$TPE = TI \times TE \times AIF = l_i^{\alpha_1} ie_i^{\beta_1} fa_i^{\gamma_1} l_j^{\alpha_2} ie_j^{\beta_2} fa_j^{\gamma_2} \tag{3-20}$$

即 $TPE = f(l_i, ie_i, fa_i, l_j, ie_j, fa_j)$，技术势能集聚与创新意识、环境和要素布局优化对区域技术势能具有内生作用。

由此可知，区际产业梯度转移会带来创新意识、环境和要素布局的优化，这几方面布局的优化通过提升地区的技术创新意愿、改善技术创新环境和加强创新要素吸引力来促进技术势能集聚水平的提升，技术势能集聚水平的提升是区际产业梯度转移的结果。换言之，在区际产业梯度转移会带来其“下游”技术势能集聚的提升，梯度转移对技术势能集聚具有前向空间关联效应。

3.3　区际产业梯度转移与技术势能集聚的空间关联效应

区域产业梯度转移能够诱发创新环境与创新意愿的潮涌现象，同时还会带来创新要素的空间集群，最终引致区域内和区域间的知识共享以及技术溢出。这种溢出效应在具有较强空间关联的地区之间表现得尤为明显，并通过空间溢出效应实现中低技术产业的高技术化和高技术产业自身的效率改善，最终促进技术势能集聚。本书将利用区域技术势能集聚水平、产业梯度转移系数等指标的面板数据，构建空间计量模型实证检验产业梯度转移系数对技术势能集聚的直接与间接效应。

3.3.1　基于地理区位和制度关联的综合权重矩阵

邻接矩阵和地理距离矩阵是目前最常使用的空间权重矩阵。其中，邻接矩阵只考察空间中的个体相邻与否（有公共顶点或边）这一个条件来判别其空间关系，无法反映区位相近但并不相连的区域之间的空间影响；地理距离矩阵能有效弥补邻接矩阵的缺陷，但仍然无法较为全面地反映产业梯度及技术势能的空间关联性。旧有空间权重矩阵的不足要求我们对其作出新的考量。地区之间的产业梯度和技术层级除了受地理区位的影响外，还与它们的制度水平存在直接关联：两个制度都较为包容开放的地区之间总是更容易进行产业互动和技术交流合作的，而两个制度规范差别较大的地区则往往难以形成有效的产业合作与技术交流。基于此，本书采用引力模型（侯新烁等，2013）[245]构建了基于地理区位和制度关联的综合权重矩阵。

$$W_{ij}=\begin{cases}0,\ i=j\\(SQ_i\times SQ_j)/d_{ij}^2,\ i\neq j\end{cases}\tag{3-21}$$

其中，SQ_i 和 SQ_j 分别为两个地区的制度质量（周璇，2017；王小鲁等，2009；Fan 和 Hu，2007）[99][246-247]，结果如表 3-4 所示。

表 3-4　我国各地区制度质量测算结果

地区 \ 年份	2001	2003	2005	2007	2009	2011	2013	2015
北京	0.178	0.184	0.239	0.215	0.263	0.281	0.315	0.362
天津	0.156	0.169	0.218	0.207	0.235	0.271	0.289	0.331
河北	0.158	0.158	0.158	0.150	0.172	0.179	0.214	0.243
山西	0.165	0.184	0.212	0.211	0.237	0.260	0.234	0.265
内蒙古	0.123	0.126	0.140	0.132	0.140	0.151	0.132	0.148
辽宁	0.138	0.153	0.178	0.191	0.196	0.239	0.222	0.253
吉林	0.129	0.139	0.143	0.135	0.139	0.147	0.140	0.156
黑龙江	0.133	0.142	0.144	0.157	0.154	0.204	0.217	0.248
上海	0.191	0.177	0.254	0.235	0.326	0.408	0.514	0.608
江苏	0.164	0.164	0.174	0.198	0.192	0.251	0.281	0.324
浙江	0.155	0.139	0.176	0.181	0.169	0.227	0.259	0.299
安徽	0.148	0.134	0.231	0.213	0.242	0.282	0.275	0.320
福建	0.151	0.158	0.179	0.178	0.188	0.214	0.199	0.225
江西	0.159	0.097	0.135	0.156	0.142	0.163	0.166	0.191
山东	0.155	0.162	0.219	0.245	0.326	0.492	0.468	0.554
河南	0.133	0.139	0.173	0.164	0.196	0.266	0.254	0.293
湖北	0.151	0.168	0.184	0.169	0.204	0.301	0.309	0.357
湖南	0.153	0.159	0.195	0.184	0.221	0.238	0.251	0.287

续表

地区＼年份	2001	2003	2005	2007	2009	2011	2013	2015
广东	0.198	0.198	0.276	0.241	0.274	0.301	0.267	0.306
广西	0.119	0.126	0.133	0.117	0.121	0.141	0.161	0.182
海南	0.158	0.128	0.137	0.145	0.139	0.166	0.187	0.213
重庆	0.131	0.139	0.158	0.148	0.182	0.279	0.313	0.366
四川	0.133	0.139	0.156	0.160	0.184	0.204	0.184	0.208
贵州	0.111	0.101	0.126	0.120	0.128	0.143	0.210	0.244
云南	0.116	0.113	0.133	0.126	0.135	0.153	0.150	0.171
陕西	0.105	0.107	0.158	0.133	0.144	0.185	0.176	0.202
甘肃	0.099	0.104	0.120	0.113	0.132	0.160	0.163	0.186
青海	0.105	0.105	0.114	0.107	0.123	0.143	0.149	0.170
宁夏	0.074	0.075	0.096	0.096	0.093	0.096	0.106	0.121
新疆	0.072	0.077	0.087	0.083	0.094	0.119	0.138	0.161

3.3.2 产业梯度转移驱动技术势能集聚计量模型的设定与检验

（1）计量模型设定。本书运用一般嵌套空间模型（GNS）来进行产业梯度转移系数对技术势能集聚空间溢出效应的实证检验。包含所有交互效应的 GNS 模型如下（Lesage 和 Fischer，2008；Elhorst，2014）[248-249]：

$$Y=\rho WY+X\beta+XW\theta+\alpha\iota_N+u \tag{3-22}$$

$$u=\lambda Wu+\varepsilon$$

其中，WY、XW 和 Wu 分别表示被解释变量、解释变量以及扰动项之间的交互效应，前两者是空间溢出效应的主要部分，后者不包含空间溢出的信息（Vega 和 Elhorst，2015）[250]。ρ 是空间自回归系数。θ 和 β 是有待估计的参数向量。W 是空间权重矩阵。将式（3-22）进行简化，可得：

$$Y=(1-\rho W)^{-1}(X\beta+XW\theta)+R \tag{3-23}$$

其中，$R=(1-\rho W)^{-1}(\alpha\iota_N+u)$，囊括了误差的多余项与截距项，基于此，推导得到第 1～第 N 个单位的第 k 个解释变量的偏导数矩阵如下：

$$\left[\frac{\partial E(Y)}{\partial x_{1k}}\cdots\frac{\partial E(Y)}{\partial x_{Nk}}\right]=\begin{bmatrix}\frac{\partial E(y_1)}{\partial x_{1k}} & \cdots & \frac{\partial E(y_1)}{\partial x_{Nk}}\\ \cdots & \cdots & \cdots\\ \frac{\partial E(y_N)}{\partial x_{1k}} & \cdots & \frac{\partial E(y_N)}{\partial x_{Nk}}\end{bmatrix}$$

$$=(1-\rho W)^{-1}\begin{bmatrix}\beta_k & \omega_{12}\theta_k & \cdots & \omega_{1N}\theta_k \\ \omega_{21}\theta_k & \beta_k & \cdots & \omega_{2N}\theta_k \\ \cdots & \cdots & \cdots & \cdots \\ \omega_{N1}\theta_k & \omega_{N2}\theta_k & \cdots & \beta_k\end{bmatrix} \tag{3-24}$$

如果式（3-24）所示的偏导数存在，则当某一指定区域的特定解释变量发生变化时，该区域和其他区域的被解释变量均会被影响，前者反映直接效应，后者则表示间接效应。通过对 ρ、θ 和 β 施加一定的限制条件，GNS 可以转化为 SAR、SDM、SLX 及 SDEM 等各类空间计量模型。

（2）空间相关性检验。在进行空间计量分析之前，需要检验地区技术势能集聚水平在空间上具有相关关系的假设成立与否。为实现这一研究目标，本书选择 Moran's I 指数来检验地区技术势能集聚的空间相关性，具体公式如下：

$$\text{Moran's I}=\frac{n}{\sum_{i=1}^{n}\sum_{j=1}^{n}W_{ij}}\times\frac{\sum_{i=1}^{n}\sum_{j=1}^{n}W_{ij}(X_i-\overline{X})(X_j-\overline{X})}{\sum_{i=1}^{n}(X_i-\overline{X})^2} \tag{3-25}$$

其中，X_i 表示技术势能集聚水平在地区的样本观测值，W_{ij} 为行标准化的空间权重矩阵。

利用 2001~2015 年我国 30 个省市的技术势能集聚水平相关数据，计算得到其 Moran's I 及 Z 统计量（见表 3-5）。

表 3-5　技术势能集聚水平的空间相关性检验

年份	Moran's I	Z 统计量	年份	Moran's I	Z 统计量
2001	0.340	2.290	2009	0.274	2.194
2002	0.249	2.422	2010	0.269	2.374
2003	0.300	2.130	2011	0.274	2.216
2004	0.382	2.398	2012	0.331	2.141
2005	0.285	2.213	2013	0.283	2.165
2006	0.307	2.422	2014	0.364	2.421
2007	0.342	2.257	2015	0.330	2.097
2008	0.272	2.104			

表 3-5 中，技术势能集聚水平的所有 Moran's I 指数在 5% 置信水平下均显著（统计量 Z 值大于 1.96），这表明技术势能的集聚具有显著的空间依赖性（正自相关关系）。也就是说，我国技术势能集聚水平在空间上有较强的关联性，具有相似技术势能集聚水平的地区在空间上趋于集聚。

3.3.3 产业梯度转移驱动技术势能集聚空间效应的实证结果

3.3.3.1 数据来源与变量说明

本部分研究所涉及的变量可以分为被解释变量、核心解释变量及其他控制变量三部分，模型中各个变量的具体计算方法如表3－6所示。本章原始数据从《中国统计年鉴》、《中国司法行政年鉴》、《中国科技统计年鉴》、中经网统计数据库、EPS数据库以及各省市相应统计年鉴中整理得到，时间区间为2001～2015年，地区为除香港、澳门、台湾和西藏外的中国其他30个省（市、自治区）。对于个别在少数年份缺失的指标数据，采用移动平均法进行补齐，并以2001年为基期对数据进行价格指数折算，剔除价格因素对指标的影响。

表3－6 变量计算方法

变量分类	变量名称	变量计算方法
被解释变量	技术势能集聚水平（*TG*）	在3.2.1中测算得到
核心解释变量	产业梯度转移系数（*IG*）	用3.2.2中测算得到的第二产业梯度系数表示
控制变量	金融支持（*Fin*）	金融机构从业人数占总人口比重
	经济发展水平（*Eco*）	地区人均GDP
	政府行为（*Gov*）	地区科技支出占总支出的比重
	产业结构水平（*Is*）	第二产业和第三产业产值占总产值的比重
	外贸依存度（*Dft*）	地区进出口贸易总额占GDP的比重

3.3.3.2 空间计量模型估计结果

本书的研究目标为探究产业梯度转移系数对技术势能集聚的空间溢出作用，因此将重点研究SAR、SEM、SLX、SDEM与SDM模型，并选择最优估计模型。为确保获取的参数估计结果具有一致性，本书选择最大似然法进行模型的估计，模型的估计结果如表3－7所示。

表3－7 空间计量模型的估计结果

	SDM	SDEM	SLX	SAR	SEM	OLS
ln*IG*	0.8697*** (3.142)	0.8516*** (2.988)	0.7722*** (3.014)	0.8591*** (2.875)	0.8132*** (3.179)	0.8549*** (3.066)
ln*Fin*	0.6178** (2.225)	0.6254* (1.816)	0.5842** (1.975)	0.5983* (1.682)	0.6143* (1.674)	0.6365* (1.852)
ln*Eco*	0.1162*** (4.219)	0.1401** (2.037)	0.1179*** (3.221)	0.1410*** (2.735)	0.1443** (2.101)	0.1336*** (4.109)
ln*Gov*	−0.0312* (−1.725)	−0.0261 (−1.630)	−0.0299** (−2.005)	−0.0342* (−1.789)	−0.0257* (−1.895)	−0.0326* (−1.855)

续表

	SDM	SDEM	SLX	SAR	SEM	OLS
lnIs	0.0040 (0.115)	-0.0050 (-0.106)	0.0460 (-0.099)	-0.0059 (-0.108)	-0.0454 (-0.113)	0.0448 (0.102)
lnDft	0.2162*** (2.912)	0.1798** (1.969)	0.1896** (2.223)	0.1956*** (2.594)	0.1853** (2.018)	0.2098*** (2.725)
ρ	0.2284*** (3.003)			0.2617*** (2.923)		
λ		0.3052*** (3.904)			0.2904*** (4.010)	
W×lnIG	2.0284*** (6.247)	1.9807*** (6.176)	2.1383*** (6.615)			
W×lnFin	1.5897** (2.204)	1.7248* (1.958)	1.6342* (1.894)			
W×lnEco	0.2353*** (3.258)	0.3775*** (2.642)	0.3928** (2.847)			
W×lnGov	-0.0639** (-2.061)	-0.0550 (-1.313)	-0.1047* (-1.694)			
W×lnIs	0.0089 (0.339)	-0.0144 (-0.317)	0.0183 (-0.428)			
W×lnDft	0.6816** (2.020)	0.4831* (1.955)	0.5189* (1.843)			
R^2	0.8293	0.7851	0.7015	0.7144	0.7428	0.6907

注：括号内为t值，*、**、***分别表示在10%、5%及1%水平下显著。

表3-7中所有模型的估计结果均表明，区域产业梯度转移系数在1%的水平下对技术势能集聚具有显著正向作用，即区域产业梯度转移系数能够显著促进高技术产业的发展。从SDM模型的参数估计值来看，区域产业梯度转移系数水平每提升1%，就能够促进该地区技术势能集聚水平提升0.8697%，可见产业梯度转移系数是技术势能集聚的主要驱动因素。产业梯度转移系数对技术势能集聚的促进作用主要体现在：随着产业梯度转移系数水平的提高，地区的技术创新环境得以改善、创新主体的创新意愿被有效激发、对创新要素的吸收能力和凝聚能力也有了进一步的提升，本地区的高技术产业立足于更优良的创新环境下，与更富有创新意愿的创新主体协同合作，借助于更强的创新要素吸引力有针对性地引进先进技术、挖掘高端人才，从而构成技术势能集聚的强大助力。作为技术创新的前端，产业梯度转移的优势在于，既具有与技术势能集聚相匹配的革新能力，又能够避免区域创新要素

禀赋的局限性，有助于改善内外部创新环境、激发各主体创新意愿并培育创新要素吸引力，最终促进技术势能集聚水平的提升。

从控制变量的参数估计结果来看，地区产业结构水平对技术势能集聚的影响不稳定且不显著，在不同的模型下，产业结构对技术势能集聚的作用均很小且不显著，方向也是不稳定的，两者之间并没有实质关联。在5%的显著性水平下，外贸依存度和地区经济发展水平对技术势能集聚的影响显著为正，而金融支持对技术势能集聚的影响在10%的水平下显著为正，这三者对区域技术势能集聚水平的提升有积极影响。这种积极效应主要受益于资金的积累，其中金融支持直接拓展了创新要素积累的融资渠道，区域经济发展水平和对外贸易依存度则提升了地区收入总量，流入技术势能储备的资金也会相应增加，更多的资金意味着在人才等创新要素的区域竞争中占据更有利的地位，从而促进了技术势能的集聚。在10%的显著性水平下，政府行为对于区域技术势能的集聚具有显著的负效应，表明在市场经济环境下，过多的政府干预不利于技术势能集聚水平持续、稳定地增长，独立自主的决策模式是技术势能有效集聚的先决条件。

本书综合拟合优度和自然对数函数值等统计量对上述空间计量模型进行最优模型的选择与判断，结果显示，SDM模型的拟合优度和对数似然值最大、参数的显著性也最优，因此，SDM模型是本书实证研究的最优模型①。为更精准地判断各个变量对技术势能集聚的空间溢出效应，本书根据表3－7的参数估计结果，基于SDM模型对所有解释变量的间接效应进行了估算，刻画了空间邻近地区产业梯度转移系数对该地区自身技术势能集聚水平的作用程度，反映了产业梯度转移系数的空间溢出效应，结果如表3－8所示。

表3－8　解释变量对技术势能集聚的空间溢出效应（基于SDM模型）

	ln*IG*	ln*Fin*	ln*Eco*	ln*Gov*	ln*Is*	ln*Dft*
空间溢出效应	－0.2174**	0.1759***	0.0083**	0.0528**	0.0013	0.1802
	(－2.107)	(3.211)	(2.101)	(2.391)	(0.095)	(0.590)

注：括号内为t值，*、**、***分别表示在10%、5%及1%水平下显著。

表3－8给出了所有解释变量对技术势能集聚的空间溢出效应。其中，邻近区域的产业结构和外贸依存度对本地区技术势能的集聚并没有显著的空间溢出作用。邻近区域的经济增长能够显著促进本地区技术势能集聚，但作用力度并不大，周边

① 除了拟合优度和自然对数值最高外，还有一些原因让我们将SDM模型视为最优模型：SAR、SEM和SLX模型对空间权重矩阵*W*的非对称性要求和对空间自回归系数等参数的限制使模型的参数估计过程异常复杂，容易影响其方差估计的准确性；OLS模型的假设过于严格，会影响参数估计结果的可靠性；而SDM和SDEM模型同时从内生和外生交互效应的角度描述变量的空间特征，使得估计结果对模型空间含义的解释更加多元化。

区域经济每1%的增长仅能带来本地区技术势能集聚水平0.0083%的增幅。金融机构对技术势能集聚的促进作用不受空间区位的限制，邻近区域的金融支持力度提升1%，能促进本地区技术势能集聚水平提升0.1759%。在示范效应的作用下，本地区政府行为将会根据周边地区的政府行为进行调整与修正，从而减少或避免不必要的政府干预，因此，政府行为对技术势能集聚的空间效应并非如预期那般不显著或显著为负，而是有显著的正向空间溢出效应。产业梯度转移系数对技术势能集聚的空间溢出作用也是不符合预期的，邻近区域的产业梯度转移系数水平每提高1%，本地区技术势能集聚水平就会降低0.2174%，造成这一现象的原因可能是：①我国各省级区域对自身的核心技术管理较为严苛，未参与产业梯度转移的地区技术共享意愿不高。②技术创新潜能的培育更多地依赖于自主研发，产业梯度转移带来的技术交流与要素再配置未能充分发挥空间溢出作用。在这两个原因的共同作用下，不同地区之间自然形成了技术创新潜能培育的竞争关系。同时，能用于核心技术研发的创新要素资源是有限的，周边地区产业梯度转移系数水平提升意味着周边地区占有的创新要素资源增加了，相应的本地区占有的创新要素资源就会减少，从而阻碍本地区技术势能的集聚。

3.4 本章小结

本章首先通过动态系统演化的视角探究了区域产业梯度转移促进技术势能集聚的内在机理，认为产业梯度转移对技术势能集聚的促进作用主要体现在三个方面：在创新环境子系统中改善技术创新的软、硬环境；在创新意愿子系统中激发创新意愿；在创新要素子系统中提升创新要素吸引力。其次采用主成分分析、EG集聚指数等方法对技术势能集聚进行定量分析，发现我国技术势能集聚水平在时间维度上不断增长，并在不同的经济发展阶段表现出差异化的特征；在空间维度上，则呈现出一种从东北往西南方向蔓延的“传导式”演化模式，其中东部、北部沿海地区和京津地区为集聚中心。最后运用基于地理区位和制度关联的综合权重矩阵，实证检验了产业梯度转移促进技术势能集聚的空间效应，结果表明：产业梯度转移能显著促进技术势能集聚，但其空间溢出效应的方向具有不确定性。

4 技术势能流动加速创新动能积累的转换机制

产业梯度转移能促进技术势能集聚，但是技术势能集聚水平并不等同于地区实际创新能力，技术势能代表的是技术创新的潜在能力，需要先转换为创新动能，通过创新动能的作用才能够直接推动技术进步。为解析技术势能向创新动能转换的内在机理，本章首先构建概念模型解析了技术势差驱动下技术势能转化为创新动能的作用路径，其次在 Griliches – Jaffe 生产函数的基础上建立包含技术势能空间溢出效应及区际“冰山溢出成本”的理论分析框架，探究了技术势能向创新动能转换的内在理论机制，再次借鉴机械动能测度方法从创新要素生产率提升的视角对创新动能和技术势能的转换效率进行定量分析，最后借助 SDM 模型分析影响技术势能转换效率的主要因素及其对转换效率的作用方式。

4.1 技术势能转化为创新动能的转换机理解析

4.1.1 技术势能转化为创新动能的作用路径

存在技术势差的两个地区，往往在技术创新意愿、技术创新环境和创新要素吸引力三个维度均存在差异。这些差异带来地区创新意愿的调整和创新要素生产率的改变，技术势能在此过程中转化为创新动能。本书给出了技术势能转化为创新动能的作用路径，如图 4 – 1 所示。

虽然产业梯度转移能够带来承接地区技术势能集聚水平的提升，但这并不能直接形成有效的创新能力，要想进一步推动地区技术进步，还需要经过技术势能向创新动能转换的过程。由于不同地区在创新要素禀赋、技术创新相关制度、创新模式选择方面都存在差异，地区之间的技术势差必然存在，在技术势差的作用下，地区技术势能转换为创新动能。

根据前文分析，技术势能可以划分为三个维度，区域之间的技术势差也因此具

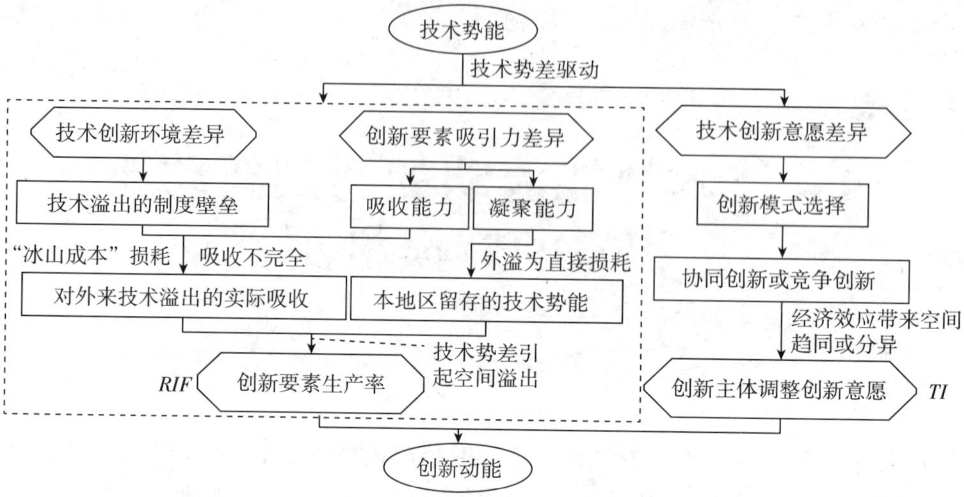

图4-1　技术势能转化为创新动能的作用路径

有三个方面的特征。首先，地区之间的技术创新意愿存在差异，对于具有核心竞争力或技术优势的地区而言，其开展技术创新活动的意愿也更强烈，且在进行创新模式选择时更倾向于自主创新，或在确保自身具有主导地位的前提下选择协同创新；相反，对于不具有技术优势甚至面临技术落后局面的地区，因自身创新要素或技术条件有一定的局限性，往往只会被动创新，它们更倾向于付出一定的代价寻求与前者的协同创新，或者将有限的研发资源投入到模仿式创新活动中。其次，不同地区之间的技术创新环境也有差异，优势地区的决策者在制定相关政策时，一般会采取对内鼓励并支持技术创新、对外注重技术自我保护的策略，如在提高创新成果奖励的同时制定更严格的知识产权保护制度，并对其他地区设置更高的技术壁垒；对落后地区而言，鼓励技术引进、坚持以市场换技术的制度导向是其首选。最后，不同地区之间还存在创新要素吸引力的差异，创新要素吸引力可进一步分解为地区对创新要素的吸收能力和凝聚能力，其中吸收能力反映了地区在接收外来技术创新要素并将其转化为自身研发水平的能力，而凝聚能力则是指地区在竞争环境下确保自身创新要素不向外流失的能力，在这两方面能力的共同作用下，地区既要面临自身创新要素的外流，同时也可以吸收外来的优质创新要素。

基于以上分析，本书得出技术势能转换为创新动能的内在路径为：①地区通过提升创新要素生产率将技术势能转换为创新动能。为提高自身技术创新能力，地区积极引进外来创新要素，由于技术创新环境的差异，在创新要素的引进过程中必然面临相应的制度壁垒，突破这种制度的限制损耗了一部分“冰山成本”，但在地区创新要素吸收能力的作用下，其仍吸收了一部分外来的技术和创新要素溢出。同时，在创新要素凝聚能力的作用下，地区能够保留大部分的自有资源，综合运用这些自留资源与从外来溢出中吸收的资源，进一步促进了区域创新要素生产率的提升。②地区通过改善技术创新意愿推动技术势能向创新动能转换。随着创新要素生产率的提升，地区技术创新活动的收益增加，创新主体会自发地改善自身技术创新意愿，并结合相关政策制度调整创新模式，从而推动区域创新发展。在技术势差的作用下，技术总是从高势能地区向低势能地区转移，地区通过调整创新主体意愿、改善技术吸收能力和技术势能留存能力促进创新要素生产率的提升，最终实现技术势能向创新动能的转换。

4.1.2 技术势能转化为创新动能的理论框架

4.1.2.1 基本模型构建

Griliches（1979）[251]在研究地区知识存量增长的影响因素时，以 R&D 活动的要素投入为主要对象，提出了 $Y = DC^{\alpha}L^{\beta}K^{\gamma}e^{\lambda t+u}$ 这一知识产出函数，其中，D 是常数项，C 表示知识生产活动中的资本投入，L 则表示知识生产活动中的劳动力投入量，而 K 则代表了在知识生产活动中起关键作用的研发资本投入（用 R&D 存量来表示）。最终的函数形式反映了 Griliches 的核心观点，即知识生产活动的总产出不单单由物质资本和劳动力的投入决定，更重要的影响因素是 R&D 存量。之后，许多科研工作者在此基础上展开了进一步的深入分析，值得一提的是 Jaffe (1986)[252]的研究，他基于 Griliches 的研究框架探究知识空间溢出的有关规律，把有关的空间因素嵌入知识生产函数当中，实现了对知识溢出问题研究视角的转变（由企业视角转变为空间地理的视角），丰富了知识溢出问题的研究理论。此后的学者在进行创新产出、知识产出等相关问题的理论分析时，广泛地引用了他们的分析框架。

本书需要构建理论模型来研究影响创新动能产出的内在机理，在创新动能形成的过程中，除了需要常规的物质资本和劳动力资本投入外，更重要的核心因素是创新要素的投入。通过比较不难发现，本书探究创新动能产出影响因素的理论框架符合经典 Griliches - Jaffe 知识生产函数的模式，因而本书以此为基础来构建初始理论模型。对地区而言，影响其创新生产活动过程中创新要素投入的主要因素是技术创新意愿和创新要素吸引力，因为技术创新意愿高的地区，愿意在创新动能生产活动中投入更多的创新要素，而创新要素吸引力大的地区，能够保障更多的创新要素供给。综合以上分析，本书将创新动能的产出函数设定如下：

$$T = CK^{\alpha}L^{\beta}TI^{\eta}AIF^{\gamma}e^{\lambda t+u} \tag{4-1}$$

在式（4-1）中，因变量 T 的含义是地区创新动能产出总量，C 是常数项，K 和 L 则分别表示在创新动能转换过程中实际使用的物质资本投入量和人力资本投入量，核心的自变量是 TI 和 AIF，根据前文可知，它们分别表示地区技术创新意愿和区域创新要素吸引力，系数 α、β、η 和 γ 是上述四个自变量对地区创新动能总产出的弹性系数，它们的取值范围都是（0，1），其他对创新动能总产出有影响的不可观测因素用 u 表示。

根据前文定义，技术创新环境包含软环境和硬环境两个方面，具体表现为技术创新的配套基础设施以及相应的政策支撑，不论是配置基础设施建设还是相应政策支持的维系，都需要基础人力和物力的投入，因此这二者最终都将通过投入到创新动能积累过程的基础物质资本和基础人力资本来体现。通过上述分析，本书将区域技术创新环境设定为创新动能生产活动中常规物质资本投入和常规人力资本投入的函数，参照 Griliches 对知识生产常规要素投入集的设定，把技术创新环境的函数形式设定为 $TE=S=K^{s}L^{1-s}$，其中 s 是常规物质资本投入对技术创新环境的弹性系数，取值为 $s=\alpha/(\alpha+\beta)$。将上述设定代入式（4－1）中，可求得区域创新动能产出过程中的全要素生产率：

$$TFP_{T}=T/S=CS^{\alpha+\beta-1}TI^{\eta}AIF^{\gamma}e^{\lambda t+u}=C\times TE^{\alpha+\beta-1}TI^{\eta}AIF^{\gamma}e^{\lambda t+u} \tag{4-2}$$

4.1.2.2　在基本模型中引入技术势能的空间溢出效应

根据创新动能产出函数的基本模型可知，区域创新动能的总产出除了受到动能转换过程中必需的物质资本和人力资本等常规投入的影响外，还与该地区自身的技术创新意愿和创新要素吸引力密切相关，但这些并不是技术势能转换为创新动能的所有动力，技术势能的空间溢出也对这个过程有不可忽视的作用。其内在原因在于，不同地区之间的创新要素分布状况存在差异、专业化水平也参差不齐，这诸多因素导致它们的技术势能发展水平有高有低，即区域之间存在技术势差，在势差的作用下，技术势能随着产业转移过程由高势能地区流向低势能地区，从而形成空间溢出效应。基于以上分析，本书进一步在基本模型中引入技术势能的空间溢出效应，具体做法是用 TP_f 表示其他地区对本地区的技术势能溢出，其对应的弹性系数记为 $0<\delta<1$，得出包含技术势能空间溢出效应的创新动能产出函数，如式（4－3）所示。

$$T=C\times TE^{\alpha+\beta}TI^{\eta}AIF^{\gamma}TP_{f}^{\delta}e^{\lambda t+u} \tag{4-3}$$

引入技术势能空间效应后，创新动能产出的全要素生产率可改写为：

$$TFP_{T}=T/S=C\times TE^{\alpha+\beta-1}TI^{\eta}AIF^{\gamma}TP_{f}^{\delta}e^{\lambda t+u} \tag{4-4}$$

4.1.2.3　考虑技术势能区际溢出的“冰山成本”

前文在探究创新动能产出机理的模型中引入了技术势能的空间溢出，考察了外来技术势能对地区创新动能转换过程的影响效应，是对基础模型较好的补充，但仍存在不足之处，即在引入技术势能的空间溢出效应时，忽略了与区际贸易过程中的“冰山成本”类似的溢出损耗问题。

本书参照区际交易的“冰山成本”理论进一步改进模型（4－3），将技术势能区际流动的溢出损耗纳入本书的理论分析框架。“冰山成本”理论源自 Paul Samuelson 在 20 世纪 50 年代首次提出的“冰山运输成本”假设，用“冰山”的移动过程来类比区际贸易中的产品运输环节，假定产品的运输成本与产品运输总量之间存在一个固定的比例关系，就像“冰山”从地区 A 移动到地区 B 的过程中，其自身“融化”的部分与“冰山”的总体积之间能构成固定比例。Krugman（1980）在研究规模经济、产品差异与贸易模式的关系时，引入运输成本的因素并进行扩展，认为区域之间的贸易成本不仅包括实际支付的运输费用，还包括为突破区际交易阻碍所付出的附加支出，这些成本与商品总价值成比例，称为“冰山贸易成本”。其数学语言描述是，区域 B 通过贸易活动向区域 A 购买价值 1 个单位的商品，在交易结束后只能得到τ（$\tau<1$）单位的商品总价值，剩余 $1-\tau$个单位的价值在贸易过程中损耗了。

技术势能在空间溢出过程中也存在损耗的问题，这种溢出损耗和区际贸易的损耗有所区别，但仍有相似之处。区别是由于知识和技术的传播与空间区位的关联微乎其微，技术势能的空间溢出几乎没有运输成本；技术势能溢出过程与区域间贸易的相似之处在于，在高技术势能地区创新成果分享决策、核心技术和关键创新成果保护的制度体系建设（如知识产权保护、人才引进等相关政策制度）、低技术势能地区进行技术模仿与合作创新的主动性、低技术势能地区对先进技术的消化吸收能力、互联网等信息技术的传播平台建设等诸多复杂因素的作用下，技术势能的区际溢出会产生许多额外损耗，从而形成技术势能区际流动的“冰山溢出成本”。随着“互联网+”的发展，各地区基础信息平台建设都相对较为完善，技术落后地区通过技术模仿与合作创新学习先进技术的热情高涨，且更加注重培养吸收外来先进技术的内在能力（杨德明和刘泳文，2018）[253]，这些因素对技术势能溢出过程的阻碍作用不断减小，但与此同时，高技术地区会更加注重核心技术与关键创新成果的保护，知识产权保护和人才引进制度成为影响技术势能在区域间流动需付出的“冰山溢出成本”诸多因素中最主要的部分。具体而言，在产业梯度转移的进程中，由产业转移引发的技术迁移需要付出一定比例的“冰山溢出成本”以抵消区域制度差异带来的阻力。根据 Munshifwa 和 Mooya（2016）[254]、唐保庆和吴飞飞（2018）[255]的研究，知识产权的地方保护意识、地方对人才的引进力度是与技术溢出和创新成果转换关联最密切的制度因素。

为简化分析过程，本书假设每个地区都会积极主动地吸收外来先进技术，但在制度因素的差异化作用下，每两个不同的地区之间均存在影响技术流通的制度阻碍因素，阻碍的大小用制度阻力系数来表示。本书采用市场化指数 M 来表示地方的知识产权保护意识（樊纲等，2011）[256]、采用人才引进力度 R 来代表地方政府对人才的重视程度，分别用上标 T 和上标 U 代表产业转出地区和产业承接地区，从而得到产业梯度转移过程中技术势能转出地区和技术势能接收地区之间的制度阻力系数 $Z=\sqrt{(M^T-M^U)^2+(R^T-R^U)^2}$，制度阻力系数越大，地区之间技术势能溢出需要承受的“冰山溢出成本”就越大。在制度阻力系数的作用下，1 个单位的技术势能溢出只能被吸收τ（$\tau<1$）个单位，本书将τ称为技术势能溢出系数，根据前文分析，可将其定义如下：

$$\tau=\frac{1}{1+\sqrt{(M^T-M^U)^2+(R^T-R^U)^2}} \tag{4-5}$$

从式（4－5）不难看出，技术势能溢出系数τ与区域制度阻力系数 Z 密切相关，能够间接反映产业转移过程中技术势能的“冰山溢出成本”，其取值范围是［0，1］。当区域间的制度阻力系数 Z 趋近无穷大时，技术势能溢出的承接地区无力承担过大的“冰山溢出成本”，势能损耗达到最大，此时技术势能溢出系数τ的取值为0；当区域间的制度阻力系数 $Z=0$ 时，承接地区在接收外来技术时几乎不需要付出“冰山溢出成本”，技术势能溢出过程的损耗为0，此时技术势能溢出系数τ的取值为1。

综合以上分析，本书将技术势能溢出系数τ引入模型（4－3）中，得到包含技术势能“冰山溢出成本”的创新动能生产模型如下：

$$T = C \times TE^{\alpha+\beta} TI^{\eta} AIF^{\gamma} (\tau \times TP_f)^{\delta} e^{\lambda t + u} \tag{4-6}$$

对应的技术创新全要素生产率为：

$$TFP_T = C \times TE^{\alpha+\beta-1} TI^{\eta} AIF^{\gamma} (\tau \times TP_f)^{\delta} e^{\lambda t + u} \tag{4-7}$$

对式（4－7）取对数，得到区域创新动能产出效率与技术势能的关系为：

$$\ln TFP_T = \ln C + (\alpha+\beta-1)\ln TE + \eta \ln TI + \gamma \ln AIF + \delta \ln(\tau \times TP_f) + \lambda t + u \tag{4-8}$$

4.1.3 动态最优均衡与比较静态分析

4.1.3.1 创新动能产出的均衡增长率

上文在构建创新动能产出基本理论框架的基础上，引入技术势能的空间溢出效应，构建技术势能溢出系数与区域制度阻碍系数的理论关系式，最终推导得到包含技术势能“冰山溢出成本”的创新动能生产模型。本部分将在上述理论分析的基础上，求出创新动能产出在动态最优均衡状态下的增长率，并通过比较静态分析探究技术势能向创新动能转换的内在机理。由模型（4－6）得到的创新动能总产出主要有两个方面的用途：其一是投入到新产品的研发和生产过程中，这部分创新动能记为 T_P；其二是投入到技术创新潜在能力的积累上，对应到技术势能的三个维度，分别是以创新要素培育为目标的创新动能投入 T_{AIF}、以激发技术创新意愿为目标的创新动能投入 T_{TI}和以改善技术创新环境为目标的创新动能投入 T_{TE}。在动态均衡状态下，以上两方面共四个部分的创新动能总和恰好等于区域创新动能的总产出，即 $T = T_P + T_{TE} + T_{TI} + T_{AIF}$。

产业梯度转移带来的技术势能空间溢出能够有效推动创新动能的产出增长，创新动能最终又回馈到产业发展的各个阶段，从而提升新产品产量、丰富新产品种类，在以上过程当中，创新动能的代表性消费者就是新产品的生产者，它们通过消耗创新动能 T_P 来提高新产品产能。本书参照 Grimaud A 和 Rougé L（2003）[257]的做法，将创新动能代表性消费者的瞬时效用设定为等弹性效用函数的形式，如式（4－9）所示：

$$U(T_P) = \frac{T_P^{1-\theta} - 1}{1-\theta} \tag{4-9}$$

在式（4-9）中，参数 θ 是创新动能代表性消费者即新产品生产商的边际效用弹性。若新产品生产商在研发和生产新产品的过程中始终坚持以未来任意时刻效用贴现水平总和最大化为目标的生产准则，则在已知主观时间贴现率为 ρ 的情况下，可以将创新动能代表性消费者的目标效用函数设定为式（4-10）的形式。

$$\max\int_0^{\infty}\frac{T_P^{1-\theta}-1}{1-\theta}e^{-\rho t}dt \tag{4-10}$$

求解式（4-10）的最优解，就可得出创新动能在新产品生产中的最优投入量。创新动能除了用于新产品生产外，还会投入到技术创新环境、技术创新意愿和创新要素吸引力的积累中，本书参照原毅军和芦云鹏（2014）[258]的研究，将他们的动态累积方程设定为：$\dot{TE}=A_{TE}T_{TE}^{a}TE^{b}$、$\dot{TI}=A_{TI}T_{TI}^{c}TI^{d}$、$\dot{AIF}=A_{AIF}T_{AIF}^{e}AIF^{f}$。综合以上所有设定，即可得出求解创新动能最优均衡增长率的最优控制模型及其约束条件，如式(4-11）所示。

$$\max\int_0^{\infty}\frac{T_P^{1-\theta}-1}{1-\theta}e^{-\rho t}dt \tag{4-11}$$

$$\text{s. t.}\begin{cases}T=C\times TE^{\alpha+\beta}TI^{\eta}AIF^{\gamma}(\tau\times TP_f)^{\delta}\\T=T_P+T_{TE}+T_{TI}+T_{AIF}\\\dot{TE}=A_{TE}T_{TE}^{a}TE^{b}\\\dot{TI}=A_{TI}T_{TI}^{c}TI^{d}\\\dot{AIF}=A_{AIF}T_{AIF}^{e}AIF^{f}\end{cases} \tag{4-12}$$

因此，最优增长路径的 Hamilton 函数为：

$$H=\frac{T_P^{1-\theta}}{1-\theta}e^{-\rho t}+\lambda_2A_{TI}T_{TI}^{c}TI^{d}+\lambda_3A_{AIF}T_{AIF}^{e}AIF+\lambda_1\left[C\times TE^{\alpha+\beta}TI^{\eta}AIF^{\gamma}(\tau\times TP_f)^{\delta}e^{\lambda t+\mu}-T_P-T_{TI}-A_{TE}T_{TE}^{a}TE^{b}\right]^{f} \tag{4-13}$$

最大化 H 的一阶条件为：

$$\frac{\partial H}{\partial T_P}=T_P^{-\theta}-\lambda_1=0\Rightarrow\lambda_1=T_P^{-\theta} \tag{4-14}$$

$$\frac{\partial H}{\partial T_{TI}}=-\lambda_1+\lambda_2cA_{TI}T_{TI}^{c-1}TI^{d}=0\Rightarrow\lambda_1=\lambda_2cA_{TI}T_{TI}^{c-1}TI^{d} \tag{4-15}$$

$$\frac{\partial H}{\partial T_{AIF}}=-\lambda_1+\lambda_3eA_{AIF}T_{AIF}^{e-1}AIF^{f}=0\Rightarrow\lambda_1=\lambda_3eA_{AIF}T_{AIF}^{e-1}AIF^{f} \tag{4-16}$$

对应的欧拉方程为：

$$\dot{\lambda}_1=-\frac{\partial H}{\partial TE}+\rho\lambda_1=\rho\lambda_1-\lambda_1(\alpha+\beta)\frac{T}{TE}+\lambda_1bg_{TE} \tag{4-17}$$

$$\dot{\lambda}_2=-\frac{\partial H}{\partial TI}+\rho\lambda_2=\rho\lambda_2-\lambda_1\eta\frac{T}{TI}+\lambda_2dg_{TI} \tag{4-18}$$

$$\dot{\lambda}_3 = -\frac{\partial H}{\partial AIF} + \rho\lambda_3 = \rho\lambda_3 - \lambda_1\gamma\frac{T}{AIF} + \lambda_3 f g_{AIF} \tag{4-19}$$

横截性条件为：$\lim_{t\to\infty}\lambda_1 TEe^{-\rho t}=0$；$\lim_{t\to\infty}\lambda_2 TIe^{-\rho t}=0$；$\lim_{t\to\infty}\lambda_3 AIFe^{-\rho t}=0$。

求解得到均衡增长率为：

$$g_T = g_{T_P} = g_{T_{TE}} = g_{T_{TI}} = g_{T_{AIF}} = \frac{1}{\theta}\left[C(\tau\times TP_f)^{\delta}\frac{(\alpha+\beta)b+\eta d+\gamma f}{(1-a)(1-c)(1-e)} - \rho\right] \tag{4-20}$$

存在性条件为：$0<\rho<C(\tau\times TP_f)^{\delta}\frac{(\alpha+\beta)b+\eta d+\gamma f}{(1-a)(1-c)(1-e)}$且$(1-a)(1-c)(1-e)>0$。

4.1.3.2 比较静态分析

根据式（4－20）的结果进行比较静态分析，可以得到以下结论：

（1）求解创新动能均衡增长率 g_T 对技术创新环境弹性系数$(\alpha+\beta)$的偏导数，结果为$C(\tau\times TP_f)^{\delta}b/[\theta(1-a)(1-c)(1-e)]$，其取值大于零。这表明创新环境对创新动能的均衡增长率有显著正向作用，创新动能增长率会随着技术创新环境的改善而提升，即技术势能能够通过促进技术创新环境改善的途径转换为创新动能。

（2）求解创新动能均衡增长率 g_T 对技术创新意愿弹性系数 η 的偏导数，结果为$C(\tau\times TP_f)^{\delta}d/[\theta(1-a)(1-c)(1-e)]$，其取值仍大于零。这表明创新主体的技术创新意愿对创新动能均衡增长率也有显著正效应，激发技术创新意愿也能促进创新动能增长率的提升，即技术势能能够通过激发技术创新意愿的途径转换为创新动能。

（3）求解创新动能均衡增长率 g_T 对创新要素吸引力弹性系数 γ 的偏导数，结果为$C(\tau\times TP_f)^{\delta}f/[\theta(1-a)(1-c)(1-e)]$，其取值也大于零。这同样表明地区创新要素吸引力对创新动能均衡增长率存在显著正向影响，即技术势能能够通过培育地区对创新要素的吸收能力和凝聚能力的途径转换为创新动能。

（4）求解创新动能均衡增长率 g_T 对技术势能空间溢出效应弹性系数 δ 的偏导数，结果为$C(\tau\times TP_f)^{\delta}[(\alpha+\beta)b+\eta d+\gamma f]\ln(\tau\times TP_f)/[\theta(1-a)(1-c)(1-e)]$，其取值的符号具有不确定性，当$\tau\times TP_f>1$时，偏导数大于零；当$\tau\times TP_f\leqslant 1$时，偏导数小于等于零。基于以上分析，结合式（4－5），不难得出以下结论：适当调整地区之间的制度阻碍系数，进而影响技术势能溢出系数τ的大小，是充分利用技术势能空间溢出效应来促进创新动能转换的有效途径。

（5）依次求解创新动能均衡增长率 g_T 对技术势能溢出系数τ和外来技术势能溢出 TP_f 的偏导数，不难发现其取值均大于零。这表明强化技术势能的区际溢出效应是促进技术势能转换为创新动能的有效途径。

（6）依次求解创新动能均衡增长率 g_T 对技术势能任意两个维度弹性系数的二阶偏导数，发现其取值均等于零。这表明技术创新环境、技术创新意愿和创新要素吸引力对创新动能增长率的作用是相互独立的，不存在两两之间的交互效应。

4.2 区域创新动能与技术势能转换效率的测算

4.2.1 区域创新动能与技术势能转换效率的测算方法

在物理学中，动能的定义为 $EK = 1/2mv^2$，其中 m 表示物体质量，v 表示物体运动速度；参照物理学中机械动能的定义，本书将创新动能定义为 $ITA = 1/2TI \times RIF^2$，其中 TI 表示技术创新意愿，RIF 表示单位时间内的创新要素利用率（包括对外来技术溢出的吸收和自身留存要素的利用率，表示单位时间内的技术进步或创新要素生产率）。

RIF 反映了单位时间内的技术进步水平即技术进步的速度，它与创新要素生产率具有密切关系。借助生产前沿面能够简要分析 *RIF* 与创新要素生产率的联系（见图 4-2）。首先，在初始时刻，地区的生产前沿面为 *MFC*1，此时投入 *X*1 的创新要素得到的最大产出为 *Y*1；单位时间之后，地区创新要素生产率提升，此时同样投入 *X*1 的创新要素，得到的最大产出为 *Y*2，生产前沿面移动到 *MFC*2 的位置，创新要素生产率的提升即为 *Y*2 - *Y*1，生产前沿面的移动意味着技术进步，单位时间内的位移量即技术进步的速度。因此，可以用单位时间内的创新要素生产率来表示 *RIF*。

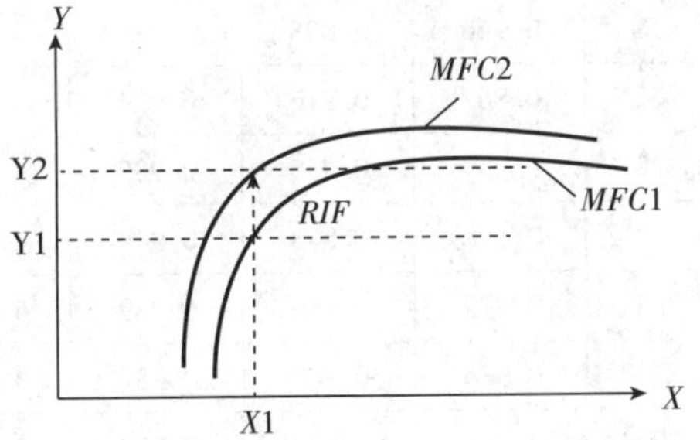

图 4-2　创新要素生产率（*RIF*）简要示意图

创新要素生产率提升的动力构成包括创新要素吸收能力和凝聚能力两个方面，创新要素吸收能力决定了外来技术势能突破制度壁垒流入之后，本地区能吸收的最大份额；创新要素凝聚能力决定了在技术势差作用下，本地区势能外溢之后仍留存的最大份额。在这两方面的共同作用下才促成了地区创新要素生产率的提升，两者缺一不可。有些地区技术创新环境好、创新积极性高且能够培养较多的人才，但创新水平却不高，其原因是地区创新要素凝聚能力低，导致地区技术势能有较大份额溢出，留存份额较小，最终形成较低的创新要素生产率，导致空有较高技术势能而转换效率不高，地区创新动能低下。

创新要素吸引力是地区技术的增长动力，主要包括创新要素吸收能力和创新要素凝聚能力这两个构成维度，分别用 AIF_{abs} 和 AIF_{con} 表示。地区的技术增长过程，是在既定的创新环境下，综合运用一般生产要素和创新要素来开展技术创新活动的过程，因此，可将地区技术进步模型设定为内生经济增长函数的形式：

$$TPG = A \times TE \times F_i^{\beta} F_j^{\beta} \tag{4-21}$$

其中，TPG 表示技术进步；$F_i = f\ (AIF_{abs},\ AIF_{con})$ 表示投入创新活动的创新要素，它由创新要素吸收能力和凝聚能力共同决定；F_j 表示一般生产要素。

基于上述分析，本书将区域创新动能与技术势能转换效率的测算分为以下三步：①根据经典全要素生产率的分解方法，从创新要素的吸收能力和凝聚能力两个维度出发对创新要素生产率进行分解，测算得到创新要素生产率 $RIF = TPG/F_i^{\alpha} = TPG/f^{\alpha}(AIF_{abs},\ AIF_{con})$。②将创新要素生产率 RIF 和前文中计算得到的 TI 代入 $ITA = 1/2TI \times RIF^2$，计算得到创新动能 ITA。③技术势能的转换效率为 $TR = ITA/TP = RIF^2/(2TE \times AIF)$。通过以上步骤，采用 DEA - Malmquist 指数法测算得到我国各地区创新要素生产率，如表 4 - 1 所示。

表 4 - 1　2001 ~ 2015 年我国各地区创新要素生产率

地区 \ 年份	2001	2003	2005	2007	2009	2011	2013	2015
北京	0.863	0.872	0.946	1.008	1.034	1.101	1.145	1.240
天津	0.812	0.822	0.862	0.916	0.974	1.115	1.138	1.160
河北	0.707	0.838	0.939	0.955	0.985	1.027	1.111	1.174
山西	0.707	0.728	0.878	0.898	0.949	1.006	1.104	1.159
内蒙古	0.641	0.763	0.872	0.889	0.949	1.030	1.109	1.228
辽宁	0.77	0.863	0.934	0.977	0.982	1.074	1.127	1.196
吉林	0.722	0.807	0.901	0.942	0.958	1.028	1.085	1.178
黑龙江	0.71	0.870	0.935	0.953	1.008	1.022	1.042	1.121
上海	0.824	0.908	0.995	1.004	1.094	1.122	1.145	1.323
江苏	0.817	0.890	0.976	1.016	1.091	1.109	1.159	1.261
浙江	0.803	0.827	0.949	0.990	1.022	1.044	1.116	1.201
安徽	0.765	0.838	0.953	0.963	0.981	1.025	1.107	1.145
福建	0.754	0.771	0.907	0.910	0.964	0.970	1.092	1.136
江西	0.642	0.743	0.924	0.927	0.978	1.002	1.004	1.168

续表

年份 地区	2001	2003	2005	2007	2009	2011	2013	2015
山东	0.783	0.882	0.933	0.958	0.996	1.052	1.134	1.265
河南	0.702	0.870	0.930	0.937	0.939	1.031	1.037	1.145
湖北	0.682	0.841	0.887	0.934	0.952	1.031	1.114	1.213
湖南	0.714	0.842	0.871	0.935	0.974	1.026	1.099	1.171
广东	0.793	0.835	0.973	0.992	1.024	1.051	1.095	1.243
广西	0.667	0.724	0.880	0.913	0.932	1.018	1.034	1.129
海南	0.728	0.804	0.947	0.971	0.981	1.040	1.077	1.111
重庆	0.566	0.702	0.914	0.924	0.979	0.997	1.126	1.212
四川	0.795	0.817	0.911	0.919	0.961	1.107	1.125	1.166
贵州	0.505	0.833	0.892	0.943	0.979	1.036	1.083	1.185
云南	0.667	0.693	0.924	0.930	0.982	1.002	1.041	1.163
陕西	0.7	0.816	0.931	0.947	0.990	0.999	1.123	1.273
甘肃	0.532	0.779	0.851	0.929	0.955	1.001	1.019	1.212
青海	0.55	0.654	0.922	0.931	1.011	1.035	1.073	1.250
宁夏	0.384	0.620	0.684	0.707	0.843	0.994	1.040	2.402
新疆	0.769	0.841	0.883	0.930	0.979	0.980	1.010	1.126

注：限于篇幅，只给出了奇数年的测算结果。

4.2.2 创新动能与技术势能转换效率的测算结果

将前文创新要素生产率 *RIF* 的计算结果代入 $ITA = 1/2TI \times RIF^2$ 中，得出我国各地区的创新动能和排名（见表4－2）。

表4－2　2001～2015年我国各地区创新动能、排名

年份 地区	2001	2003	2005	2007	2009	2011	2013	2015	排名
北京	0.134	0.176	0.206	0.260	0.311	0.373	0.467	0.571	5
天津	0.102	0.139	0.180	0.200	0.245	0.309	0.383	0.442	11
河北	0.117	0.154	0.188	0.226	0.257	0.302	0.338	0.400	16
山西	0.095	0.130	0.170	0.200	0.227	0.285	0.336	0.369	21
内蒙古	0.096	0.131	0.166	0.189	0.220	0.281	0.348	0.369	22
辽宁	0.111	0.148	0.197	0.210	0.261	0.329	0.393	0.458	8
吉林	0.090	0.126	0.169	0.192	0.226	0.286	0.330	0.370	20

续表

地区＼年份	2001	2003	2005	2007	2009	2011	2013	2015	排名
黑龙江	0.088	0.122	0.164	0.198	0.234	0.290	0.341	0.380	18
上海	0.124	0.164	0.200	0.237	0.279	0.358	0.426	0.524	6
江苏	0.175	0.218	0.250	0.312	0.392	0.479	0.594	0.758	1
浙江	0.131	0.167	0.223	0.275	0.340	0.438	0.519	0.596	4
安徽	0.107	0.153	0.191	0.223	0.262	0.335	0.389	0.424	15
福建	0.107	0.144	0.186	0.212	0.250	0.325	0.383	0.437	13
江西	0.096	0.130	0.169	0.204	0.235	0.297	0.336	0.372	19
山东	0.141	0.185	0.222	0.272	0.364	0.439	0.534	0.636	3
河南	0.098	0.136	0.179	0.214	0.252	0.323	0.367	0.429	14
湖北	0.109	0.147	0.188	0.216	0.257	0.332	0.389	0.453	9
湖南	0.107	0.146	0.196	0.218	0.254	0.331	0.405	0.459	7
广东	0.162	0.207	0.241	0.297	0.380	0.486	0.558	0.693	2
广西	0.085	0.124	0.163	0.188	0.218	0.286	0.320	0.344	24
海南	0.105	0.139	0.176	0.197	0.219	0.283	0.303	0.310	30
重庆	0.104	0.137	0.166	0.193	0.236	0.294	0.348	0.385	17
四川	0.108	0.145	0.180	0.223	0.263	0.322	0.386	0.444	10
贵州	0.091	0.130	0.179	0.205	0.233	0.279	0.295	0.311	29
云南	0.104	0.150	0.183	0.197	0.217	0.277	0.308	0.338	26
陕西	0.099	0.132	0.171	0.198	0.238	0.299	0.363	0.440	12
甘肃	0.092	0.129	0.174	0.199	0.229	0.288	0.333	0.359	23
青海	0.092	0.125	0.175	0.183	0.221	0.279	0.295	0.340	25
宁夏	0.089	0.120	0.159	0.199	0.230	0.281	0.317	0.335	27
新疆	0.104	0.139	0.174	0.206	0.232	0.303	0.306	0.325	28

注：限于篇幅，只给出了创新动能在奇数年的测算结果，以及2015年各地区创新动能的排名。

得到创新动能的测算结果后，根据已有的技术势能水平很容易倒推出技术势能转化为创新动能的转换效率和排名，如表4－3所示。

表4－3 技术势能转化为创新动能的转换效率、排名

地区＼年份	2001	2003	2005	2007	2009	2011	2013	2015	排名
北京	0.417	0.435	0.455	0.485	0.521	0.564	0.650	0.704	6
天津	0.414	0.424	0.433	0.447	0.473	0.523	0.612	0.648	10

续表

地区 \ 年份	2001	2003	2005	2007	2009	2011	2013	2015	排名
河北	0.416	0.427	0.445	0.467	0.517	0.529	0.582	0.614	16
山西	0.398	0.409	0.425	0.453	0.467	0.508	0.574	0.588	22
内蒙古	0.395	0.406	0.421	0.438	0.463	0.509	0.585	0.589	20
辽宁	0.423	0.431	0.445	0.464	0.495	0.550	0.620	0.640	13
吉林	0.395	0.412	0.425	0.447	0.476	0.519	0.573	0.590	19
黑龙江	0.396	0.405	0.423	0.448	0.484	0.519	0.568	0.588	21
上海	0.441	0.454	0.465	0.485	0.524	0.592	0.666	0.713	5
江苏	0.470	0.482	0.508	0.545	0.603	0.676	0.797	0.825	1
浙江	0.471	0.463	0.506	0.559	0.604	0.695	0.781	0.803	2
安徽	0.397	0.435	0.447	0.470	0.492	0.554	0.622	0.636	14
福建	0.414	0.424	0.439	0.458	0.482	0.550	0.620	0.648	11
江西	0.393	0.403	0.424	0.455	0.485	0.528	0.570	0.593	18
山东	0.442	0.460	0.472	0.508	0.567	0.625	0.739	0.788	3
河南	0.403	0.423	0.449	0.474	0.508	0.565	0.611	0.631	15
湖北	0.406	0.422	0.445	0.473	0.490	0.556	0.622	0.656	8
湖南	0.403	0.423	0.462	0.476	0.487	0.558	0.654	0.683	7
广东	0.443	0.464	0.490	0.516	0.568	0.669	0.726	0.784	4
广西	0.381	0.413	0.423	0.456	0.476	0.534	0.562	0.556	27
海南	0.386	0.394	0.408	0.429	0.462	0.515	0.550	0.551	28
重庆	0.410	0.411	0.415	0.428	0.476	0.516	0.585	0.610	17
四川	0.406	0.420	0.436	0.468	0.509	0.548	0.624	0.649	9
贵州	0.385	0.412	0.452	0.479	0.491	0.508	0.511	0.520	30
云南	0.414	0.454	0.463	0.446	0.462	0.507	0.552	0.558	26
陕西	0.409	0.411	0.424	0.451	0.485	0.529	0.609	0.645	12
甘肃	0.383	0.403	0.426	0.453	0.473	0.516	0.568	0.580	24
青海	0.392	0.399	0.417	0.428	0.448	0.491	0.555	0.580	23
宁夏	0.387	0.391	0.418	0.466	0.477	0.504	0.544	0.565	25
新疆	0.405	0.413	0.440	0.465	0.463	0.526	0.521	0.545	29

注：限于篇幅，只给出了技术势能转换效率在奇数年的测算结果，以及2015年各地区技术势能转换效率的排名。

4.3 技术势能转化为创新动能转换效率的影响因素分析

4.3.1 技术势能转换效率的主要影响因素

4.3.1.1 创新型人力资本积累（*ITG*）

通过与创新有关的资源要素特别是创新型人力资本的集聚效应，技术势能的溢出效应能够更有效地推动地区自主创新活动的发展，继而促进技术势能更快速有效地向创新动能转换，最终实现技术势能转换效率的提升。在这个过程中，起关键核心作用的重要因素就是区域创新型人力资本的积累（刘和东，2013）[259]。创新型人力资本的积累能够有效催化地区内在科研的专业化进程，进一步细化地区内在高素质人才的专业化分工，从而带动地区专业技能、高端知识和创新经验的拓展，继而丰富了地区产业发展过程中与其他地区合作的可能性，促使产业内部各个不同的企业之间在专业技能、高端知识和创新经验等方面相互取长补短，最终形成整个地区产业的共同发展，能够有效提升技术势能的转换效率。在实证过程中，本书选用高技术产业 R&D 人员投入在全国高技术产业 R&D 人员总量中的占比来度量创新型人力资本。

4.3.1.2 技术创新投资份额（*SIT*）

技术创新投资份额会通过治理结构的形式影响技术势能的转换效率（张娜等，2015）[260]。企业的新增固定资产投资有助于推动企业技术创新活动的稳步前行，充足的投资资金能提升技术创新相关的科研人员的科研积极性，增加创新成果产出，刺激市场的供需结构，最终推动技术势能转化为创新动能。对于实证过程中使用的技术创新投资份额，本书选用高技术产业新增固定资产投资占全国新增固定资产投资的比重来表示。

4.3.1.3 外资结构（*FI*）

自主研发能力能够显著提升技术势能转换效率，企业或产业要想在国民经济中站稳脚跟，必须通过自主设定品牌并依靠自身的知识产权，实现新型工业化过程。而通过引进和利用国外先进技术能实现对先进技术的引进和消化吸收再创新，这能够充分利用动态流转中的全球先进科技要素，提升企业的集群式创新能力，并合理利用国内和国际的技术市场优势，实现在引进技术的基础上进行再创新，持续推动我国各地区技术势能转换为创新动能（裴长洪，2006）[261]。本书选用 FDI 占外商投资企业投资总额的比重来度量外资结构。

4.3.1.4 政府支持力度（GS）

技术势能向创新动能转换的过程离不开政府的支持，政府的调控有助于规范化市场的运行体制，实现最优的资源配置，促进市场稳步健康的发育。政府通过对企业进行创新支持，把优惠政策落到实处，为企业的快速发展营造良好的外部环境。本书选择各级政府对技术开发的减免税衡量政府支持，为技术势能转换和创新动能提供良好的外部驱动保障。

4.3.2 创新型人力资本积累促进技术势能转换效率提升的空间效应

4.3.2.1 技术势能溢出下的空间权重矩阵

本章在技术势能溢出的背景下，运用地理距离空间权重矩阵与各类技术溢出下对应变量的交乘项构建空间权重矩阵。

$$W^{LDI}=W^{d}\cdot diag\left(\frac{\overline{H'}_1}{H'},\frac{\overline{H'}_2}{H'},\cdots,\frac{\overline{H'}_n}{H'}\right)\cdot diag\left(\frac{\overline{S}_1}{S},\frac{\overline{S}_2}{S},\cdots,\frac{\overline{S}_n}{S}\right)\cdot diag\left(\frac{\overline{I}_1}{I},\frac{\overline{I}_2}{I},\cdots,\frac{\overline{I}_n}{I}\right)\cdot diag\left(\frac{\overline{Z}_1}{Z},\frac{\overline{Z}_2}{Z},\cdots,\frac{\overline{Z}_n}{Z}\right) \quad (4-22)$$

$$W^{LDR}=W^{d}\cdot diag\left(\frac{\overline{H'}_1}{H'},\frac{\overline{H'}_2}{H'},\cdots,\frac{\overline{H'}_n}{H'}\right)\cdot diag\left(\frac{\overline{S}_1}{S},\frac{\overline{S}_2}{S},\cdots,\frac{\overline{S}_n}{S}\right)\cdot diag\left(\frac{\overline{R}_1}{R},\frac{\overline{R}_2}{R},\cdots,\frac{\overline{R}_n}{R}\right)\cdot diag\left(\frac{\overline{Z}_1}{Z},\frac{\overline{Z}_2}{Z},\cdots,\frac{\overline{Z}_n}{Z}\right) \quad (4-23)$$

$$W^{LDZ}=W^{d}\cdot diag\left(\frac{\overline{Z}_1}{Z},\frac{\overline{Z}_2}{Z},\cdots,\frac{\overline{Z}_n}{Z}\right) \quad (4-24)$$

其中，$\overline{Z}_i=1/(t_0-t_1+2)\sum_{t_0}^{t_1}Z_{it}, Z=1/(t_0-t_1+1)\sum_{t=1}^{n}\sum_{t_0}^{t_1}Z_{it}$。

其中，W^{LDI}、W^{LDR}和W^{LDZ}分别为技术引进、技术改造升级和自主创新角度的空间权重矩阵。$\overline{H'}_1$指地区人力资本存量，用人均受教育年限表示①，H'表示人力资本总存量。$\overline{Z}_i$为i省的自主创新能力（陈继勇等，2010）[262]，用高技术产业增加值、高技术产业进出口总额、专利申请授权数、科技论文数和技术市场成交合同额的加权平均值表示②。

同理，可得到基于技术距离的空间权重矩阵。其中，W_T^s为区域技术距离矩阵。

$$W^{LTI}=W_T^{s}\cdot diag\left(\frac{\overline{H'}_1}{H'},\frac{\overline{H'}_2}{H'},\cdots,\frac{\overline{H'}_n}{H'}\right)\cdot diag\left(\frac{\overline{S}_1}{S},\frac{\overline{S}_2}{S},\cdots,\frac{\overline{S}_n}{S}\right)\cdot$$

① 人力资本存量的计算方法为：$E=16e_1+12e_2+9e_3+6e_4+2e_5$，其中$e_1$、$e_2$、$e_3$、$e_4$和$e_5$分别表示大专以上、高中、初中、小学和文盲半文盲文化人口占总人口的比重，16、12、9、6、2是对应的受教育年限。

② 先选择方差最大化旋转的因子分析法计算自主创新能力各指标的权重，进而计算自主创新能力的指标值。

$$diag\left(\frac{\bar{I}_1}{I}, \frac{\bar{I}_2}{I}, \cdots, \frac{\bar{I}_n}{I}\right) \cdot diag\left(\frac{\bar{Z}_1}{Z}, \frac{\bar{Z}_2}{Z}, \cdots, \frac{\bar{Z}_n}{Z}\right) \quad (4-25)$$

$$W^{LTR} = W_T^s \cdot diag\left(\frac{\bar{H'}_1}{H'}, \frac{\bar{H'}_2}{H'}, \cdots, \frac{\bar{H'}_n}{H'}\right) \cdot diag\left(\frac{\bar{S}_1}{S}, \frac{\bar{S}_2}{S}, \cdots, \frac{\bar{S}_n}{S}\right) \cdot$$

$$diag\left(\frac{\bar{R}_1}{R}, \frac{\bar{R}_2}{R}, \cdots, \frac{\bar{R}_n}{R}\right) \cdot diag\left(\frac{\bar{Z}_1}{Z}, \frac{\bar{Z}_2}{Z}, \cdots, \frac{\bar{Z}_n}{Z}\right) \quad (4-26)$$

$$W^{LTZ} = W_T^s \cdot diag\left(\frac{\bar{Z}_1}{Z}, \frac{\bar{Z}_2}{Z}, \cdots, \frac{\bar{Z}_n}{Z}\right) \quad (4-27)$$

4.3.2.2 构建技术势能转换效率影响因素分析的实证模型

在地理空间范围内，区域间的技术创新（包括技术势能集聚、创新动能形成）等经济活动从来不是以相互独立的割裂形式单独存在的，随着经济的发展进步以及区域间的技术势能溢出，区域将呈现出越来越紧密的地理空间联系。在此背景下，以技术集聚和企业合作创新为表现形式的创新型人力资本积累促使区域间更容易相互模仿，使区域间出现模仿效应和空间竞争性，于是邻近区域的行为将对本地区的行为产生影响。此外，考虑解释变量的空间依赖性有助于提升方程估计结果的效率，且对解释变量空间滞后性的考察逐渐受到学者的青睐（Greene，2005；Elhorst和Fréret，2009）[263-264]。于是，本章构建如下SDM模型探究创新型人力资本积累驱动技术势能转换的空间效应。

$$y_{it} = \delta \sum_{j=1}^{N} W_{ij} y_{it} + c + X_{it}\beta + \sum_{j=1}^{N} W_{ij} X_{ijt}\theta + \mu_i + \lambda_t + \varepsilon_{it} \quad (4-28)$$

其中，δ为空间关联系数，体现因变量间的空间依赖性；W_{ij}为行标准化的空间权重矩阵；c是常数项；β是自变量的未知参数向量，主要阐释解释变量对被解释变量的影响程度和方向；θ指$K \times 1$阶的参数向量，是邻近区域解释变量对被解释变量影响程度和方向的具体体现；μ_i指空间个体效应，捕获空间区域间的个体异质性；λ_t为空间时间效应，表示在特定时期内个体所接收的不可观测的信息量。本章分别选择技术引进、技术改造升级和自主研发能力角度的地理距离空间权重矩阵构建空间杜宾模型，探究创新型人力资本积累驱动技术势能转换的空间效应。

模型1：

$$TR_{it} = \delta W^{LDI} TR_{it} + \beta_1 ITG_{it} + \beta_2 SIT_{it} + \beta_3 FI_{it} + \beta_4 GS_{it} + \theta_1 W^{LDI} ITG_{it} + \theta_2 W^{LDI} SIT_{it} + \theta_3 W^{LDI} FI_{it} + \theta_4 W^{LDI} GS_{it} + c + \mu_i + \lambda_t + \varepsilon_{it} \quad (4-29)$$

同理，可得W^{LDR}和W^{LDZ}下的模型2和模型3。

4.3.2.3 创新型人力资本积累驱动技术势能转换的实证结果

由于讨论空间时间效应存在一些困难，本书假设上述模型服从独立同分布，仅需考虑空间个体效应的μ，探究个体固定效应或个体随机效应空间杜宾模型的选择问题，Hausman检验的数值是28.866，P值为0.001，即拒绝原模型为随机效应模型的假设，选择固定效应模型。于是，构建空间自回归个体固定效应模型分析技术势能转换效率的影响因素。选择 MLE 估计模型 1、模型 2 和模型 3 的结果，分别得出全国以及分区域（东部、中部和西部①）的实证结果，如表 4－4 ~ 表 4－6 所示。

表 4－4　创新型人力资本积累驱动技术势能转换结果（模型 1）

变量	全国	东部	中部	西部
$W^{LDI} \times TR$	0.204 * (1.045)	0.344 *** (3.189)	－0.272 *** (－2.883)	－0.032 (－0.349)
ITG	1.120 *** (2.892)	0.481 (0.546)	0.210 *** (4.792)	0.051 ** (1.656)
SIT	3.960 (0.612)	1.153 (0.918)	2.996 *** (3.041)	1.350 ** (2.306)
FI	1.409 (0.648)	－1.022 * (－1.049)	－0.098 (－0.413)	0.011 * (1.057)
GS	1.413 *** (8.027)	1.657 *** (5.449)	1.189 *** (6.810)	0.513 (0.666)
$W^{LDI} \times ITG$	3.086 ** (2.748)	－1.854 * (－1.168)	0.133 ** (1.459)	－0.080 * (－1.159)
$W^{LDI} \times SIT$	4.684 ** (2.856)	2.565 *** (4.311)	－0.486 (－0.264)	－2.821 (－0.220)
$W^{LDI} \times FI$	1.518 (0.323)	2.750 ** (2.686)	－0.005 (－0.013)	－0.093 ** (－1.622)
$W^{LDI} \times GS$	1.347 ** (2.910)	－1.886 (－0.864)	1.498 *** (5.562)	1.301 ** (1.372)
R^2	0.967	0.970	0.948	0.959
σ^2	2.188	4.237	0.004	0.003

注：括号内为 t 值，*、**、*** 分别表示在 10%、5% 及 1% 水平下显著。

表 4－5　创新型人力资本积累驱动技术势能转换结果（模型 2）

变量	全国	东部	中部	西部
$W^{LDR} \times TR$	0.071 (0.869)	0.311 *** (3.205)	－0.115 (－0.967)	－0.128 (－0.250)

① 本章分析全国 30 个省市的实证结果，将我国分成东部、中部和西部三个区域。其中，东部包括北京、天津、河北、黑龙江、上海、江苏、浙江、福建、山东、广东和海南 11 个省市；中部包括山西、辽宁、吉林、安徽、江西、河南、湖北和湖南 8 个省市；西部包括内蒙古、广西、重庆、四川、贵州、云南、陕西、甘肃、青海、宁夏和新疆 11 个省（市、自治区）。

续表

变量	全国	东部	中部	西部
ITG	0.995 ** (2.646)	1.002 * (1.127)	0.213 *** (4.491)	0.059 ** (1.665)
SIT	1.424 * (1.066)	1.404 * (1.075)	3.336 *** (3.606)	1.379 ** (2.351)
FI	2.006 (1.012)	4.496 (0.886)	2.067 ** (2.299)	−0.075 (−0.696)
GS	1.670 *** (9.378)	2.035 *** (6.502)	1.917 *** (7.427)	1.129 (0.783)
$W^{LDR}\times ITG$	2.320 ** (2.673)	−0.434 (−0.351)	2.207 ** (2.382)	−0.083 ** (−1.564)
$W^{LDR}\times SIT$	−3.671 *** (−3.924)	3.068 *** (4.418)	−0.618 (−0.319)	2.294 * (1.119)
$W^{LDR}\times FI$	1.585 * (1.657)	3.448 *** (3.626)	−1.215 (−0.550)	−1.353 * (−1.251)
$W^{LDR}\times GS$	−6.278 *** (−3.860)	−1.474 ** (−1.960)	3.471 *** (6.433)	1.054 (0.694)
R^2	0.969	0.970	0.952	0.959
σ^2	2.084	4.316	0.004	0.003

注：括号内为 t 值，*、**、*** 分别表示在 10%、5% 及 1% 水平下显著。

表 4-6　创新型人力资本积累驱动技术势能转换结果（模型 3）

变量	全国	东部	中部	西部
$W^{LDZ}\times TR$	0.131 ** (1.636)	0.126 * (1.267)	0.278 ** (2.466)	−0.046 (−0.433)
ITG	1.822 ** (2.530)	2.599 (0.633)	0.217 *** (4.832)	0.070 ** (1.958)
SIT	1.031 ** (1.808)	1.544 (1.058)	3.690 *** (3.826)	2.987 ** (1.866)
FI	2.761 (0.870)	5.723 (0.556)	3.234 * (1.055)	−0.100 (−1.029)
GS	1.741 *** (9.991)	2.889 *** (5.579)	1.705 *** (6.671)	1.495 (0.749)
$W^{LDZ}\times ITG$	2.075 *** (3.221)	1.399 (0.941)	0.219 ** (2.349)	−0.152 *** (−3.599)

续表

变量	全国	东部	中部	西部
$W^{LDZ} \times SIT$	3.801* (1.110)	5.801 (0.805)	-2.310* (-1.053)	1.874*** (5.380)
$W^{LDZ} \times FI$	7.452** (2.323)	3.088*** (3.024)	-0.131 (-0.376)	-0.166* (-1.124)
$W^{LDZ} \times GS$	6.511* (1.042)	-4.649 (-0.621)	2.806*** (5.440)	1.709* (1.186)
R^2	0.976	0.965	0.951	0.968
σ^2	1.605	5.020	0.004	0.002

注：括号内为t值，*、**、***分别表示在10%、5%及1%水平下显著。

由上述个体固定效应空间杜宾模型的估计结果可见，创新型人力资本积累对技术势能转换效率存在显著影响。其中，创新型人力资本积累、技术创新投资份额、外资结构和政府支持力度的系数大多数显著为正，说明区域技术势能转换效率与创新型人力资本积累、技术创新投资份额、外资结构间和政府支持力度存在显著的正向关联性。创新型人力资本积累有助于提升区域内技术创新人才比例，使创新人才的潜能得到较好的挖掘和发挥，实现知识向技术的高效转变，逐步提升企业竞争力，实现技术势能转换效率的提升。技术创新投资份额的提升有助于促进区域高技术产业的快速发展，提升区域内的高技术产业比例，促成企业向高技术产业集聚的区域转移现象。外资结构的增加有助于区域内的企业或产业更好地引进、消化和吸收国外先进技术或管理手段，大量培育与企业配套的本土优秀的专业人才，提升区域的自主研发能力，改进区域产业效率，实现技术势能转换。政府支持力度通过改变企业或产业的创新模式来强化技术势能溢出效应，提升技术势能转换效率。

在分区域的回归结果中，东部地区的各个解释变量对技术势能转换效率的影响最大。其主要原因是东部大部分地区均为沿海地区，是外商直接投资的首选之地，那么其通过引进国外先进的技术、知识和资金等就可实现优先发展。经济发展早期，我国的政策制度等都对东部地区有所倾斜，使得东部地区的基础设施、制度建设较为完善，有较好的技术势能转换基础。东部地区的蓬勃发展有助于吸引大批优秀人才向其集聚，引领东部地区的研发和创新的进步，使得东部地区的人才队伍逐渐趋于素质优良、结构合理和规模宏大，提升了技术创新的层次、自主研发效率和技术势能转换效率。此外，东部地区在长期的发展中逐渐实现了环渤海经济区、长三角经济区和珠三角经济区间的协同发展优势，促成了沿海地区的经济集聚现象，经济集聚进一步促进产业集聚，最终使技术势能转换的目标顺利达成。中部、全国和西部地区的创新型人力资本积累、技术创新投资份额、外资结构和政府支持力度对技术势能转换效率的影响效应呈依次递减的趋势，说明在东部地区的示范带动战略和技术辐射下，中西部地区也逐渐步入了经济长期稳定发展的阶段。

从表4－4～表4－6所示的三大模型估计结果中不难发现，其解释变量对技术势能转换效率的影响力度呈现“模型3最大、模型2次之、模型1最小”的整体变动趋势，即基于地理距离的空间权重矩阵的作用效应呈现出“由技术引进角度、技术改造升级角度、自主研发能力视角依次递增”的变化趋势。上述结果表明通过引进国外先进技术，并对其进行消化吸收再创新是驱动技术势能转换的有效途径。在日新月异的科技变革浪潮中，资源环境的约束性日益强化，区域内的企业需要面对技术升级和技术创新的双重国际竞争压力，而自主研发薄弱的问题已成为我国区域发展的瓶颈，因此，选择正确的路径和方向进行原始创新是我国亟待解决的关键问题。通过对引进的先进技术的消化吸收再创新过程有助于充分利用全球的科技存量，增强我国的后发优势。企业在自主研发中的作用是加速构建产学研相结合的技术创新体系。而只有充分发挥政府的战略导向、服务功能和综合协调能力，才能创造更好的创新环境，保障我国自主研发能力的提升，实现科技体制的改革，建立完善的风险投资，进一步吸引高层次技术创新的领军人才，为区域自主研发能力的提升注入强大的动力源。

此外，创新型人力资本积累的空间滞后项、技术势能转换效率、技术创新投资份额、外资结构和政府支持力度的空间交互项均存在空间溢出效应，说明各个自变量和因变量在空间上对其他区域的技术势能转换均产生影响。为了更好地阐释自变量对因变量的影响效应，本书就创新型人力资本积累驱动技术势能转换效率提升的空间效应进行分解，以便了解不同变量影响力的差异性。从全国、东部、中部和西部地区的直接效应、间接效应和总效应角度检验各指标对本地区、其他地区技术势能转换效率的影响程度。如表4－7～表4－10所示。

表4－7　SDM模型的直接效应和间接效应（基于全国样本）

变量	直接效应			间接效应		
	模型1	模型2	模型3	模型1	模型2	模型3
ITG	-1.120*** (-3.033)	-0.993** (-2.715)	0.782** (2.406)	-3.092** (-2.742)	-2.377** (-2.571)	-2.216*** (-3.057)
SIT	-4.102 (-0.605)	-2.603 (-0.369)	-1.105** (-1.909)	4.651*** (2.770)	3.992*** (3.736)	-4.755* (-1.206)
FI	-1.320 (-0.598)	2.087* (1.065)	-1.689 (-0.819)	1.533 (0.329)	1.932 (0.837)	8.382** (2.369)
GS	1.409*** (7.628)	1.624*** (8.920)	1.428*** (9.264)	-1.337** (-2.734)	-6.587*** (-3.792)	-7.242*** (-8.660)

注：括号内为t值，*、**、***分别表示在10%、5%及1%水平下显著。

表 4-8 SDM 模型的直接效应和间接效应（基于东部地区的样本）

变量	直接效应			间接效应		
	模型 1	模型 2	模型 3	模型 1	模型 2	模型 3
ITG	-0.643 (-0.749)	-1.003* (-1.180)	-0.694 (-0.730)	-1.669** (-1.380)	-0.087 (-0.088)	-1.406 (-1.001)
SIT	-2.992** (-2.177)	4.378** (2.440)	1.804* (1.250)	2.132*** (4.445)	2.652*** (4.479)	5.565 (0.852)
FI	1.234* (1.193)	1.193* (1.162)	6.736* (0.627)	2.523** (2.463)	3.175*** (3.223)	2.901** (2.752)
GS	1.650*** (5.104)	1.954*** (5.529)	1.861*** (5.229)	-2.169 (-0.267)	7.173* (1.111)	-2.122 (-0.312)

注：括号内为 t 值，*、**、*** 分别表示在 10%、5% 及 1% 水平下显著。

表 4-9 SDM 模型的直接效应和间接效应（基于中部地区的样本）

变量	直接效应			间接效应		
	模型 1	模型 2	模型 3	模型 1	模型 2	模型 3
ITG	-0.205*** (-4.760)	-0.188*** (-4.437)	-0.203*** (-4.482)	-0.094 (-0.814)	0.206* (2.095)	0.215** (1.729)
SIT	2.999** (3.004)	3.349*** (3.691)	3.923*** (3.861)	-0.434 (-0.175)	-1.115 (-0.507)	-4.301** (-1.462)
FI	0.107 (0.470)	0.068 (0.327)	0.242* (1.155)	-0.015 (-0.030)	-0.257 (-0.631)	-0.255* (-1.242)
GS	1.723*** (6.524)	1.844*** (7.421)	1.535*** (6.177)	3.904*** (5.181)	3.603*** (6.892)	3.082*** (4.674)

注：括号内为 t 值，*、**、*** 分别表示在 10%、5% 及 1% 水平下显著。

表 4-10 SDM 模型的直接效应和间接效应（基于西部地区的样本）

变量	直接效应			间接效应		
	模型 1	模型 2	模型 3	模型 1	模型 2	模型 3
ITG	-0.052** (-1.706)	-0.051** (-1.721)	-0.049** (-1.874)	-0.083** (-1.425)	-0.079** (-1.535)	-0.143*** (-3.526)
SIT	1.359** (2.216)	1.428** (2.305)	1.212** (1.738)	-3.071 (-0.233)	6.011* (1.110)	1.826*** (5.411)
FI	-0.011 (-0.099)	-0.074* (-1.115)	-0.097** (-1.521)	-0.089 (-0.483)	-0.052 (-0.525)	-0.156* (-1.071)
GS	3.984 (0.788)	4.037 (0.765)	3.146 (0.657)	2.990* (1.180)	1.032 (0.702)	1.592* (1.109)

注：括号内为 t 值，*、**、*** 分别表示在 10%、5% 及 1% 水平下显著。

全国、东部、中部和西部地区大部分的创新型人力资本积累对技术势能转换效率的直接效应和间接效应均为负，说明创新型人力资本积累会降低本地区的空间溢出效应，抑制其他地区的技术势能转换。主要原因是创新型人力资本积累对技术势能转换效率的驱动作用表现出显著的“回流效应”，创新型人力资本积累的基本特征是技术知识的集聚，其核心是人才的集聚，当技术集聚背景下企业发挥合作创新优势时，区域内的技术知识集聚产生显著的规模经济效应，不断从周边欠发达地区吸引技术和人才，对周边欠发达地区的产业结构优化升级产生抑制作用，导致负向溢出效应的出现。此外，发达地区和欠发达地区还存在技术知识的扩散效应，即发达地区与周边欠发达地区可通过企业间的经济技术往来实现技术知识的外溢，并且欠发达地区会受到发达地区带动效应和示范效应的影响，实现知识技术的正向溢出效应。但创新型人力资本积累的“回流效应”大于“扩散效应”，使得“扩散效应”被抵消，最终弱化创新型人力资本积累驱动技术势能转换的“扩散效应”，导致本地区对其他地区的技术势能转换产生负向作用效应。

全国和东部地区政府支持的直接效应为正、间接效应为负，说明全国范围内和东部地区的政府支持将分别促进各省域及东部地区的技术势能转换，并且自主研发角度的空间权重矩阵下的促进作用最高，说明自主研发能力才是技术势能转换效率的终极增长动力。政府支持具有较强的地域性，往往只会在某一地区形成特定的创新模式和创新氛围，其流动性较差。东部地区属于相对较发达的省市，政府的政策倾向不容易改变，久而久之，对周边地区的溢出效应减弱甚至消失，不利于周边地区的技术势能转换。

东部地区外资结构的直接效应和间接效应均为正，而西部地区恰好相反。东部地区凭借优越的地理位置，不断吸引外商进行投资，实现了技术创新能力、技术创新人才潜力的多方位提升，促进了本地区和其他地区的产业高效化。而西部地区的外商直接投资较少，技术、人才等的限制使其不能更好地对引进的先进技术知识进行消化吸收再创新，或者其创新水平只停留在模仿层级，久而久之，这将不利于其自身的技术势能转换，对其他地区的技术势能转换也不存在显著的正向促进作用。中部地区的外资结构对本地区的技术势能转换的促进作用显著，但对其他地区的溢出效应也为负。经济处于中等水平的中部地区，可以利用自身的技术水平、知识储备和人才条件进行技术创新活动，并且其技术创新成果恰好有利于提升本地区的技术势能转换，其创新型人力资本积累的外溢效应却为负。

除了西部地区外，其余区域的技术创新投资份额的直接效应和间接效应的变动趋势大致与外资结构一致。本章的技术创新投资份额变量主要表征区域的高技术产业新增固定资产投资占比，全国、东部和中部的高技术产业新增固定资产投资占比的提升意味着这些地区的投资速度逐渐提高、投资规模逐渐增大，这有助于提升区域的基础设施建设、加大区域的技术创新投入并提升区域科研人员的研发积极性，有助于产出更多的科研成果，改变区域供需结构，促进技术势能转换，即全国、东部和中部的高技术产业新增固定资产投资占比对其余区域产生正向溢出效应。对于投资规模、投资力度受限的经济中等区域，其扩散效应可能仅限于区域内，那么其对其他区域的溢出效应较弱甚至为负。西部地区技术创新投资份额的直接效应和间接效应几乎为正，这与西部地区的经济发展程度及其地理位置息息相关，新增加的固定资产投资有利于加大本区域的技术创新投入，改善技术创新现状，直接受益者是技术创新人员，当其积累了更多先进的技术和知识时，就会有向技术创新能力更高的区域流动的意愿，即对其他地区的溢出效应为正。而技术创新投入的加大会对本地区的大部分技术人员产生显著的激励作用，有助于改善本地区大部分人员的工作积极性，显著增加技术创新成果，促成本地区的技术势能转换。

此外，无论是直接溢出效应还是间接溢出效应，在自主研发能力角度，空间权重矩阵构建的创新型人力资本积累对技术势能转换效率的作用效应均最大，表明区域应该不断提升自身的自主研发能力，增强自身的核心竞争力，促成技术势能转换。

除以上影响因素外，区域内和区域间的创新合作也能够促进技术势能转换效率的提升。技术势能与创新动能是依附在创新载体上的两种能量，每一个创新载体都是创新能量场空间中的一个节点，众多节点间的作用方式共同构成创新能量场。节点可分为个人、团队、组织、区域等层次，此处考虑以区域作为节点的情况。

在创新能量场中，每一个节点都具有技术势能传递者和接收者双重属性。由于技术势差的存在，技术势能在节点内部转换为创新动能的过程中，不同节点之间还存在技术势能的交互流动，任何一个节点都会受到创新场中力的作用。两个节点间的相互作用力的大小与传递方的技术势能 TP_s 和两者间的技术势差$\Delta TP = TP_s - TP_r$的乘积成正比，与两个节点间的势能传播距离 r 的平方成反比；此外，节点间的技术差距也是影响作用力的重要因素，技术差距过小则不会发生技术流动，差距越大场力做功越大。值得注意的是，节点间的技术差距不能过大，如果超过一定的限制，会由于技术势能接收者吸收能力不足而导致势能的无效溢出。用 K 表示能保证有效技术势能溢出的技术差距临界点，k 表示实际技术差距，则创新能量场的场力为：

$$\vec{F} = k\frac{TP_s \Delta TP}{r^3}\vec{r}, \quad 0 \leqslant \Delta TP \leqslant K \tag{4-30}$$

场强为：

$$\vec{E} = \frac{\vec{F}}{\Delta TP} = k\frac{TP}{r^3}\vec{r} \tag{4-31}$$

由于不同地区技术势能存在差异，导致不同地区受到的场力和场强也不一样，外在场强和场力的差异化作用和地区内部技术势能转换效率的差异是导致创新动能时空分布异质性的根本原因。

在创新能量场中，不同地区之间存在创新动能的吸引力。在创新动能吸引力的作用下，不同地区之间的创新行为或成果交会到一起，形成地区间的创新合作，合作的方式为协同创新或创新成果的共享；创新合作的程度和方向与地区之间的创新引力密切相关，创新引力可表示为：

$$F_{ij} = G\frac{ITA_i ITA_j}{r^2} \tag{4-32}$$

其中，ITA_i 表示地区 i 的创新动能。创新引力决定了地区之间合作创新的程度，创新引力越大，地区之间的创新合作关联越密切，创新合作的积累就越深。创新引力与地区创新动能成正比。于是可知，合作创新与创新动能显著正相关，可以促进技术势能转换效率的提升。

4.3.3 创新型人力资本积累促进技术势能转换效率提升的模型检验

选择技术引进、技术改造升级和自主研发能力角度的技术距离空间权重矩阵，构建空间杜宾模型进行模型的稳健性检验。构建的模型如下：

模型4：

$$TR_{it} = \delta W^{LTI} TR_{it} + \beta_1 ITG_{it} + \beta_2 SIT_{it} + \beta_3 FI_{it} + \beta_4 GS_{it} + \theta_1 W^{LTI} ITG_{it} + \theta_2 W^{LTI} SIT_{it} + \theta_3 W^{LTI} FI_{it} + \theta_4 W^{LTI} GS_{it} + c + \mu_i + \lambda_t + \varepsilon_{it} \tag{4-33}$$

同理，可得 W^{LTR} 和 W^{LTZ} 下的模型5和模型6。如表4-11~表4-13所示。

表4-11 创新型人力资本积累驱动技术势能转换结果（模型4）

变量	全国	东部	中部	西部
$W^{LTI} \times TR$	-0.005 (-0.087)	0.381** (2.740)	-0.076 (-0.625)	-0.102* (-1.196)
ITG	0.872** (2.197)	0.281 (0.392)	0.157*** (4.017)	0.042** (1.360)
SIT	7.674* (1.169)	1.183 (0.108)	2.533*** (3.005)	1.301** (2.210)
FI	2.076 (0.896)	7.272* (1.065)	0.015 (0.071)	0.012** (1.528)
GS	1.370*** (7.643)	1.538*** (5.386)	1.004*** (8.538)	5.313 (0.985)
$W^{LTI} \times ITG$	0.753* (1.238)	-4.837** (2.282)	0.186** (2.140)	-0.036 (-0.476)
$W^{LTI} \times SIT$	-9.047 (0.370)	5.207*** (7.156)	-2.397** (-1.385)	-1.054 (-0.703)
$W^{LTI} \times FI$	0.829* (1.118)	2.891*** (2.961)	-0.298 (-0.783)	-0.127 (-0.435)

续表

变量	全国	东部	中部	西部
$W^{LTI} \times GS$	1.014 * (1.285)	−5.093 (−0.370)	5.184 *** (7.972)	5.220 * (1.237)
R^2	0.966	0.978	0.957	0.960
σ^2	2.295	3.203	0.004	0.003

注：括号内为t值，*、**、*** 分别表示在10%、5%及1%水平下显著。

表4-12 创新型人力资本积累驱动技术势能转换结果（模型5）

变量	全国	东部	中部	西部
$W^{LTR} \times TR$	0.021 (0.203)	0.999 *** (5.656)	0.356 ** (2.030)	−0.236 ** (−1.454)
ITG	0.934 ** (2.369)	0.961 * (1.098)	0.160 *** (4.162)	0.042 * (1.275)
SIT	7.653 * (1.163)	5.304 * (1.335)	3.037 *** (3.700)	1.360 ** (2.361)
FI	1.682 (0.678)	7.402 * (1.036)	0.012 (0.060)	0.089 (0.735)
GS	1.374 *** (7.669)	7.519 ** (2.769)	1.798 ** (2.769)	0.925 (1.111)
$W^{LTR} \times ITG$	0.047 (0.033)	−0.705 * (−1.036)	0.197 ** (2.345)	−0.047 (−0.762)
$W^{LTR} \times SIT$	2.521 ** (1.452)	6.471 *** (5.268)	−0.782 (−0.392)	1.965 * (1.247)
$W^{LTR} \times FI$	0.606 (0.251)	4.709 *** (5.356)	−0.008 (−0.022)	0.044 (0.338)
$W^{LTR} \times GS$	7.605 * (1.338)	−6.440 *** (−3.402)	4.401 *** (8.007)	9.178 (0.376)
R^2	0.966	0.983	0.958	0.961
σ^2	2.284	2.428	0.003	0.003

注：括号内为t值，*、**、*** 分别表示在10%、5%及1%水平下显著。

表4-13 创新型人力资本积累驱动技术势能转换结果（模型6）

变量	全国	东部	中部	西部
$W^{LTZ} \times TR$	0.236 ** (1.583)	0.597 *** (3.120)	−0.481 ** (−2.283)	−0.575 (−0.477)

续表

变量	全国	东部	中部	西部
ITG	0.899** (2.322)	0.911* (1.093)	0.157*** (4.160)	0.045** (1.433)
SIT	1.328** (1.971)	1.522* (1.229)	2.870*** (3.518)	1.589*** (2.649)
FI	0.774 (0.312)	7.184** (1.425)	0.071 (0.343)	0.092 (0.809)
GS	1.646*** (8.533)	7.456** (2.236)	1.508*** (6.504)	5.846* (1.080)
$W^{LTZ} \times ITG$	1.270 (0.635)	-5.301** (2.726)	0.204** (2.307)	0.013 (0.164)
$W^{LTZ} \times SIT$	5.388** (2.180)	5.396*** (3.243)	-0.098 (-0.040)	1.891* (1.304)
$W^{LTZ} \times FI$	4.358 (0.829)	4.930*** (4.097)	-0.060 (-1.537)	-0.129 (-0.442)
$W^{LTZ} \times GS$	4.041*** (3.568)	-1.070*** (-4.023)	4.894*** (8.057)	1.049* (1.187)
R^2	0.967	0.977	0.961	0.961
σ^2	2.203	3.243	0.003	0.003

注：括号内为t值，*、**、***分别表示在10%、5%及1%水平下显著。

通过对比地理距离和技术距离下的模型估计结果，可见两种距离矩阵下各变量对技术势能转换效率的影响力度数值相近，指标的显著性以及影响效应的正负性大体趋于一致。于是，可以说明本章构建的个体固定效应SDM模型是稳健的。

为保证模型在解析创新型人力资本积累驱动技术势能转换实证分析中的稳健性，本章将通过减少指标的形式（去掉指标*FI*）进一步检验实证结果的稳健性。得到如表4-14所示的结果（以模型1为例）。

表4-14　创新型人力资本积累驱动技术势能转换结果（去掉指标*FI*）

变量	全国	东部	中部	西部
$W^{LTZ} \times TR$	0.004* (1.257)	0.287** (2.660)	0.274** (2.926)	0.031 (0.337)
ITG	1.085** (2.809)	0.142* (1.164)	0.214*** (5.034)	0.050** (1.672)
SIT	3.741 (0.578)	11.046 (0.866)	3.001*** (3.210)	1.344** (2.292)

续表

变量	全国	东部	中部	西部
GS	1.412*** (8.015)	1.568*** (5.134)	1.906*** (7.296)	3.827 (0.729)
$W^{LTZ} \times ITG$	2.952** (2.681)	-4.040** (-2.961)	-0.138** (-1.603)	0.077* (1.236)
$W^{LTZ} \times SIT$	5.082*** (3.217)	2.371*** (3.861)	1.063 (0.748)	4.624 (0.383)
$W^{LTZ} \times GS$	1.304** (2.867)	-6.401 (-0.605)	3.539*** (5.960)	2.564* (1.123)
R^2	0.967	0.968	0.948	0.959
σ^2	2.194	4.562	0.004	0.003

注：括号内为t值，*、**、***分别表示在10%、5%及1%水平下显著。

表4-14中各个变量系数的正负性与表4-4中显示的结果趋于一致，进一步验证了模型的稳健性。

而在估计过程中，上述模型同样可能存在双向或逆向因果关系等导致的模型内生性问题，选择工具变量法（IV）进行克服。工具变量需要与被解释变量的扰动项不相关并与内生解释变量高度相关是选择工具变量的原则，于是本章分别构建地理距离和技术距离下的工具变量，即地理距离角度的工具变量为［$W^{LDZ^2}ITG$，$W^{LDZ^3}ITG$］，技术距离角度的工具变量为［$W^{LTZ^2}ITG$，$W^{LTZ^3}ITG$］。由上述分析表明，自主研发能力下的空间权重矩阵影响效应最为显著，于是，选择模型3和模型6进行模型的内生性检验，得出的工具变量回归结果如表4-15、表4-16所示。

表4-15 创新型人力资本积累驱动技术势能转换的内生性检验（模型3）

变量	全国	东部	中部	西部
常数项	-8.956 (-1.033)	-16.764*** (-3.005)	-0.620 (-0.114)	0.092 (0.066)
$W^{LDZ} \times TR$	0.560 (0.936)	3.439*** (3.597)	0.375*** (3.210)	0.073 (0.043)
ITG	2.346 (0.936)	4.889** (1.684)	0.071 (0.069)	0.020 (0.058)
SIT	5.119*** (7.395)	7.207* (1.046)	3.883* (1.290)	3.785*** (3.585)
FI	7.562*** (5.757)	7.616*** (2.107)	1.338 (0.351)	-0.393* (-1.268)

续表

变量	全国	东部	中部	西部
GS	9.601 ** (1.406)	1.452 ** (2.226)	1.341 ** (1.774)	5.048 (0.890)
$W^{LDZ}\times ITG$	1.642 ** (1.601)	5.205 *** (3.337)	−0.714 (−0.152)	−0.104 (−0.088)
$W^{LDZ}\times SIT$	5.094 *** (4.227)	−4.456 *** (−8.932)	6.728 ** (2.925)	4.664 *** (7.065)
$W^{LDZ}\times FI$	−1.445 *** (−9.738)	7.099 ** (2.174)	2.131 ** (1.897)	−0.201 (−0.407)
$W^{LDZ}\times GS$	−1.123 *** (−6.003)	1.570 *** (8.417)	−4.363 *** (−6.938)	3.798 *** (8.765)
F	70.590	55.910	25.380	41.500
Sargan	12.152 ***	1.531 *	1.093 *	0.774 **

注：括号内为t值，*、**、***分别表示在10%、5%及1%水平下显著。

表4−16 创新型人力资本积累驱动技术势能转换的内生性检验（模型6）

变量	全国	东部	中部	西部
常数项	−9.962 *** (−8.119)	3.305 *** (3.663)	−0.456 ** (−1.748)	0.164 (0.251)
$W^{LTZ}\times TR$	2.997 *** (3.497)	0.645 *** (9.572)	−0.049 (0.218)	−0.064 (−0.134)
ITG	6.548 * (1.330)	5.278 *** (3.726)	0.198 (0.092)	0.012 (0.078)
SIT	−4.086 *** (−9.974)	4.141 ** (1.670)	4.124 ** (1.571)	3.697 * (1.040)
FI	−2.042 *** (−8.743)	1.526 *** (3.994)	1.203 (0.482)	0.426 (0.266)
GS	1.397 ** (1.758)	4.974 *** (3.674)	1.252 ** (2.412)	1.067 ** (2.757)
$W^{LTZ}\times ITG$	5.768 *** (7.205)	2.859 ** (2.161)	0.704 (0.475)	−0.018 (−0.323)
$W^{LTZ}\times SIT$	−1.081 *** (−6.843)	−4.246 ** (−1.845)	−3.588 *** (−5.298)	1.485 ** (2.957)
$W^{LTZ}\times FI$	1.729 *** (2.130)	1.198 *** (5.861)	0.380 * (1.334)	−0.693 (−0.725)

续表

变量	全国	东部	中部	西部
$W^{LTZ} \times GS$	1.578*** (6.843)	2.758*** (3.562)	2.600** (1.470)	1.961** (2.954)
F	13.750	3.480	10.980	25.220
Sargan	15.780***	22.935***	8.938**	3.914**

注：括号内为 t 值，*、**、*** 分别表示在 10%、5% 及 1% 水平下显著。

表 4－15 和表 4－16 解析了工具变量条件下的回归结果。结果显示，所有的工具变量均通过 Sargan 检验，各个变量的显著性与估计系数的方向与表 4－6～表 4－13 的结果基本一致。这进一步验证了在地理距离和技术距离的空间权重矩阵作用下，创新型人力资本积累对技术势能转换效率具有积极的促进作用。

4.4 本章小结

本章首先以 Griliches－Jaffe 生产函数为基础来构建理论框架，探究技术势能向创新动能转换的内在机理。其次借鉴机械动能测度方法对创新动能和技术势能的转换效率进行定量分析。最后借助 SDM 模型分析技术势能转换效率的影响因素。结果表明：创新意愿、创新环境和创新要素吸引力对创新动能稳态增长率都具有正向影响，技术势能对创新动能的空间溢出效率具有不确定性；创新动能和技术势能转换效率在时间维度持续增长，在空间维度大致表现为东部大于中部，中部大于西部的格局；创新型人力资本积累对技术势能转换效率具有显著正效应。

5　区域创新动能推动产业结构升级的作用机制

技术势能转换为创新动能后，区域技术创新的潜在能力也转换成了实际的创新推动能力。本章从创新价值链和产品生产链融合的视角出发，探究创新动能推动产业结构升级的内在机理，并深入解析研发创新、过程创新和产品创新对产业结构升级的作用机制。在这一阶段，创新意愿激发创新实践、创新环境促进创新合作、创新要素支撑创新生产，经过创新价值链和产品生产链的交叉融合实现创新知识积累、形成创新产品方案并生产创新产品，进而推动主导产业变更和传统产业升级。在理论解析创新动能通过促进研发创新、过程创新和产品创新进而推动产业结构升级的内在机制后，本章从产业结构的合理化和高级化视角入手，构建计量模型实证检验了区域创新动能推动产业结构升级的空间溢出效应。

5.1　区域创新动能驱动产业结构升级的机理解析

5.1.1　创新动能推动产业结构升级的作用路径

创新动能推动产业结构升级的作用路径如图 5－1 所示。

创新动能指对创新的推动能力，主要源于三个方面：创新意愿激发的创新实践、创新环境促进的创新合作和创新要素支撑的创新生产。创新实践、创新合作和创新生产共同构成创新的推动力对创新价值链的三个阶段，即研发创新、过程创新和产品创新的效率提升都具有显著的正向作用。

创新价值链共有三个阶段，其效率提升的机制较为复杂。第一阶段是研发创新，创新动能通过作用路径 ID1 促使研发创新效率提升；第二阶段是过程创新，在创新动能通过路径 ID2 带来的外生推力和研发创新阶段成果通过路径 IVC1 形成的内生动力的共同作用下，过程创新效率得以提升；第三阶段是产品创新，产品创新效率提升的动力包括来自创新动能的推力和源于研发与过程创新阶段成果的动力，作用路径分别为 ID3 和 IVC2。此外，创新价值链每一阶段的效率都会受到产品生产链的影响，影响方式是交叉融合，路径是 CF。在产品生产链中，联系上、中、下游企业的路径是 PC1 和 PC2。

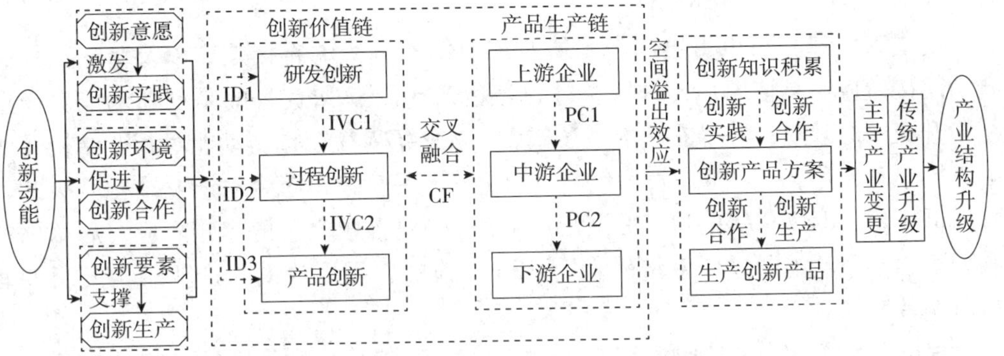

图 5-1 创新动能推动产业结构升级的作用路径

在创新价值链和产品生产链深化融合的复杂作用下，创新动能通过激发创新意愿来驱动研发创新，进而丰富创新知识积累；通过改善创新环境来驱动过程创新，进而改进创新产品方案；通过优化创新要素配置来驱动产品创新，进而支撑创新产品生产，最终带来地区主导产业的变更和传统产业的升级，实现产业结构的优化升级。

5.1.2 创新动能驱动产业结构升级的链式融合解析

5.1.2.1 理论基础

上文解析了区域创新动能推动产业结构升级的作用路径，概括来说，就是在创新动能的驱动作用下，创新意愿调整会进一步激发创新实践，创新环境改善则促进了不同创新主体间的创新合作并通过创新要素配置优化支撑创新生产，经过这三个阶段能够形成区域创新合力，进而通过创新价值链和产品生产链的链式融合形成的中介效应推动主导产业变更、促进传统产业升级，最终实现区域产业结构升级。基于此，本书构建如下中介效应模型探究创新动能驱动产业结构升级的链式融合机理（Mo，2001；黄华峰，2014）[265-266]。

$$IS = F(ITA,\ ME),\ ME = f(ITA) \tag{5-1}$$

在式（5-1）中，变量 ITA 的含义与前文一致，反映的是区域创新动能水平。变量 IS 则表示区域产业结构水平（现有研究通常从产业结构合理化、产业结构高级化和产业结构高度化这几个视角来考察）。函数 F（·）的含义是地区产业结构升级的内在动力来源于两个方面，即创新动能的直接作用以及创新价值链和产品生产链链式融合的中介效应（记为 ME），f（·）则是链式融合中介效应 ME 与创新动能的对应函数关系式。为进一步明确区域创新动能对产业结构升级的内在驱动作用，本书对式（5－1）求解产业结构水平 IS 关于地区创新动能水平 ITA 的一阶微分，结果如式（5－2）所示。

$$\frac{\mathrm{d}IS}{\mathrm{d}ITA}=\frac{\partial IS}{\partial ITA}+\frac{\partial IS}{\partial ME}\cdot\frac{\mathrm{d}ME}{\mathrm{d}ITA} \tag{5-2}$$

由式（5－2）可以得出创新动能对产业结构升级的直接效应以及基于链式融合的间接效应。具体而言，等号左边的表达式 $\mathrm{d}IS/\mathrm{d}ITA$ 代表的是创新动能对产业结构升级的总效应；等号右边的表达式中，$\partial IS/\partial ITA$ 表示创新动能对产业结构升级的直接驱动作用，$\partial IS/\partial ME$ 表示创新价值链和产品生产链融合对产业结构升级的直接促进作用，$\mathrm{d}ME/\mathrm{d}ITA$ 则反映了创新动能对“双链融合”的影响效应，后两项的乘积表示创新动能通过“双链融合”中介效应的作用形成的对产业结构升级的间接影响效应。

综合函数 $F(\cdot)$、函数 $f(\cdot)$ 以及式（5－2）可知，区域创新动能既可以直接促进产业结构升级，也可以通过链式融合的中介效应间接推动地区主导产业的变更和传统产业的升级。其中直接效应为 $\partial IS/\partial ITA$，中介效应为 $\partial IS/\partial ME$，创新动能对中介效应的影响为 $\mathrm{d}ME/\mathrm{d}ITA$，总效应为 $\mathrm{d}IS/\mathrm{d}ITA$。

5.1.2.2　创新价值链与产品生产链的链式融合解析

前文从创新价值链与产品生产链深度融合的中介效应视角探究了创新动能通过创新价值链和产品生产链的交互作用驱动产业结构升级的内在机理，本部分延续前文研究，进一步理论解析创新价值链与产品生产链是进行链式融合的内在路径与形式，因此，需要明确创新价值链和产品生产链的内涵、结构及其内在运作方式。创新价值链（Innovative Value Chain，IVC）指的是从创新动能开始发挥作用的时刻起到创新成果产业化开发的完整过程，将这个过程概括起来，大致可以划分为三个阶段：首先是开展以原创构想、实验原型以及技术设计与孵化等为主要内容的研发创新活动，其次是进行以技术创新流程简化、新产品设计方案改善等为主要内容的过程创新活动，最后是进行以丰富新产品种类、增加新产品数量为主要内容的产品创新活动（Hansen 和 Birkinshaw，2007；Ganotakis 和 Love，2012；余珮和程阳，2016）[267－269]。以移动通信行业为例，在其创新价值链中，指纹识别、脸部识别等新技术的开发与测试属于研发创新；手机生产流程的简化、根据新的信息技术设计新款手机的生产方案等属于过程创新；按照新生产方案生产新款手机的行为则属于产品创新。产品生产链（Product Production Chain，PPC）指的是从原材料投入生产的时刻起到最终产品投放到市场中进行销售的完整过程，此过程离不开根据产品设计方案将初级原材料加工成零部件或中间产品的上游企业和对零部件进行再加工以生产半成品的中游企业，更离不开对半成品进行深加工以生产最终产品并提供市场销售及售后服务的下游企业，这三类参与主体和它们之间的支撑、协作行为一起方能构成完整的 PPC（Gereffi 和 Kaplinsky，2001；唐宜红和张鹏杨，2018）[270－271]。

同样，以移动通信行业为例，专门从事新技术研发、电子元器件生产的属于上游企业；将电子元器件等零部件通过再加工生产手机主控芯片、屏幕等半成品的属于中游企业；将手机芯片、电池、屏幕等组装成全新的手机并提供手机销售与售后服务的属于下游企业。由于不同企业的技术水平和生产能力存在差异，在统一的技术、产品和服务标准体系下，企业往往会侧重于自身最擅长的创新或生产行为（如技术开发能力强的企业往往更愿意从事研发创新活动、再加工能力强的企业其市场定位更倾向于生产链中游），从而形成日益专业的社会分工，当众多具有不同社会经济分工的企业不断深化协同合作时，就会带来创新价值链和产品生产链的链式融合。初始阶段的创新价值链和产品生产链如图 5－2 和图 5－3 所示。

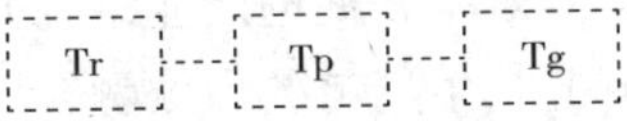

图 5－2　创新价值链

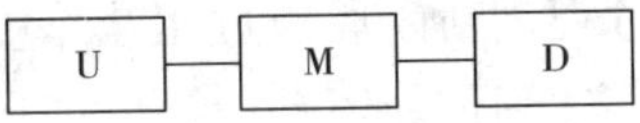

图 5－3　产品生产链

如图 5－2、图 5－3 所示，本书分别用 Tr、Tp 和 Tg 表示创新价值链中的研发创新、过程创新和产品创新，分别用 U、M 和 D 表示产品生产链中的上游企业、中游企业和下游企业。而随着社会化分工的日益专业化，创新价值链和产品生产链会逐渐变长，且不再表现为简单的线性形式，而是在剧烈的竞争条件和多个企业的分工合作下逐渐呈现出网状结构，如图 5－4、图 5－5 所示。

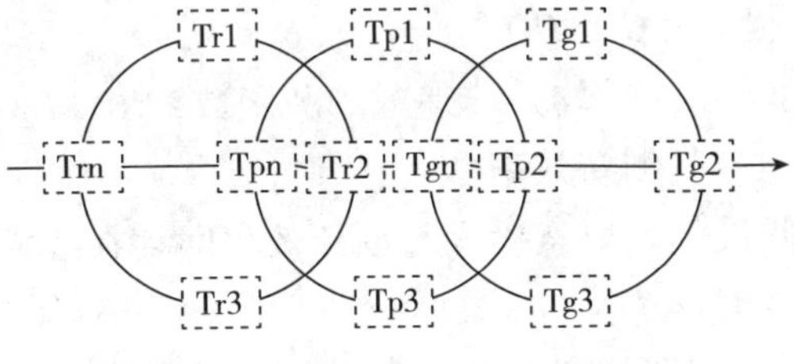

图 5－4　多企业合作下的创新价值链

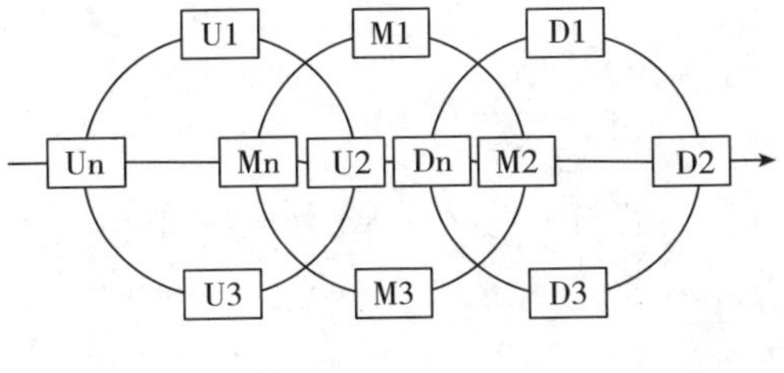

图 5－5　多企业合作下的产品生产链

创新价值链与产品生产链深度融合推动产业结构升级的具体机理如图5-6所示。本书旨在通过分析研发创新、过程创新和产品创新驱动生产过程改善的机理来探究创新效率提升促进产业结构升级的作用机制。

如图5-6所示，在创新价值链的各个创新阶段，以不同创新要素投入为主的创新价值链与产品生产链实现高效融合，共同促进产业结构升级。创新价值链和产品生产链的链式融合主要沿着以下三条路径发挥作用：第一，创新动能促进研发创新，丰富现有知识的积累、改善成果转化体系、形成新的生产技术，促进产业结构升级。在研发创新价值链与产品生产链的融合过程中，研发创新要素的投入起主要作用，促进价值链与生产链的高效融合。第二，创新动能促进过程创新，精简生产流程、降低生产成本、提升生产效率，促进产业结构升级。在此过程中，过程创新要素发挥主要作用，推进价值链与生产链的高效融合。第三，创新动能促进产品创新，改善市场需求结构、分化行业竞争能力、改变产业发展规模，最终促进产业结构升级。在此阶段，产品创新要素发挥主要作用，推进价值链与生产链的高效融合。此外，研发创新阶段和过程创新阶段通过相互作用共同促进产品生产阶段的发展，继而促进产业结构升级，达到创新驱动产品生产过程优化的目的。

5.1.3 研发创新、过程创新和产品创新的空间溢出对产业结构升级的作用机理

作为产品生产的三个过程，研发创新、过程创新和产品创新之间具有连续性和外溢性的特征，而创新要素的投入过程会对研发创新、过程创新和产品创新产生显著影响，即在创新要素投入差异性的作用下，不同的产品生产阶段会出现空间的外溢性特征。研发创新要素的投入会受到过程创新的影响，也会因产品创新的环境状况而发生改变，于是有：

$$R_i = a(P_i,\ P_j),\ R_i = b(G_i,\ G_j),\ i \neq j \tag{5-3}$$

其中，a（·）和b（·）均是非递减的凸函数，R_i、P_i 和 G_i 分别是研发创新效率、过程创新效率和产品创新效率。

为了简化分析，假设创新要素投入与创新效率间存在线性关系，即：

$$R_i = \lambda r_i,\ P_i = \mu p_i,\ G_i = \theta g_i \tag{5-4}$$

于是，构建如下个体 i 的创新价值方程组探究其最优化结果。

$$\max_{R_i} V_R^i = \pi[a(P_i,\ P_j),\ R_0] - p_i \tag{5-5}$$

$$\max_{G_i} V_R^i = \pi[b(G_i,\ G_j),\ R_0] - g_i \tag{5-6}$$

其中，R_0 为原有的研发存量。

联立上述式（5-4）~式（5-6）求解方程组可得：

$$\frac{\partial P_i^*}{\partial P_0} = -\frac{\pi_1 a_{1j} + \pi_{11} a_1 a_j}{\pi_{11} a_1^2 + \pi_1 a_{11}} \tag{5-7}$$

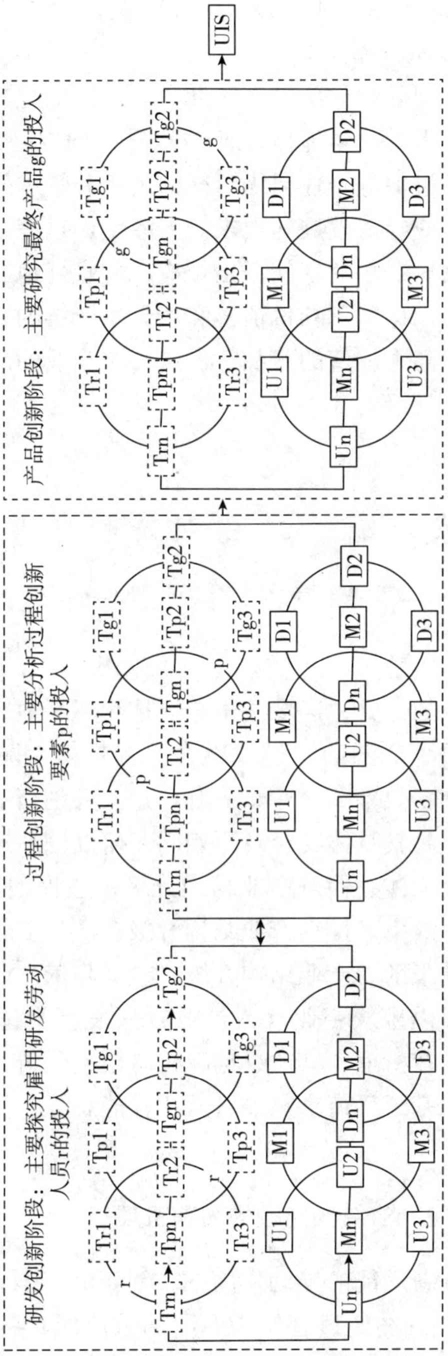

图5-6 创新价值链与产品生产链深度融合的机理

$$\frac{\partial G_i^*}{\partial G_0} = -\frac{\pi_1 b_{1j} + \pi_{11} b_1 b_j}{\pi_{11} b_1^2 + \pi_1 b_{11}} \tag{5-8}$$

此外，由 R_i 与 P_j、G_j 的关系式可得：

$$\partial R_i / \partial P_j = a_2 \geqslant 0，\ \partial R_i / \partial G_j = b_2 \geqslant 0 \tag{5-9}$$

于是，创新表现出空间外溢效应。基于此，可分别探究其他地区研发创新、过程创新和产品创新的效率提升对本地区产业结构升级的空间外溢效应，研发创新、过程创新和产品创新可通过促进企业组织形式的改善和管理效率的提升，促进企业不断提升效率，以不断适应经济发展的要求。产品生产过程中研发创新、过程创新和产品创新的效率提升具有明显的空间溢出效应，能较好地服务于创新价值链和产品生产链运作的各个环节，保障创新价值链和产品生产链的高效融合，继而改善生产要素的配置方式，研发高附加值的产品，促进传统产业的高技术改造，最终促成产业结构升级。

5.2 研发创新、过程创新和产品创新的产业结构升级效应

随着创新要素生产率的提升，区域技术势能持续不断地转换为创新动能，创新动能为创新价值链和产品生产链的“链式融合”提供内生驱动力，进而促进研发创新、过程创新和产品创新效率的进一步提升。这三种创新形式效率的提升都具有明显的产业结构升级效应，其具体路径各不相同：研发创新通过丰富技术种类、增加知识存量、改善成果转化体系促进产业结构升级；过程创新通过精简生产流程、降低生产成本、提升生产效率来推动产业结构升级；产品创新通过改善新产品供给结构、调整产业生产规模来助力产业结构升级。本节将依次解析上述三条路径的内在机理。首先，采用博弈模型从企业（或产业）研发行为选择的视角明确研发创新促进产业结构升级的内在机理。其次，构建概念模型分析过程创新推动产业结构升级的内在机理。最后，基于反需求函数进行比较静态分析，探究产品创新助力产业结构升级的内在机理。

5.2.1 研发创新促进产业结构升级的内在机理

根据前文分析，在创新动能的推动作用下，创新价值链 IVC 和产品生产链 PPC 的“链式融合”不断深化。在此过程中，不同的企业所具备的研发创新能力也各有差异，有些企业研发创新能力相对较强，它们的研究成果具有更高的潜在价值，由此转化而来的商品也就具有更高的市场竞争力，这种效应会逐渐渗透到该企业所在的行业或产业，从而扩大行业和产业发展规模；另一些企业的研发创新能力较

弱，难以实现技术革新或生产方案的改良，由此转化而来的产品会日益偏离消费者的需求，逐渐失去市场竞争力，最终导致所在行业或产业缺乏增长动力。上述两类企业研发创新能力的差异化效应对产业发展的影响存在两种情况：当新兴行业研发创新能力强而传统行业研发创新能力弱时，其差异化效应的结果是地区经济社会发展的主导由传统行业转向新兴行业；当传统行业研发创新能力强时，差异化效应的结果是地区发展的主导仍然是传统行业，且该行业会随着技术水平的提升而不断升级。总之，不同企业研发创新能力的差异会导致主导产业变更或传统产业升级，最终促进产业结构升级。那么，是什么因素导致企业之间的研发创新能力存在差异呢？除了创新要素的投入量之外，企业的创新行为选择是最主要的影响因素（Freeman，1989；Bhalla，1992；周亚虹等，2012；柳卸林等，2017）[272-275]。因此，下面从企业研发行为选择的视角构建理论模型解析研发创新促进产业结构升级的内在机理。

首先，构建基于研发创新的生产 C－D 函数如下：

$$Y = RK^{\alpha}L^{\beta} \tag{5-10}$$

式（5－10）中，Y 表示总产出，R 代表的是企业的研发创新强度，K 和 L 则是常规的要素投入，分别为物质资本投入和人力资本投入，其弹性系数为 α 和 β。在模型（5－10）的生产框架中引入 Keynes（1937）[276] 的资本边际效率（Marginal Efficiency of Capital，MEC）理论，可得到如下关系式：

$$M_0 = \frac{M_n}{(1+r)n} \tag{5-11}$$

式（5－11）中，M_0 指的是生产过程中投入的初始资金；M_n 表示第 n 个生产周期的总收益；用 P 表示单位产品的市场价格，则其取值为 $M_n = YP$；r 指的是初始资金投入的边际收益率。将 $M_n = YP$ 与模型（5－10）代入式（5－11）中，不难得出研发创新强度 R 与资本边际效率 r 的理论关系式，如式（5－12）所示。

$$M_0 = \sum \frac{RK^{\alpha}L^{\beta}P}{(1+r)n} \tag{5-12}$$

由式（5－12）可以看出，在生产条件不变的情况下，初始投入资金 M_0 也是固定不变的，边际收益率 r 与研发创新强度 R 具有正比例关系，两者具有高度关联性。因此，当研发创新强度增大时，资本的边际收益率 r 也会不断提升，在该产业中的单位资金投入带来的利润也将递增，在投资者追求利润最大化的前提下，会有更多的社会资金投入该产业的生产过程当中，更多的社会资金投入会进一步刺激企业决策者，鼓励他们在进行创新决策时更愿意选择自主研发，如此往复，就会形成研发创新、企业生产和社会投资的良性循环系统。随着某一产业中越来越多的企业愿意加强研发创新的投入，该产业的创新行为选择就可认定为自主研发，那么这种由企业研发创新效率提升带来的产业对自主研发的倾向性是如何促进产业结构升级的呢？接下来本书采用基于产业自主研发的博弈模型来分析其内在机理。

在构建博弈模型开展理论分析前，首先对经济框架提出假设：经过产业梯度转移后，地区存在两个具有竞争关系的代表性产业，分别为传统优势产业 T 与新兴产业 N，两者均在对新技术开展研发创新时面临创新形式的选择，包括积极的研发形式（自主创新）和消极的研发形式（模仿创新或被动吸收），由新技术生产得到的新产品具有足够多的市场需求。当两个产业都选择消极的研发形式时，新技术在流入该地区的过程中没有任何接收者，导致新技术无法流入该地区，相应地，由新产品衍生出来的额外市场也无法发掘，两个产业的额外收益都为零；当存在至少一个产业选择积极的研发形式时，该产业将率先掌握新技术，在其掌握新技术后，采取消极研发形式的产业（若存在）通过模仿创新或被动吸收的形式也将掌握新技术。在由新产品衍生出来的额外市场上，选择积极研发形式的产业相比选择消极研发形式的产业具有比较优势。

基于前文假定的经济框架，即可建立博弈模型分析研发创新促进产业结构升级的内在机理。在由新产品衍生出来的额外市场上，掌握了新技术的传统优势产业 T 与新兴产业 N 生产的新产品是无差异的，其价格都是 P，两者在新产品市场上占有的额外市场份额分别为 Y_T 和 Y_N。产业研发创新决策对其研发投入和产出都有重要影响，对于本书设定的经济框架而言，当传统优势产业 T 与新兴产业 N 均选择消极的研发形式即模仿创新或被动吸收时，地区无法获取新技术，投入成本和额外利润都为零；当传统优势产业 T 与新兴产业 N 均选择积极的研发形式即自主创新时，两者投入的研发成本相等，设为 C，额外市场份额分别为 Y_T 和 Y_N；当传统优势产业 T 与新兴产业 N 中有且仅有一个选择消极的研发形式即模仿创新或被动吸收时，它需要向选择积极研发形式即自主创新的先行者支付 C' 的费用以取得模仿创新的许可，而对方在投入常规的研发成本 C 之后，能够获得 C' 的额外收益用以抵消部分研发投入，即两者的额外成本分别为 C' 和 $C-C'$。此外，在对额外市场的竞争过程中，两者的初始市场份额为 Y_T 和 Y_N，但由于先行者技术优势，它能够抢占对方一定的市场份额，记为 ΔY_*，其中的下标星号代指选择自主创新的产业。考虑到传统优势产业 T 与新兴产业 N 之间的市场竞争力可能存在差异，直接设定两者的市场竞争力来构建博弈模型分析得到的结论就会具有片面性。因此，本书根据传统优势产业 T 与新兴产业 N 之间市场竞争力关系的不同情形依次构建博弈模型，即可得出较为全面、准确的研究结论，从而深入揭示研发创新促进产业结构升级的内在机理。

情形 1：传统优势产业 T 与新兴产业 N 的市场竞争力无差异（相等）。

在这种情形下，两个代表性产业的市场份额相等，当它们各自具有技术优势地位时能获取的额外市场份额也相等，即 $Y_T=Y_N=Y$、$\Delta Y_T=\Delta Y_N=\Delta Y$。当传统优势产业 T 与新兴产业 N 在进行研发创新行为选择的博弈时，它们各自都有自主创新、模仿创新或被动吸收这两个策略可供选择，且采取相同的策略将得到相等的额外收益，而不同的策略选择将使双方的额外收益产生差异。基于此，得到不同产业研发创新行为选择博弈的支付矩阵，如表 5－1 所示。

表 5－1　研发创新行为不同选择下的博弈支付矩阵（市场竞争力无差异）

N \ T	积极：自主创新	消极：模仿创新或被动吸收
积极	$PY-C$，$PY-C$	$P(Y+\Delta Y)-C+C'$，$P(Y-\Delta Y)-C'$
消极	$P(Y-\Delta Y)-C'$，$P(Y+\Delta Y)-C+C'$	0，0

在表 5－1 中，当 $C \geqslant PY$ 时，$PY-C \leqslant 0$，任意产业对新技术开展研发创新都是无利可图的，这种情况下消极的研发创新形式成为所有产业的唯一选择，事实上，在实际的经济生产活动中，不能带来额外利润的研发创新是不会被任何企业选择的，因此，在本书后续研究中不考虑 $C \geqslant PY$ 的情况。

在 $C<PY$ 的前提下，当 $PY-C>P(Y-\Delta Y)-C'$，即 $P\Delta Y>C-C'$ 时，传统优势产业 T 与新兴产业 N 的最优研发形式都是自主创新；当 $P\Delta Y+C' \leqslant \frac{C}{2}$ 时，双方都希望自身采取消极研发策略的同时对方会选择自主创新，若两者采取对抗的姿态，最终双方都会选择消极策略，研发创新无法实现，若两者采取合作的姿态，则其最优选择为采取合作的形式进行研发创新并共享创新成果；当 $\frac{C}{2}<P\Delta Y+C' \leqslant C$ 时，（消极，积极）与（积极，消极）策略组合的收益均高于（积极，积极）这一策略组合的收益，且选择自主创新的产业获得的收益高于对方，此时双方都希望自身选择自主创新的同时对方能采取消极的研发策略，最终不约而同地采取了积极的研发策略，占有策略均衡为（积极，积极）。

情形 2：传统优势产业 T 的市场竞争力高于新兴产业 N。

在这种情形下，传统优势产业 T 的市场份额和具有技术优势地位时能获取的额外市场份额将高于新兴产业 N，即 $Y_T>Y_N$、$\Delta Y_T>\Delta Y_N$。此时不同产业研发创新行为选择博弈的支付矩阵如表 5－2 所示。

表 5－2　研发创新行为不同选择下的博弈支付矩阵（市场竞争力 T 高于 N）

N \ T	积极：自主创新	消极：模仿创新或被动吸收
积极	PY_N-C，PY_T-C	$R_{NN}-C+C'$，$R_{TN}-C'$
消极	$R_{NT}-C'$，$R_{TT}-C+C'$	0，0

在表 5－2 中，$R_{XX}=P(Y_X+\Delta Y_X)$ 和 $R_{XY}=P(Y_X-\Delta Y_Y)$ 都代表产业 X 的新产品总销售额，R_{XX} 代表的是 X 采取积极策略的情形，R_{XY} 代表的是 Y 采取积极策略

的情形；当 $X = T$ 时，$Y = N$；当 $X = N$ 时，$Y = T$。本部分同样不考虑 $C \geqslant PY$ 的情况。

在 $C < PY$ 的前提下，当 $\Delta Y_T < Y_N + \Delta Y_N$ 时，通过对比分析不难发现，在传统优势产业 T 利用自身市场竞争力优势而选择自主创新的形式开展研发活动时，其能够获取的额外利润高于消极策略。与此同时，处于市场竞争劣势地位的新兴产业 N 采用消极策略的额外利润更高，即 $P(Y_N + \Delta Y_N) < C - C' < P(Y_T + \Delta Y_T)$。此时双方博弈的占优策略均衡为（积极，消极），这样的研发创新形式将通过推动传统产业革新来促进产业结构升级。

情形 3：传统优势产业 T 的市场竞争力低于新兴产业 N。

当传统优势产业 T 的市场竞争力低于新兴产业 N 时，研发创新促进产业结构升级的路径与情形 2 类似，区别在于双方决策博弈的占优策略均衡是（消极，积极），且此时研发创新将通过推动地区主导产业由传统优势产业 T 向新兴产业 N 转变的形式来促进产业结构升级。

5.2.2 过程创新推动产业结构升级的内在机理

过程创新通过需求结构对产业结构升级产生拉动作用，创新会给原先的需求结构带来技术革新和新知识的需求压力，使得原先的需求结构不断被更新，升级生产需求，增加固定资产投资，促进产业结构升级。过程创新的不断增强将对经济发展产生显著的促进作用，于是企业的生产条件、人均收入水平等均有不同程度的提升和改善，原有的需求结构受到较大影响，不断产生新的需求压力，进一步导致需求结构发生变化，对产业结构的优化变动产生合理的拉动作用，实现产业结构升级。

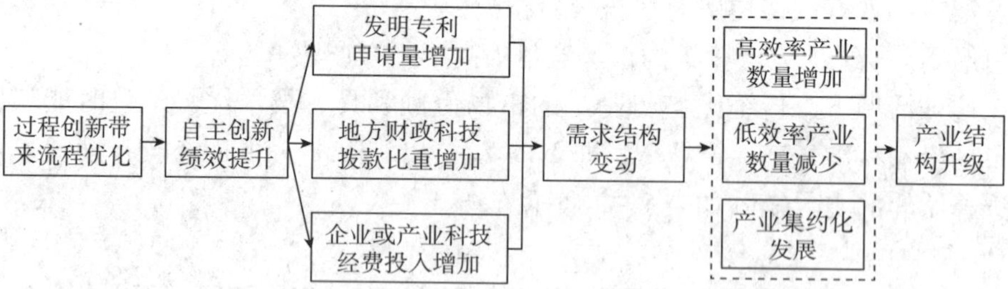

图 5-7　过程创新驱动产业结构升级的推动机制

由图 5-7 可见，对产业结构变化影响最为直接的是需求结构的变化和需求的变动，需求影响并决定一个产业的发展。过程创新对产业结构升级的作用通过需求结构的中介作用实现，即通过影响投资结构、个人的消费等作用于需求结构。自主研发对需求结构的变动产生促进作用，使得需求结构逐步成为拉动产业结构优化升级的关键力量。自主研发的先导性作用能够进一步加速需求结构的变动，最显著的作用效应是现如今人们对高科技产品的强烈需求。自主研发引致的技术进步使得需求结构发生惊人的改变，一旦技术进步促使生产技术等实现重大突破，新的需求也将进一步被激发，有利于产业结构升级。以数码产品为例，随着科学技术的迅猛发展，智能机和计算机等已经变成了大众化的产品，主要原因是技术进步带来了创新的变革，降低了产品的成本，更多的人愿意花钱去购买新兴的高科技产品，产业发展更加迅速，那么，数码行业就成为产业结构升级中的中坚力量。过程创新活动会通过带动某一产业部门的产品需求变动来影响关联产业的发展，最终变动产业结构，这一点可以通过电子产品的更新换代速度论证。新产品的产生一方面可以便利人们的生活，另一方面也可以激发产品生产者的研发激情，在现有产品上不断进行过程创新，实现产品的高技术化，促使高技术产业的增加，提升产业的生产效率，充分发挥人力资本等要素的积极效应，实现产业的集约化发展，最终促成产业结构升级。

生产与消费间的关系决定需求结构与产业结构间的关系。产业结构是需求结构的物质基础，产业结构的变化以需求结构的变化为基础。产业结构在一定程度上又被需求结构决定，消费者和市场的需求是生产的根本目的，于是生产的根本动力是需求，需求的变动直接关系生产的数量和方向，即需求结构的变动将拉动产业结构升级。只有很好地实现了产业结构与需求结构的完美契合，才能有效促进产业结构优化升级（祝婕，2007）[277]。需求结构的变化对产业结构升级又将产生较好的带动作用，即流行商品的销售会引领当期关联行业或自身行业的发展，如汽车的消费会带动石油化工行业、维修行业、保险行业、钢铁行业和物流行业等关联行业的发展。说明产业结构升级受需求结构的影响是最基本的，需求结构与产业结构升级相适应是提升产业效率、实现产业集聚的关键。

5.2.3 产品创新助力产业结构升级的内在机理

产品创新的形成需要区域内的产业通过集聚知识、技术、创新等要素进行新产品开发，而充分发挥企业间的合作创新优势有助于实现知识共享，提升企业或产业的创新效率。通过企业间合作创新的形式有助于高效促成区域内产业链和创新链的交互，实现资源高效合理的配置，促进关联企业和产业通过合作的形式实现创新互补，以研发合作的形式完成市场中新产品的生产，进而扩大市场需求，优化产业效率，实现产业结构升级。

假定区域内存在两家企业 m 和企业 n，它们的需求曲线均为线性，于是可得它们的反需求函数。

$$p_m = a - q_i - bq_n \qquad (5-13)$$

其中，p_m 为企业 m 的价格，q_n 为企业 n 的产量，a 为参数，b 为企业 m 对企业 n 的替代率。此外，假定企业 m 进行产品创新时投入的创新资源为 R_m，于是引致企业 m 产品成本下降 d_m。得到产品创新的边际收益递减函数如下：

$$R_m = \alpha_m d_m^2/2 \tag{5-14}$$

其中，如果 α_m 代表企业 m 的创新投入产出比，那么 $1/\alpha_m$ 表示企业 m 的产品创新能力。因此，当企业间进行合作创新时，企业 m 的单位生产成本函数如下：

$$C_m = C_{m0} - d_m - \beta_m d_n \tag{5-15}$$

其中，C_{m0} 为企业 m 在初期进行产品创新的单位成本（$C_{m0}>0$），d_n 为产品创新后企业 n 的单位成本下降，β_m 为产品创新合作过程中企业 m 的产品创新扩散系数（$\beta_m \in [-1, 1]$）。当政府对合作创新的政策支持是 G_m 时，可得如下企业 m 和企业 n 的合作创新绩效。

$$Pf_m = (p - C_m) q_m - R_m + G_m \tag{5-16}$$

于是，在产品市场中企业 m 和企业 n 在合作时将选择最优的产量进行生产，将式（5-13）、式（5-14）代入式（5-16）时，在合作创新的背景下，企业 m 参与企业间合作创新时得到如下合作创新绩效：

$$Pf_m = (a - q_m - bq_n - C_m) q_m - \alpha_m d_m^2/2 + G_m \tag{5-17}$$

求导得到如下企业 m 和企业 n 的均衡产量：

$$\begin{cases} q_m^* = \dfrac{(b-2)a + 2(C_{m0} - d_m - \beta_m d_n) - b(C_{n0} - d_n - \beta_n d_m)}{b^2 - 4} \\ q_n^* = \dfrac{(b-2)a + 2(C_{n0} - d_n - \beta_n d_m) - b(C_{m0} - d_m - \beta_m d_n)}{b^2 - 4} \end{cases} \tag{5-18}$$

于是，可分别得到企业 m 和企业 n 各自的产品绩效：

$$\begin{cases} Pf_m^* = \left[\dfrac{(b-2)a + 2(C_{m0} - d_m - \beta_m d_n) - b(C_{n0} - d_n - \beta_n d_m)}{b^2 - 4}\right]^2 - \dfrac{\alpha_m d_m^2}{2} + G_m \\ Pf_n^* = \left[\dfrac{(b-2)a + 2(C_{n0} - d_n - \beta_n d_m) - b(C_{m0} - d_m - \beta_m d_n)}{b^2 - 4}\right]^2 - \dfrac{\alpha_n d_n^2}{2} + G_n \end{cases} \tag{5-19}$$

由式（5-19）可见，当 a 和 b 既定不变时，α_m 降低说明企业 m 通过创新合作的形式降低其产品创新的投入产出比重，提升了企业 m 自身的产品创新效率。β_m 增大有助于促使企业通过创新合作获得更多的技术溢出。企业 m 和企业 n 同时增加企业间进行合作创新的投入有助于提升企业的产品创新合作绩效。G_m 和 G_n 的增加均有助于企业获得更多的政府政策支持，为企业赢得更优渥的产品创新环境。

由式（5-19）可见，当 a 和 b 均改变时，a 的增大有助于提升企业 m 和企业 n 的产品竞争力，扩大市场对产品的需求，提升产品的市场竞争力，以逐渐改变产业结构，实现产业结构升级。a 的减小有助于增强企业 m 和企业 n 的自身产品差异度和不可替代性，或促使企业生产出配套产品，有利于产业结构升级。

而当企业 m 选择开展单独的产品创新时，可得如下单位成本函数 C_m^s：

$$C_m^s = C_{m0} - d_m - \alpha d_n \tag{5-20}$$

其中，α 指当企业间不存在合作产品创新时，企业 m 从企业 n 处获取先进技术的创新扩散系数，同时企业 n 从企业 m 处获取先进技术的创新扩散系数也是 α，任何企业在不合作时获得彼此相同的技术扩散系数均相等（$\alpha \in [0, 1]$）。于是可得企业 m 分别进行技术创新的利润。

$$Pf_m = (a - q_m - bq_n - C_m^s)q_m - \alpha_m^s d_m^2/2 \tag{5-21}$$

其中，α_m^s 为企业 m 进行独立技术创新的技术创新投入产出比。于是，分别得出企业 m 和企业 n 在最优产量下的利润：

$$\begin{cases} Pf_m^s = \left[\dfrac{(b-2)a + 2(C_{m0} - d_m - \alpha d_n) - b(C_{n0} - d_n - \alpha d_m)}{b^2 - 4}\right]^2 - R_m^s \\ Pf_n^s = \left[\dfrac{(b-2)a + 2(C_{n0} - d_n - \alpha d_m) - b(C_{m0} - d_m - \alpha d_n)}{b^2 - 4}\right]^2 - R_n^s \end{cases} \tag{5-22}$$

其中，R_m^s 和 R_n^s 分别是企业 m 和企业 n 独立进行技术创新时各自投入的技术创新资源，于是企业 m 满足如下条件时才会参与合作技术创新：

$$\left[\frac{(b-2)a + 2C_m - bC_n}{b^2 - 4}\right]^2 - R_m + G_m > \left[\frac{(b-2)a + 2C_m^s - bC_n^s}{b^2 - 4}\right]^2 - R_m^s \tag{5-23}$$

因此，进行如下比较静态分析：

（1）假定 a 和 b 既定时，存在以下条件使式（5－23）成立。

1）当 $G_m > 0$ 时，说明企业之间实现合作的根本目的是得到更多的政策支持，以便企业与政府间的关系趋于良好；

2）当 $R_m < R_m^s$ 时，企业 m 和企业 n 的合作技术创新能有效降低企业 m 技术创新时的投入产出风险和比重，实现企业 m 技术创新效率的提升，即节约研发成本是企业间进行技术创新的根本动力。

（2）假定 a 和 b 既定时，对比式（5－15）和式（5－20）可知，当 $\beta_m > \alpha$ 时，企业 m 在与企业 n 进行合作时，能够获得更多技术创新下的知识溢出并进一步降低技术创新成本，更好地实现与企业 n 的技术合作互补，掌握新技术，开发新产品，进而影响需求结构，促进产业结构升级。

（3）假定 a 和 b 既定时，对比式（5－19）和式（5－22）可知，当 $b > 0$ 时，在 $\beta_m > \alpha$ 的情况下，企业 m 与企业 n 进行合作的主要目的是实现双方对更高技术溢出的共享，以提升两者产品的市场竞争力和技术含量。而在 $\beta_m < \alpha$ 的情况下，企业 m 与企业 n 进行合作主要是为了抑制企业 n 获得更高的技术溢出，即通过控制企业 n 的关键技术的形式与企业 n 进行技术竞争。

（4）若 a 和 b 不是既定不变时，在 $b^s > b$ 的情况下，则说明企业 m 认为通过合作技术创新能降低其对企业 n 的替代率，改变原先的技术创新竞争格局，提升各自产品的差异性并降低其可替代性。此外，企业间的技术创新合作能够通过技术互补的形式实现，共同研发出与企业存在高关联度的产品，改善需求结构，优化产业结构。在 $a^s < a$ 的情况下，从式（5－10）中可见，合作技术创新能进一步提升双方企业的产品价格，即通过合作实现互利共赢，这有助于加强企业产品的竞争力，扩

大市场的产品需求度。

综上，企业间的合作创新能实现企业间高效的知识溢出，并提升企业的产品创新能力，实现合作伙伴间的技术互补，充分发挥合作创新优势，实现技术溢出和新产品生产。企业在提升自身产品创新能力的同时也增强了企业的产品创新效率，提高了企业合作绩效，进一步促进了区域内产业的集聚，提升了协同竞争效率。在产品创新作用下，实现以提升协同竞争优势为目的的合作互补效应，最终推动产业结构升级。

5.3 区域创新动能推动产业结构升级的空间溢出效应

5.3.1 理论基础

随着创新理论的不断发展，学界对技术创新与经济发展关系的研究日益深入。余泳泽等（2013）[278]以内生技术能力假设条件（Mairesse 和 Sassenou，1991；Lööfa 和 Heshmatib，2002）[279-280]和创新价值链理论（Hansen 和 Birkinshaw，2007）[281]为基础，将创新划分为知识创新、科研创新和产品创新三个阶段，认为技术创新能力是地区经济增长的内生动力，由这三个阶段的要素投入 h、r、p 共同决定，其构建的技术创新能力内生化的生产模型如下：

$$F(X,\ I)=Ae^{\alpha t}X^{\beta}I(h,\ r,\ p) \tag{5-24}$$

其中，F 表示区域经济总产出，A 表示区域生产条件（外生常量），α 表示外生技术进步，X 表示要素投入，β 表示要素弹性，I（h，r，p）表示内生化处理后的技术创新，h、r、p 三者共同构成技术创新过程的投入。

本书借鉴其技术创新能力内生化的研究框架，建立包含普通和高级两个产业部门的经济增长模型，着重探究区域创新动能与产业结构升级之间的理论关联。其中，高级产业部门只生产具有高附加值的产品，其他产品由普通产业部门进行生产，两个产业部门的实际产出分别为 F_h 和 F_o。

区域创新动能是基于多重要素投入，以获取研发成果、实现新产品生产为目的的价值转移过程的本质属性，是推动产业结构升级的有效途径。本书认为，区域创新动能的变化贯穿于创新价值链与产品生产链融合的整个过程，能够同时影响研发创新、过程创新和产品创新这三个阶段的要素投入。基于此，提出假设 1。

假设 1：区域创新动能的提升能够同时强化地区创新价值链与产品生产链链式融合过程中研发创新、过程创新和产品创新三个阶段的要素投入，继而提升区域技术创新能力。

为了模型的简化处理，设地区创新能力与创新动能之间具有线性关系 $I=\lambda\times ITA$，其中，ITA 表示创新动能，其转换为实际创新能力的转换系数为 λ，设内生化后的创新动能产出弹性为 γ，则区域总产出为：

$$F=Ae^{\alpha t}X^{\beta}(\lambda\times ITA)^{\gamma} \tag{5-25}$$

在高级产业部门中，为保证产出都具有较高附加值，必须使该部门对创新动能的利用能力高于平均水平；反之，由于普通产业部门不具有高附加值产品的生产能力，其对创新动能的利用能力必然低于平均水平。据此可提出假设2。

假设2：高级产业部门对创新的转换系数和产出弹性（分别用 λ_h、γ_h 表示）高于地区平均水平，普通产业部门对创新的转换系数和产出弹性（分别用 λ_o、γ_o 表示）低于地区平均水平，即 $0<\lambda_o<\lambda<\lambda_h<1$，$0<\gamma_o<\gamma<\gamma_h<1$。

产业结构升级的最终目标是提高现有经济结构中的总产品附加值，因此，可将高级产业部门产出占地区经济总产出的比值作为产业结构升级 IS 的一个评价指标，即：

$$IS=F_h/F=\frac{A_h}{A}e^{\alpha t}\left(\frac{X_h}{X}\right)^{\beta}\frac{\lambda_h^{\gamma^h}}{\lambda^{\gamma}}(ITA)^{\gamma^h-\gamma} \tag{5-26}$$

设两个产业部门的生产要素投入分别为 X_h 和 X_o，对应的要素价格为 ω_h 和 ω_o，为了促进产业结构升级，地区经济中高级产业部门会愿意支付更高的要素价格以在要素竞争中获取优势，因此有 $\omega_h>\omega_o$；此外，在要素市场的长期均衡下，等式 $\omega_hX_h=\omega_oX_o$ 成立，又由于 $X=X_h+X_o$，从而有：

$$IS=F_h/F=\frac{A_h}{A}e^{\alpha t}\left(\frac{\omega_h}{\omega_o}+1\right)^{\beta}\frac{\lambda_h^{\gamma^h}}{\lambda^{\gamma}}(ITA)^{\gamma^h-\gamma} \tag{5-27}$$

经济集聚水平的提升会对区域经济、技术发展带来外部性红利，由于高级产业部门具有技术水平高、协同能力强的优势，在吸收经济集聚的外部性效应时能占据较大份额。因此，提出假设3。

假设3：经济集聚的外部性红利能够提升要素生产率、降低要素价格并强化创新动能（张丽华等，2011）[282]。设经济集聚对高级产业部门和普通产业部门的正向影响分别为 Δu_h 和 Δu_o，则 $\Delta u=\Delta u_h-\Delta u_o>0$。

在长期均衡下，经济集聚会带来要素获取能力、利用效率的提升，为简化研究，设经济的集聚效应均表现为简单的线性关系，设它对要素获取能力和利用效率的提升系数为 p，q，$0<p$，$q<1$，则有：

$$IS=F_h/F=\frac{A_h}{A}e^{\alpha t}\left(\frac{\omega_h}{\omega_o}+p\Delta u+1\right)^{\beta}\frac{\lambda_h{}^{\gamma^h}}{\lambda^{\gamma}}(ITA)^{\gamma^h-\gamma+q\Delta u} \tag{5-28}$$

在式（5-28）中，A 为外生变量，设 $A(h)=A_h/A$；α 表示外生技术进步；进行等价变换就能得到区域创新动能和产业结构升级之间在经济集聚背景下的理论关系式：

$$\ln IS = \ln A(h) + \alpha t + \beta \ln\left(\frac{\omega_h}{\omega_o} + p\Delta u + 1\right) + (\gamma^h - \gamma + q\Delta u)\ln\frac{\lambda_h^{\gamma^h}}{\lambda^{\gamma}} ITA \tag{5-29}$$

对式（5-29）进行等价变换，得到地区 i 产业结构升级的动力模型：

$$IS_i = A(h)e^{\alpha t}\left(\frac{\omega_h}{\omega_o} + p\Delta u_i + 1\right)^{\beta}\frac{\lambda_h^{\gamma^h}}{\lambda^{\gamma}}(ITA_i)^{\gamma^h - \gamma + q\Delta u_i} \tag{5-30}$$

上述分析过程中，并未考虑创新动能的空间效应。本书假设地区间创新动能的“冰山溢出成本”（即溢出损耗）为 η，$0<\eta<1$，在考虑技术扩散的情况下，式（5-30）可改写为：

$$IS_i = A(h)e^{\alpha t}\left(\frac{\omega_h}{\omega_o} + p\Delta u_i + 1\right)^{\beta}\frac{\lambda_h^{\gamma^h}}{\lambda^{\gamma}}[ITA_i + (1-\eta)ITA_j]^{\gamma^h - \gamma + q\Delta u_i} \tag{5-31}$$

其中 $j\neq i$，$(1-\eta)ITA_j$ 表示地区 j 的技术溢出被地区 i 吸收的部分，它能作用于地区 i 的产业结构升级。由式（5-31）不难得出：

$$\frac{\partial IS_i}{\partial ITA_j} = (\gamma^h - \gamma + q\Delta u_i)\times IS_i > 0;\quad \frac{\partial^2 IS_i}{\partial ITA_j \partial U_i} > 0 \tag{5-32}$$

基于上述分析，提出本书命题：当地区生产、创新的外在条件保持不变时，创新动能对产业结构升级具有显著的空间效应，此空间效应与地区高级产业部门对创新动能的产出弹性正相关，与地区经济对创新的平均产出弹性负相关；此外，这一空间效应能在经济集聚的作用下进一步强化，强化程度与经济集聚对要素利用效率的提升系数正相关。

5.3.2 实证模型设定与指标测算

5.3.2.1 模型设定

基于前文分析，区域创新动能的提升能够带来研发创新、过程创新与产品创新的效率增长，继而通过这三种形式的创新来推动产业结构升级。为了进一步验证区域创新动能对产业结构升级的促进作用、明确其内在效应的具体情况，本部分将构建空间计量模型实证检验区域创新动能对产业结构升级的作用。根据陶长琪和彭永樟（2017）[283]的研究，产业结构升级可以进一步分解为产业结构合理化与产业结构高级化这两个维度，其中产业结构合理化除了对产业间比例关系的协调程度及供需结构的适应程度有要求外，更注重当前的产业布局是否具有向结构与资源配置最优化进行帕累托改进的潜力（郑英隆，2001）[284]；产业结构高级化则表现为低效率产业比重不断降低和高效率产业比重不断增大的过程，是由低生产率、低技术含量、劳动密集型产业向高生产率、技术密集型和资本密集型产业演进的过程（闫海洲，2010；高远东等，2015）[285-286]。

为探究区域创新动能对产业结构合理化与产业结构高级化的促进作用，本书构建空间杜宾模型（Spatial Durbin Model，SDM）来进行实证检验（Lesage 和 Pace，2009）[287]，其一般形式如式（5-33）所示。

$$Y_{it} = c + \rho \sum_{i \neq j} w_{ij} Y_{it} + \beta X_{it} + \theta \sum_{i \neq j} w_{ij} X_{it} + \mu_i + \lambda_i + \varepsilon_{it} \tag{5-33}$$

在式（5－33）中，Y 为被解释变量，X 为解释变量（包括控制变量），w 为空间权重矩阵，ρ 为空间回归系数，β 和 θ 为待估计的常数回归参数向量。对空间杜宾模型设定假设约束条件可将空间杜宾模型简化成空间滞后模型或空间误差模型。考虑两个假设条件 H_0^A：$\theta = 0$ 和 H_0^B：$\theta = 0$。检验假设 H_0^A 可判断是否将空间杜宾模型简化为空间滞后模型，检验假设 H_0^B 可判断是否将空间杜宾模型简化为空间误差模型。

根据式（5－29）中区域创新动能推动产业结构升级的理论关系式，产业结构升级会受到创新动能及经济集聚程度的共同影响，因为经济集聚会促使要素集聚，进而提升创新研发及创新成果转化效率；信息技术的发展使得不同地区之间创新活动的关联性不再取决于地区的地理距离，地区经济的集聚状况是否趋同显得更为重要，因此，在研究创新动能对产业结构升级的空间效应时，应将经济集聚指标作为空间权重矩阵，具体做法是：采用地理集中度指数 R 来评价地区经济集聚程度，则基于经济集聚程度的空间权重矩阵 w 的元素为 $w_{ij} = \frac{1}{(1 + |R_i - R_j|)}$。结合式（5－33）中 SDM 模型的一般形式，本书将最终实证模型设定为：

$$\begin{aligned} \ln IS_{it} = {} & c + \rho \sum_{i \neq j} w_{ij} \ln IS_{it} + \beta_1 \ln ITA_{it} + \beta_2 \ln i_{it} + \beta_3 \ln tr_{it} + \beta_4 \ln fdi_{it} + \\ & \beta_5 \ln g_{it} + \theta_1 \sum_{i \neq j} w_{ij} \ln ITA_{it} + \theta_2 \sum_{i \neq j} w_{ij} \ln i_{it} + \theta_3 \sum_{i \neq j} w_{ij} \ln tr_{it} + \\ & \theta_4 \sum_{i \neq j} w_{ij} \ln fdi_{it} + \theta_5 \sum_{i \neq j} w_{ij} \ln g_{it} + \mu_i + \lambda_t + \varepsilon_{it} \end{aligned} \tag{5-34}$$

其中，被解释变量 IS_{it} 表示产业结构发展水平，可进一步分解为产业结构合理化与产业结构高级化两个维度；w_{ij} 表示空间权重矩阵；解释变量 ITA_{it} 表示区域创新动能；控制变量 i_{it}、tr_{it}、fdi_{it} 和 g_{it} 分别表示固定资产投资、国际贸易、外商直接投资和政府消费支出比重（武晓霞，2014）[288]。依次选用地区固定资产投资完成额、地区进出口总额、FDI、政府消费支出占 GDP 的比重来度量。

5.3.2.2 产业结构合理化与产业结构高级化的指标测算①

（1）产业结构合理化（RIS）。现有研究普遍认为，产业结构合理化包含了投入结构与产出结构两个层面的合理化，是对产业间要素配置结构与产出分布结构匹配程度的反映。在对产业结构合理化进行定量研究时，有些学者选择结构偏离度来进行度量（张大儒，2013；干春晖等，2011；程莉，2014）[289－291]；还有些学者利

① 注：本部分及后续实证研究中所用的数据均选自 2000～2015 年我国 30 个省市（除港、澳、台和西藏）各指标对应数据，个别指标存在少数年份数据缺失，数据缺失项用移动平均法补齐，并选择 1999 年作为基期，用其价格指数折算后得到不包含价格因素的中间数据。原始数据来源于《中国统计年鉴》、《中国金融统计年鉴》、《中国科技统计年鉴》、Wind 资讯数据库、EPS 数据库以及各省份相应统计年鉴，数据在实证前做了对数变换。

用 Hamming 贴近度的方法来测算产业结构合理化水平，此贴近度以国际产业标准结构为参照，能在一定程度上反映地区产业结构与国际先进地区产业结构的差距（田新民和韩端，2012；龚轶等，2015）[292-293]。这两种方法各有优劣，前者考虑了就业结构的合理状况，但该方法的默认条件是三次产业在社会经济中具有同等重要的地位，忽视了产业的差异性；后者以国际先进产业结构为参照标准，考虑了产业之间的差异性，但却忽视了就业结构的合理状况。在此情况下，陶长琪和彭永樟（2017）[283]综合上述两种方法的优势，提出了测算产业结构合理化的新方法，即在常规的 Hamming 贴近度模型中引入结构偏离度指标的思路，将其中三次产业的国际标准产出结构替换为当前时期目标地区的就业结构，既考虑了产业差异性，又兼顾了产业就业结构与产出结构的合理程度。其公式如下：

$$RIS = 1 - \frac{1}{3}\sum_{i=1}^{3} | S_i^y - S_i^l | \tag{5-35}$$

其中，$S_i^y = Y_i/Y$ 和 $S_i^l = L_i/L$ 分别代表区域产业结构中各产业的产值比重与就业比重。RIS 越大，表明现有产业产出结构与就业结构越贴近，经济体结构模式越合理。本书采用式（5－35）来测算产业结构合理化水平 RIS，将 2000～2015 年我国各地区三次产业的相关数据代入式（5－35），得到产业结构合理化的地区均值，如表 5－3 所示。

表 5－3　2000～2015 年我国东部、中部与西部地区的产业结构合理化平均水平

年份	东部均值	中部均值	西部均值	年份	东部均值	中部均值	西部均值
2000	0.813	0.764	0.722	2008	0.865	0.793	0.740
2001	0.818	0.757	0.722	2009	0.867	0.786	0.756
2002	0.829	0.762	0.732	2010	0.855	0.783	0.750
2003	0.835	0.763	0.734	2011	0.860	0.782	0.746
2004	0.840	0.765	0.736	2012	0.865	0.790	0.752
2005	0.845	0.763	0.743	2013	0.891	0.799	0.748
2006	0.850	0.779	0.753	2014	0.894	0.809	0.748
2007	0.861	0.782	0.752	2015	0.901	0.817	0.756

由表 5－3 可知，我国产业结构合理化在时间维度上稳步提升，且存在一定的阶段性。2000～2007 年，受益于积极的财政政策、西部大开发战略等一系列宏观规划，我国开始大力调整优化产业结构，合理化水平不断上升；2008～2010 年，我国产业结构合理化水平停滞不前甚至出现倒退，这是由于全球金融危机对我国经济带来冲击，抵消了 2007 年开始的强势发展趋势；2011 年后，金融危机的影响减

弱，我国产业结构合理化水平再次向前迈进。

此外，从表5－3产业结构合理化东部、中部、西部的对照可知，2000～2015年我国各地区产业结构合理化表现为逐年递增态势，东部各地区产业结构合理化水平最高，其均值为0.856，接下来依次是中部地区的0.782和西部地区的0.743，全国的平均水平为0.792，高于中、西部而低于东部，这表明我国中、西部产业结构合理化还存在较大的提升空间，尤其是西部地区，资源型产业比重过高，产业结构布局有待进一步改善。总体而言，我国产业结构合理化水平表现为东部高于西部、西部高于中部的格局。

（2）产业结构高级化（*AIS*）。在对产业结构高级化进行定量分析时，较为通用的方法是夹角余弦法（付凌晖，2010）[294]，本书在此基础上引入三次产业就业结构的数据，测算得到我国产业结构高级化的地区均值，如表5－4所示。

表5－4　2000～2015年我国东部、中部与西部地区的产业结构高级化平均水平

年份	东部地区	中部地区	西部地区	年份	东部地区	中部地区	西部地区
2000	6.055	5.646	5.540	2008	6.331	5.866	5.797
2001	6.063	5.668	5.577	2009	6.370	5.863	5.845
2002	6.090	5.702	5.627	2010	6.400	5.885	5.859
2003	6.119	5.720	5.667	2011	6.460	5.929	5.917
2004	6.161	5.744	5.694	2012	6.482	5.968	5.926
2005	6.189	5.766	5.724	2013	6.510	5.980	5.864
2006	6.231	5.780	5.745	2014	6.541	6.025	5.890
2007	6.287	5.815	5.809	2015	6.577	6.064	5.922

就区域维度而言，我国各地区产业结构高级化水平逐年提升，其中东部地区高级化水平最高，均值为6.309，高于全国平均水平（5.984），中、西部情况相当，分别为5.843和5.772，均低于全国平均水平；在东部沿海服务业大力发展、中部工业化进程深入、西部大开发战略成功实施的背景下，产业结构高级化水平仍呈现出东部高于中部、中部高于西部的格局。

5.3.3 空间相关性检验

5.3.3.1 全局空间自相关检验

利用2000～2015年我国30个省市的产业结构合理化和产业结构高级化的指标数据，计算得到两者的Moran's I及统计量，如表5－5所示。

表 5-5　2000~2015 年中国 30 个省市产业结构合理化与产业结构高级化的空间相关检验

年份	产业结构合理化 Moran's I 值	统计量 Z（I）	产业结构高级化 Moran's I 值	统计量 Z（I）
2000	0.297	2.883	0.217	2.084
2001	0.357	2.536	0.259	2.313
2002	0.455	2.855	0.203	2.705
2003	0.339	2.635	0.266	2.907
2004	0.365	2.883	0.235	2.669
2005	0.407	2.687	0.285	2.635
2006	0.324	2.505	0.324	2.147
2007	0.300	2.696	0.309	2.637
2008	0.326	2.612	0.255	2.945
2009	0.320	2.826	0.279	2.349
2010	0.326	2.638	0.258	2.098
2011	0.394	2.549	0.245	2.553
2012	0.337	2.577	0.275	2.240
2013	0.433	2.882	0.289	2.317
2014	0.393	2.497	0.312	2.845
2015	0.432	2.564	0.272	2.001

表 5-5 中，产业结构合理化的所有 Moran's I 指数以及大部分产业结构高级化的 Moran's I 指数在 5% 置信水平下都是显著的（统计量 Z 值大于 1.96），表明产业结构合理化、产业结构高级化在空间上具有显著的空间依赖性（正自相关关系）。也就是说，我国产业结构的合理化、高级化情况在空间上的分布并非是完全随机的，而是表现出具有相似产业结构发展水平的地区在空间上的趋于集聚。

5.3.3.2　*局部空间自相关检验*

局部空间自相关检验又称 LISA 检验，是利用局部 Moran's I 指数来检验局部地区是否存在集聚性。计算公式为：

$$\text{Moran's } I_i = \frac{(x_i - \bar{x})}{S^2}\sum_{j \neq i} w_{ij}(x_j - \bar{x}) \quad (5-36)$$

式（5-36）中，Moran's I_i 表示区域 i 与它相邻区域的空间关联程度。当 Moran's $I_i > 0$ 时表示区域之间渗透性强，局部存在溢出效应。当 Moran's $I_i < 0$ 时表示区域之间渗透性弱，局部不存在溢出效应。根据式（5-36）计算得到我国各省市 2015 年产业结构合理化、产业结构高级化的局部空间相关性。第一类区域的自

身产业结构合理化、高级化水平高，扩散力强，周边地区“两化”水平及扩散能力也强。这类地区包括北京、天津、河北、山东、江苏、浙江、上海和广东；对产业结构高级化而言，这类地区包括北京、江苏、浙江、上海、广东和海南。这几个省市处于环渤海经济圈和长三角经济带，产业结构合理化及高级化在空间上的扩散与渗透力强，对比而言，产业结构合理化局部空间相关性强于产业结构高级化。第二类区域的自身产业结构水平高，但是对周边地区的渗透和扩散较弱，没有带动周边的发展，对产业结构合理化而言，这类地区有吉林和四川，对产业结构高级化而言，这类地区有山西和湖南。第三类区域的自身产业结构合理化、高级化水平不高，但是得益于周边地区强有力的渗透、扩散作用，发展空间较大，对产业结构合理化而言，这类地区有海南和重庆，对产业结构高级化而言，这类地区有江西和河北。第四类区域的自身发展水平不高，自身和周边地区的渗透力都弱，溢出效应不显著。部分地区由于数据缺失，无法计算其局部空间指数。

5.3.4 实证与结果分析

经检验，创新动能与产业结构升级存在空间相关关系，因此，采用前文设定的空间杜宾模型进行实证分析。

5.3.4.1 创新动能对产业结构合理化的空间效应

为分析创新动能对产业结构合理化的空间效应，将模型中的产业结构水平设为 *RIS*，用 MATLAB R2013a 完成空间计量模型的分析。模型选用的效应为常系数固定效应（FE）。估计结果如表 5－6 所示。

表 5－6 区域创新动能推动产业结构合理化的 SDM 模型估计结果

	产业结构合理化 *RIS*			
	全国	东部地区	中部地区	西部地区
ln*ITA*	0.0406*** (6.96)	0.0365*** (3.35)	0.0633*** (3.21)	0.0298 (1.26)
ln*i*	−0.0341** (−2.66)	0.0478* (1.99)	−0.0388** (−2.54)	0.000172 (0.01)
ln*tr*	−0.0299*** (−3.41)	−0.00224 (−0.24)	0.0128 (0.49)	−0.00777 (−0.49)
ln*fdi*	0.0131** (2.71)	0.0341* (2.28)	0.0724*** (6.94)	0.00362 (0.49)
ln*g*	0.0269*** (4.53)	0.0327*** (4.14)	0.0253 (0.43)	0.0311*** (4.96)
W×ln*ITA*	0.742*** (4.95)	0.222* (2.22)	0.449* (2.39)	0.301 (1.34)

续表

	产业结构合理化 *RIS*			
	全国	东部地区	中部地区	西部地区
$W\times\ln i$	-0.602 (-1.86)	0.328 (1.37)	-0.218 (-0.91)	0.342 (1.20)
$W\times\ln tr$	-0.0923 (-0.46)	-0.0478 (-0.52)	0.0802 (0.48)	-0.0604 (-0.39)
$W\times\ln fdi$	0.284* (2.34)	0.346** (2.75)	0.426*** (6.28)	0.0494 (0.73)
$W\times\ln g$	-0.454 (-0.59)	-0.419 (-0.80)	-0.157 (-0.41)	2.973*** (5.09)
ρ	-5.849*** (-7.14)	-3.974*** (-9.68)	-3.602*** (-11.44)	-5.009*** (-13.18)
R^2	0.853	0.762	0.786	0.694

注：括号内为t值，*、**、***分别表示在10%、5%及1%水平下显著。

从全局看，首先，在1%和5%的显著性水平下，各变量对产业结构合理化均有显著影响。其中，国内投资及国际贸易对我国产业结构合理化的发展起阻碍作用，这与我国一直以来“以市场换技术”的政策有关，更重要的是，在开放的贸易环境下，国内企业面对发达国家企业时处于比较劣势，大量国内市场被发达国家企业占据，从而导致大量产业处于产业链的低端位置，且市场对国内投资的引导也因此发生结构性偏差，产业建设及资金流向均与合理的结构相悖，从而限制了我国产业结构的合理化发展。其次，创新动能、外商直接投资和政府消费支出的系数显著为正，共同构成了产业结构合理化发展的核心动力，产业结构合理化对这三个变量的增长弹性依次为0.0406、0.0131和0.0269，外商直接投资和政府消费支出有助于从宏观上引导产业结构向更为正确合理的方向调整，创新动能作为促进产业结构合理化发展的关键因素，则通过改良产业运作模式、提升产业全要素生产率、催生高效新兴产业等具体方面来驱动产业的合理化发展。最后，经济的集聚效应在化解国内投资及国际贸易对产业结构合理化的负面影响、取代政府消费支出作用的同时，也激发了创新动能对产业结构合理化的空间溢出效应，使其影响系数大幅提升。经济的集聚不仅意味着产业间及产业内各部门之间的集聚，它还能带来各生产要素在空间上的集聚，促使知识、科研设备、科研人才、科研成果等创新价值链的各方面深化交流合作，得益于此，知识、技术、创新研发成果的空间溢出与渗透效应在经济集聚背景下得到显著强化，产业结构合理化发展从中受益良多。

从区域层面看，东部地区在产业结构合理化的建设过程中既充分发掘了创新动能、外商直接投资和政府消费支出的积极作用，也成功规避了国际贸易的负面影响，同时，由于其产业的合理化发展已经处于较高水平，市场对国内投资的引导得到修正，国内市场投资对产业结构合理化开始发挥正向积极作用；中部地区产业结构合理化对创新动能的增长弹性最大，表明其正处于高速发展阶段，期间需加强对负面影响的规避；西部地区除了政府消费支出外，其他变量对产业结构合理化的影响均不显著，这表明西部地区产业结构的合理化发展主要依赖政府的调控，没能发挥经济集聚下创新动能对产业结构升级的空间效应。实证结果表明，我国东部地区产业结构合理化处于较高水平、中部地区处于高速发展阶段，西部地区产业结构合理化水平低，这与前文的测算结果是一致的。

根据SDM模型的估计结果，本书进一步测算了经济集聚下创新动能对产业结构合理化的空间效应，结果如表5-7所示。

表5-7 区域创新动能对产业结构合理化的空间效应

	全国	东部地区	中部地区	西部地区
直接效应	0.0203 *** (5.03)	0.0250 *** (4.66)	0.00556 (0.61)	0.000277 (0.03)
间接效应	0.0945 *** (3.92)	0.0265 (1.28)	0.106 * (2.45)	0.0539 (1.34)
总效应	0.115 *** (4.80)	0.0515 * (2.37)	0.111 * (2.25)	0.0542 (1.31)

注：括号内为t值，*、**、***分别表示在10%、5%及1%水平下显著。

就全国范围而言，经济集聚下创新动能对产业结构合理化具有显著为正的空间效应，其中直接效应为0.0203，间接效应为0.0945，间接效应是直接效应的4倍，这表明经济集聚对创新动能与产业结构合理化之间的空间效应具有重要的影响。就地区而言，东部地区集聚已经成熟，技术对产业结构合理化的间接效应不再显著，技术的直接效应显著，这提示我们在东部地区要坚持以创新来指导产业结构合理化发展；中部地区则表现为间接效应显著，提升中部地区产业结构合理化的有效途径是加强集聚经济区的建设；西部地区空间效应不显著，在发展西部产业时既要注重集聚经济的建设，又要坚持创新动能，发挥东、中部地区的先动优势，带动西部地区协同发展。

5.3.4.2 创新动能对产业结构高级化的空间效应

为分析创新动能对产业结构高级化的空间效应，将模型（5-34）中的产业结构水平 *IS* 设为 *AIS*，估计结果如表5-8所示。

表 5-8 区域创新动能推动产业结构高级化的 SDM 模型估计结果

	产业结构高级化 *AIS*			
	全国	东部地区	中部地区	西部地区
ln*ITA*	0.0362 ** (2.61)	0.0524 * (2.14)	0.0480 ** (3.21)	0.0424 * (2.48)
ln*i*	-0.00135 (-0.04)	0.148 ** (2.74)	0.00328 (0.04)	-0.0913 (-1.01)
ln*tr*	-0.0409 (-1.94)	0.0836 *** (3.92)	0.304 *** (5.69)	-0.00808 (-0.18)
ln*fdi*	0.0397 *** (3.42)	0.0658 (1.94)	-0.00198 (-0.10)	0.00354 (0.17)
ln*g*	-0.0397 (-0.52)	0.184 (1.04)	-0.0800 (-0.67)	-0.224 (-1.24)
W×ln*ITA*	0.917 ** (2.61)	0.701 ** (3.11)	0.320 ** (3.28)	0.424 ** (2.62)
W×ln*i*	-0.510 (-0.67)	1.238 * (2.30)	-0.140 (-0.28)	-1.350 (-1.65)
W×ln*tr*	-1.364 * (-2.50)	0.542 ** (2.61)	1.862 *** (5.48)	-0.0799 (-0.18)
W×ln*fdi*	0.987 *** (3.41)	0.721 * (2.49)	-0.0375 (-0.28)	0.0236 (0.12)
W×ln*g*	-1.207 (-0.65)	-0.135 (-0.08)	-0.0846 (-0.11)	-1.478 (-0.88)
ρ	-7.261 *** (-8.92)	-4.262 *** (-10.24)	-4.219 *** (-16.25)	-4.785 *** (-11.47)
R^2	0.843	0.804	0.765	0.732

注：括号内为 t 值，*、**、*** 分别表示在 10%、5% 及 1% 水平下显著。

先看全国，首先，国内投资及国际贸易的估计系数仍表现为负向，但在统计上不再显著，这表明全球贸易开放带来的低端产业链和结构偏离对产业结构的影响并未涉及高级化的内容，就全国的平均水平而言，国内投资及国际贸易对产业结构的高级化并无显著影响。其次，创新动能、外商直接投资也是产业结构高级化发展的核心动力，产业结构高级化对它们的增长弹性依次为 0.0362、0.0397，外商直接投资倾向于服务化产业，这能显著提升产业结构的高级化水平，创新动能高的行业多为服务业内部行业，且其同样能通过前述产业模式、生产率、新兴产业等具体方面促进产业结构高级化，政府近年来提倡发展制造业，而制造业多为第二产业，且又包含一些新兴的服务化行业，这导致政府消费支出对产业结构高级化影响不显著。最后，与产业结构合理化的情况类似，经济集聚同样能显著强化创新动能对产业结构高级化的影响。

从区域层面看，创新动能、投资、国际贸易等都是东部地区产业结构高级化的驱动因素；而中部地区产业结构高级化则受到创新动能和国际贸易的推动；在经济集聚的条件下，西部地区产业结构高级化能享受到创新动能的外溢助力。总体来看，经济集聚下创新动能对我国产业结构高级化的促进作用也表现为东部大于中部、中部大于西部的格局。

经济集聚下创新动能对产业结构高级化的空间效应如表 5-9 所示。

表 5-9 区域创新动能对产业结构高级化的空间效应

	全国	东部地区	中部地区	西部地区
直接效应	0.00656* (1.98)	-0.0247 (-1.94)	0.00625 (1.29)	0.00169 (0.27)
间接效应	0.109* (2.27)	0.168*** (3.58)	0.0637*** (3.31)	0.0758** (2.64)
总效应	0.116** (2.55)	0.143** (2.91)	0.0700*** (3.29)	0.0802** (2.58)

注：括号内为 t 值，*、**、*** 分别表示在 10%、5% 及 1% 水平下显著。

经济集聚的背景下，创新动能对产业结构高级化的空间效应有一个明显的特征，不论是全国还是东部、中部、西部地区，都表现为间接效应接近总效应，直接效应不显著或者是在 10% 的显著性水平下显著，哪怕是显著的情况，其直接效应也很小，这说明经济集聚是促进创新动能对产业结构高级化空间效应的最主要动因，离开了经济集聚，创新对产业结构高级化的空间效应就难以为继。

5.3.4.3 内生性检验

在上述 SDM 模型的估计过程中，双向或逆向因果关系的存在会导致模型产生内生性问题，由于创新动能与产业结构升级之间存在双向因果关系，需要进行内生性检验。系统 GMM 估计法是内生性检验常用的方法，它将内生解释变量的差分滞后项设为工具变量，能够较好地解决模型估计的有偏及不一致问题，且能够克服一阶差分 GMM 的弱变量问题（Arellano 和 Bover，1995；Blundell 和 Bond，1998）[295-296]。因此，本书采用系统 GMM 估计法进行模型内生性检验，检验结果如表 5-10 和表 5-11 所示。

表 5-10 产业结构合理化模型的内生性检验

	产业结构合理化 *RIS*			
	全国	东部地区	中部地区	西部地区
RIS	0.642*** (16.71)	0.750*** (12.22)	0.617*** (9.75)	0.642*** (11.00)
ln*ITA*	0.0204*** (4.02)	0.0312** (2.83)	0.0719** (3.16)	0.0233 (1.09)
ln*i*	-0.0317*** (-3.83)	0.0278 (1.75)	-0.0363 (-1.27)	-0.0338** (-2.62)
ln*tr*	-0.0338*** (-3.82)	-0.00160 (-0.13)	-0.0122 (-0.77)	-0.0282 (-0.53)
ln*fdi*	0.00640 (1.57)	0.0372* (2.39)	0.0622*** (5.09)	0.00754 (1.34)
ln*g*	-0.0102 (-2.38)	0.197** (3.25)	0.102 (1.44)	0.126** (2.82)
AR(2)	0.149	0.125	0.138	0.068
Sargan	0.695	0.523	0.233	0.148

注：括号内为t值，*、**、***分别表示在10%、5%及1%水平下显著。

表 5-11 产业结构高级化模型的内生性检验

	产业结构高级化 *AIS*			
	全国	东部地区	中部地区	西部地区
RIS	0.593*** (15.46)	0.869*** (17.70)	0.669*** (11.96)	0.674*** (13.69)
ln*ITA*	0.0312*** (4.85)	0.0438** (3.29)	0.0327* (1.97)	0.0384** (3.22)
ln*i*	-0.0699** (-3.13)	0.0426* (2.01)	0.275** (3.14)	0.0198 (0.38)
ln*tr*	-0.0208 (-1.46)	0.0763*** (3.98)	0.0536** (3.07)	-0.0453 (-1.39)
ln*fdi*	0.0148* (2.49)	0.0925*** (4.32)	0.0159 (0.57)	0.0145 (0.48)
ln*g*	-0.175* (-2.09)	-0.145 (-1.22)	-0.252 (-1.10)	0.185 (0.39)
AR(2)	0.183	0.176	0.137	0.065
Sargan	0.537	0.362	0.316	0.278

注：括号内为t值，*、**、***分别表示在10%、5%及1%水平下显著。

表 5 - 10 和表 5 - 11 的结果表明，各个模型的工具变量均通过了 Sargan 检验，说明工具变量是有效的。此外，系统 GMM 估计得到系数与表 5 - 6 和表5 - 8各变量系数方向一致，进一步验证了区域创新动能是影响产业结构合理化、高级化发展的关键因素，创新动能是产业发展的关键驱动力。

5.3.4.4 稳健性检验

本书采用在原有模型的基础上增加控制变量的方法来检验上述 SDM 模型的稳健性，增加的控制变量为个体消费（居民消费），检验结果如表 5 - 12 和表 5 - 13 所示。

表 5 - 12　产业结构合理化模型的稳健性检验

	产业结构合理化 *RIS*			
	全国	东部地区	中部地区	西部地区
ln*ITA*	0.0250** (3.28)	0.0315** (2.76)	0.0831** (2.93)	0.0279 (1.18)
ln*i*	-0.0457*** (-3.34)	0.0299 (1.06)	-0.0409 (-1.18)	-0.0336 (-0.94)
ln*tr*	-0.0395*** (-4.28)	-0.00188 (-0.18)	-0.0180 (-0.70)	-0.0254 (-1.37)
ln*fdi*	0.00523 (0.97)	0.0334* (2.27)	0.0478*** (4.06)	0.00770 (1.00)
ln*g*	-0.0224 (-0.66)	0.329*** (4.27)	-0.116 (-1.72)	0.288*** (4.53)
ln*rc*	0.0742* (2.38)	-0.000537 (-0.01)	0.161*** (3.71)	0.142 (1.87)
W × ln*ITA*	0.274 (1.40)	0.220* (2.17)	0.582** (3.13)	0.289 (1.29)
W × ln*i*	-1.158*** (-3.37)	0.214 (0.80)	-0.256 (-1.14)	-0.000901 (-0.00)
W × ln*tr*	-1.136*** (-4.81)	-0.0468 (-0.49)	-0.102 (-0.62)	-0.224 (-1.25)
W × ln*fdi*	0.0853 (0.64)	0.344** (2.77)	0.280*** (3.69)	0.0843 (1.21)
W × ln*g*	-1.886* (-2.24)	2.992*** (4.12)	-1.021* (-2.36)	2.810*** (4.74)
W × ln*rc*	3.104*** (3.91)	-0.452 (-0.87)	1.192*** (3.98)	1.373* (2.02)

续表

	产业结构合理化 *RIS*			
	全国	东部地区	中部地区	西部地区
ρ	-5.849*** (-7.14)	-3.974*** (-9.68)	-3.602*** (-11.44)	-5.009*** (-13.18)
R^2	0.871	0.862	0.796	0.725

注：括号内为t值，*、**、***分别表示在10%、5%及1%水平下显著。

表 5-13 产业结构高级化模型的稳健性检验

	产业结构高级化 *AIS*			
	全国	东部地区	中部地区	西部地区
ln*ITA*	0.0846*** (4.57)	0.0901*** (3.73)	0.0517** (3.20)	0.0439* (2.55)
ln*i*	-0.0667* (-2.02)	-0.00249 (-0.04)	-0.0000378 (-0.00)	-0.0128 (-0.12)
ln*tr*	-0.0755*** (-3.35)	0.0432* (1.97)	0.326*** (5.70)	0.0320 (0.59)
ln*fdi*	0.0162 (1.24)	0.0832** (2.62)	0.0124 (0.49)	0.0124 (0.56)
ln*g*	-0.184* (-2.22)	0.210 (1.29)	0.0167 (0.11)	-0.266 (-1.42)
ln*rc*	0.370*** (4.89)	0.498*** (4.15)	-0.131 (-1.37)	-0.336 (-1.48)
W×ln*ITA*	1.831*** (3.91)	0.947*** (4.36)	0.336** (3.22)	0.459** (2.81)
W×lni	-1.226 (-1.48)	-0.0119 (-0.02)	-0.0709 (-0.14)	-0.245 (-0.26)
W×ln*tr*	-2.202*** (-3.83)	0.252 (1.23)	1.988*** (5.51)	0.258 (0.49)
W×ln*fdi*	0.443 (1.37)	0.846** (3.12)	0.0317 (0.19)	0.101 (0.50)
W×ln*g*	-3.466 (-1.69)	0.354 (0.23)	0.702 (0.73)	-1.495 (-0.86)
W×ln*rc*	4.758* (2.44)	4.017*** (3.63)	-1.528* (-2.28)	-4.234* (-2.06)

续表

	产业结构高级化 *AIS*			
	全国	东部地区	中部地区	西部地区
ρ	−6.817*** (−7.58)	−4.472*** (−11.21)	−4.100*** (−14.85)	−4.543*** (−10.40)
R^2	0.876	0.813	0.742	0.719

注：括号内为t值，*、**、*** 分别表示在10%、5%及1%水平下显著。

对照表5－6与表5－12、表5－8与表5－13可知，在分别以产业结构合理化和高级化作为被解释变量时，各解释变量、解释变量与空间权重矩阵的交互项、控制变量及其空间交互项的估计系数在方向与显著性上几乎没有改变，创新动能对产业结构“两化”的正向空间效应显著且稳定，由此可知本书关于经济集聚下创新动能对产业结构升级空间效应的实证结果是稳健的。

5.4 本章小结

本章首先从创新价值链和产品生产链链式融合的视角解析了区域创新动能对产业结构升级的内在作用机理，发现产品生产过程中研发创新、过程创新和产品创新效率的外溢有助于改善企业的创新价值链和产品生产链的运作，保障创新价值链和产品生产链的高效融合，继而改善生产要素的配置方式，研发高附加值的产品，促进传统产业的高技术改造，最终促成产业结构升级；其次构建基于经济集聚度的空间权重矩阵，实证检验了创新动能推动产业结构升级的空间效应，发现创新动能和外商直接投资是驱动产业结构升级的核心要素，经济活动的集聚会强化创新动能对产业结构升级的空间效应。

6　水平式知识溢出下技术嵌入式创新驱动产业结构协调化的空间效应

上述章节已细致分析了区域技术创新驱动产业结构优化升级三条主线的相关概念和作用路径。本章探究在水平式知识溢出阶段，知识和技术由创新链嵌入产业链的前端、中端和末端，促成产业结构的合理配置以及产业比例关系趋于协调，最终加速产业结构协调化这条主线。

6.1　技术嵌入式创新驱动产业结构协调化的机理分析

6.1.1　嵌入式创新与经济增长

6.1.1.1　嵌入式创新的内涵

本书的嵌入式创新通过创新链嵌入产业链的方式发挥作用，嵌入式创新的本来目的是通过变动自身所处的环境，时刻满足市场持续变动的要求。嵌入式创新不仅局限于事物规模的扩张，事物结构的优化及其内在质量的提升才是其本质所在。嵌入式技术创新在要求增加嵌入式产品数量的同时，更要求其科技含量的提升和嵌入式创新条件下系统结构的优化。包含两方面的内容：第一，实现工艺技术装备上的创新，嵌入式创新既能够支持新产品的开发，又能保障产品的质量、实现劳动生产率的提升和生产成本的降低；第二，实现产品的创新，通过嵌入式创新来提高传统产品的技术含量，实现产品的高附加值化，并顺应消费者和市场的需求，同时为企业带来可观的超额利润。

科技进步是当今各国普遍关注的焦点，嵌入式创新更是得到众多国家的重视，依靠科技的力量推进本国的社会进步和经济发展是今后的技术展望。嵌入式技术被广泛应用于经济社会的各个领域，在信息产业的应用最频繁，主要被用于嵌入式软硬件的开发。之后是消费电子领域，日本借助嵌入式技术下的数码相机、照相手机和 DVD 录放机推动其经济的迅猛发展。很多企业均以技术创新为主体，加速推进了嵌入式技术的产业化过程，近年来，我国的高新技术产业如雨后春笋般涌现，其发展也遵循以企业技术创新为主体，逐渐增加企业的研发投入，以市场为导向，促进中小企业陆续形成以产业为配套主体的企业集群，实现高技术创新成果产业化。1997 年亚洲的金融危机向全世界昭告，人口和环境的限制导致自 18 世纪以来我国的传统经济陷入了不可持续发展的境地，而新兴的嵌入式技术创新将引领一个新的可持续发展经济，即嵌入式经济。此类新兴经济形式的特点包括有效信息的不可磨灭性和可再生性，是对传统经济的一个良好突破，同时也是其可持续发展的保障。

6.1.1.2 嵌入式创新与经济增长的关系

由以上分析可见，嵌入式创新将对经济增长产生显著的促进作用。本书探究当创新链嵌入产业链时，技术创新要素和知识的嵌入对经济增长的影响效应（邢涛，2007）[297]。假定经济产出是资本 K、劳动 L 和技术创新要素 T 的线性函数，生产函数形式如下：

$$Y = Q(K, L, T, t) \tag{6-1}$$

于是，得到如式（6－2）所示经济增长的函数关系式。由式（6－2）可见，经济增长由资本加成、劳动加成和技术创新要素加成构成。

$$\frac{K\frac{\partial Q}{\partial K}}{Q} + \frac{L\frac{\partial Q}{\partial L}}{Q} + \frac{T\frac{\partial Q}{\partial T}}{Q} = 1 \tag{6-2}$$

对式（6－1）两边同时除以 T，得式（6－3）。

$$y = \frac{Y}{T} = \frac{Q(K, L, T, t)}{T} = \frac{TQ(K/T, L/T, 1, t)}{T} = g(\bar{t}, t) \tag{6-3}$$

其中，y 是人均产出，$\bar{t}$ 表示人均的技术创新要素加成的增量，同样可得式（6－4）技术创新要素加成在总产出中的占比。

$$\frac{T\frac{\partial Q}{\partial T}}{Q} = \frac{\bar{t}\frac{\partial g(\bar{t}, t)}{\partial \bar{t}}}{g(\bar{t}, t)} \tag{6-4}$$

由式（6－4）可见，嵌入式技术创新的成果随着 t 的变化而变化。同理，可得知识要素嵌入情形下的生产函数变动情况。嵌入式技术创新是一项集资金、智力和技术为一体的新兴创新形式，其能够通过信息的扩散渗透影响经济社会的各个领域，凭借其高效益、高增值的优势产生巨大的社会和经济效益（黄中伟、陈刚，2003；伦蕊，2005；张立柱，2007）[298－300]。

6.1.2 经济增长中的产业结构协调化

6.1.2.1 产业结构协调化的内涵

各个学者对产业结构协调化的理解各不相同，因此给出了各种差别化的定义。通过对现有文献的梳理和归纳，本书认为可从结构动态均衡理论、自组织能力、资源配置论、结构协调论和结构效应论五个方面阐释产业结构协调化的理论。

（1）结构动态均衡理论。此类产业结构协调化的定义侧重于分析产业素质和结构的均衡性，将动态性引入产业结构协调化的讨论。苏东水（2001）[301]指出产业结构合理化是产业间关联水平和协商能力的提升，表现为一个动态过程。Chen等（2001）[302]认为，产业结构合理化即对初始不理想的产业结构进行对应变量的调整，通过分析变动趋势判定其合理性。田新民和韩端（2012）[303]指出，产业结构合理化是将长久以来存在结构扭曲的累积状态纠正过来，实现产业结构的良性稳定发展，促进产业间资源的有效利用和合理配置，实现产业素质的提升和产业结构的动态均衡。干春晖等（2011）[304]和傅元海等（2014）[305]均认为，结构偏离度是反映产业结构合理化的一个确切变量，通过资本和劳动的充分流动实现生产要素的最优配置，最终达到动态结构均衡状态。

（2）自组织能力。此类产业结构协调化的定义认为产业结构协调化理论是随着研究的发展不断进步和深入的，学术界认为产业结构是一个开放与有机相结合的系统，该系统遵循渐近动态的发展进程，是无限逼近协调和均衡状态的系统演变结果。彭冲等（2013）[307]认为产业结构合理化是在结构变迁中不断曲折向前的，表现出阶段性特征。焦勇（2015）[308]认为产业结构合理化更多是资源投入产出形成的产业间耦合性和协调性的统一，是产业内部有序度促成产业结构合理化的自组织结构。

（3）资源配置论。此类定义认为产业结构协调化指产业的资源配置和利用的合理程度，此时的产业结构发挥了资源转换器的作用。苏方林和黎文勇（2015）[309]指出，通过重新调整不合理的产业结构，以合理配置生产要素是产业结构协调化发展的关键。关雪凌和丁振辉（2012）[310]认为，产业投入产出间的耦合以及产业间协调引致的资源合理利用是产业结构协调化的实质。

资源配置的合理性与产业结构协调化不谋而合，但学术界并没有将其进一步明确化，没有形成统一的产业结构资源利用等问题的官方解决方式，使对该问题的实证方法长期缺失。

（4）结构协调论。此类产业结构协调化的定义即把产业结构协调化置于中心位置，认为合理与协调是相互等价的。刘嘉毅等（2014）[311]认为，提高产业之间的关联水平和协调能力是产业结构合理化所表现出的典型的动态过程。韩永辉等（2015）[312]同样认为产业间关系的协调程度和比例的均衡性是产业结构协调化的根本。齐亚伟和刘丹（2014）[313]认为产业间的协调发展程度是产业结构合理化的首要决定因素。

从产出的角度分析产业结构协调化有利也有弊，其能较为清晰地反映各类产品或各部门间的联系，是分析综合均衡的有用工具。但一般而言，在进行产业结构合理化分析时，都假定产业间的比例处于协调均衡的状态，一旦处于非均衡的条件下，产业结构合理化中关于技术创新产业带动并促进产业结构协调化的现象就不成立。此外，投入产出模型大多情况下都是由指数模型取对数转换成线性模型的，这与实际情况中的产业结构变化情形不符。

（5）结构效应论。此类产业结构协调化的定义认为产业结构功能强弱是考察产业结构是否协调的首要指标。何平等（2014）[306]认为，产业结构的内在表现更应该受到重视。

此理论则阐释了产业结构合理化是在变动着的产业状态间达到的资源等的最优比例组合，体现了一个动态的思想，这与现实的投入产出经济体制较为相符，因此选择此理论进行分析能够较准确地衡量产业间的协调能力、产业素质以及产业结构的动态均衡状态。

6.1.2.2 产业结构协调化对经济增长的影响

经济系统中的产业由众多的门类和层次构成，一般被称为产业经济系统，产业结构则是产业经济系统中的内部构成。对于产业相关的经济理论研究中，技术经济联系、各产业间的比例和组合关系共同构成产业结构，产业结构协调化一般指产业间的比例关系趋于协调。产业结构在我国的国民经济中占据极为重要的位置，是构成社会总供需的关键部分。那么，实现产业结构的协调发展将有助于我国国民经济和产业经济系统的健康稳健发展。

满足社会市场的需求是产业生产活动的主要目的，其基本准则是实现产业供给与需求相适应。社会经济市场的需求结构会随着经济总量的发展而不断变化，那么在正常的需求变动范围内，产业的供给需要较强的适应性和应变能力以实现产业结构的合理化。若一个产业不能对需求的合理变动做出反应，即其无法通过自身的变动调整来顺应新的需求变动，长此以往就会造成市场供需不平衡，那么该条件下的产业结构是不合理的。

以产业结构变动为中心的增长是现代经济增长的实质，产业结构的变动与经济增长息息相关，这是国家工业化进程中的关键点，其伴随着经济的发展并持续变动，那么，产业结构变动与经济增长间存在密不可分的内在关系。产业结构变动与经济增长是相辅相成的，产业结构的变动会促进经济的增长与发展，增加经济总量，而经济的增长与发展又会反作用于产业结构调整。于是，产业结构调整与经济增长间存在相互作用的交互依赖关系。

产业结构的状态会对经济增长产生显著的影响，产业结构协调化程度越高越能有效地促进经济增长，而失衡的产业结构将对经济发展产生干扰甚至阻碍的现象。所以，产业结构协调化是经济进一步发展的前提条件和基础，产业结构协调化有助于经济向更高的水平发展进步。综上，产业结构的变动轨迹必须与经济发展状况相适应，这是一个动态的均衡状态。当一方的经济发展到一定程度时，产业结构和经济发展之间原有的平衡关系将被打破，将促成产业结构的改变与调整，以重新适应新兴状态下的经济发展水平，直到两者达成新的平衡。这也进一步说明了产业结构多次的合理变动是促成经济快速发展的必要条件。而产业结构变动趋势和变动方式的不同也会给经济发展带来不同的变动规律，导致经济出现不同的增速；反之，不同增长速度条件下的经济又会对产业结构的比例产生不同的要求，从而推进产业结构的进一步变动，实现新环境下的产业结构协调化。综上形成了产业结构协调化与经济增长间的辩证关系。

总体而言，产业结构协调化能促成各产业部门间资源的转移，以提升资源的使用效率，促进经济增长，即协调化的产业结构能带动经济的有效增长，而经济的快速增长也会推进产业结构协调化。可通过经济增长与产业结构协调化间的关系来体现，如图 6－1 所示。

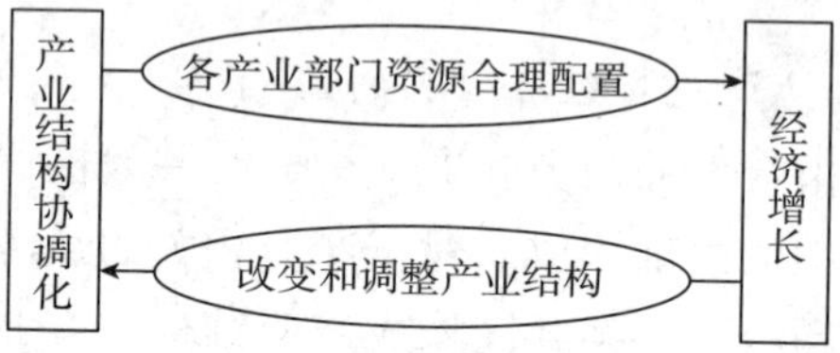

图 6－1　经济增长与产业结构协调化交互影响关系

6.1.3　技术嵌入式创新驱动产业结构协调化的空间作用机理

由上述分析可见，嵌入式创新与经济增长有关，产业结构协调化与经济增长具有关联关系。于是本书探究水平式知识溢出视角下，技术嵌入式创新驱动产业结构协调化的空间效应。

技术嵌入式创新驱动产业结构优化升级存在两个维度的空间效应（罗胤晨，2015）[314]。从时间维度的角度可见，技术嵌入式创新驱动产业结构协调化存在空间演化效应。技术嵌入式创新阶段中的创新链嵌入产业链的前端、中端或后端时，不断带入新的知识和技术创新要素，扩大企业的生产规模，提升企业的产量，使得企业生产过程中的长期平均总成本下降，增加经济效益。创新链嵌入产业链的过程也是先进知识和技术不断融入企业的过程，这类企业接触了新兴的技术后会出现实质性的变化，形成适宜自身的独特技术，助力企业的生存和发展，实现规模经济。生产走上规范化轨道之后，就会进行新产品的实验和创造，最终让产业中存在多种多样的产品，实现范围经济效应。时间维度上的技术嵌入式创新驱动产业结构协调化的规模经济和范围经济将持续推进城市、产业甚至区域空间格局的重构与演化，改善技术创新等要素的配置方式，实现资源禀赋的合理化分布，进而逐渐调节区域内各产业的比例关系，实现产业结构协调化。如图 6－2 所示。

同时，产业之间的发展并非是相互独立的，它们之间往往存在空间上的相关性和依赖性（Tobler，1970；吴玉鸣，徐建华，2004）[315-316]。产业之间通常具有生产过程和生产要素的相似性，那么通过创新链的嵌入等形式能让企业引进新兴技术和知识，为企业的生产和发展注入新的生命力，这个过程需要通过企业间的合作来实现，使得区域企业甚至跨境企业间存在强烈的关联性。而不同企业的知识存量、

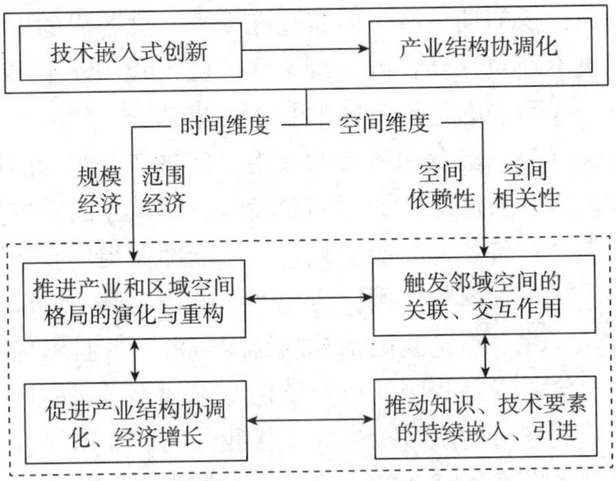

图 6-2 技术嵌入式创新驱动产业结构协调化的空间作用机理

人力资本的梯度和发展潜力差异较大，导致不同企业对新兴的技术和知识的吸收能力相去甚远，于是会出现一些实力强的企业掌握了更加高精尖的技术，称之为高技术企业，促使很多基础较差的企业对高技术企业存在技术和人才等方面的依赖性。空间关联性和依赖性进一步触发邻域空间的依赖和相互作用，导致一些掌握特殊技能的人才会向更优越的地区流动，这一方面会激励企业改善管理方式，持续推进先进技术知识等的引进；另一方面也会促使在市场的自发作用下实现资源要素的合理配置。并且单个优秀产业的技术创新活动对邻近产业具有空间联动的作用效应，将进一步触发邻近产业的空间演化，推动知识和技术要素继续被引进，最终形成区域技术嵌入式创新驱动产业结构协调化的循环回路。

6.2 嵌入式创新中知识嵌入加速产业资源合理配置的内外驱动力

技术嵌入式创新从内部和外部两方面驱动产业结构协调化，嵌入式创新表现为知识的嵌入，产业结构协调化用产业资源合理配置表示，驱动力系统中内外部因素的合力作用促进产业结构协调化。于是，本书从知识嵌入和技术创新要素引进的角度，选择人力资本、技术创新战略和经费资源作为内源驱动力的影响因素，外部驱动因素有政府支持、技术进步和市场竞争。

6.2.1 嵌入式创新驱动产业结构协调化的内源驱动因素

6.2.1.1 人力资本

人力资本是嵌入式创新的根本要素，同时也将制约一个产业的高速发展。在当今后工业时期和知识经济初期，智力因素逐渐受到社会各界的广泛关注，而人才这个企业的核心资源也不断被社会各方持续关注。嵌入式创新主要是将创新链嵌入产业链的相应环节，而人力资本是创新链的基本构成部分，加入人力资本的创新链就注入了新鲜的血液，有助于其发挥最大的效用，促进产业结构的比例和资源达到动态平衡的状态。创新链嵌入产业链的不同阶段时，对人才的需求是多种多样的，不同的产业发展阶段需要具备各种技能的人才，才能确保当创新链嵌入产业链的相应环节时，人力资源能充分发挥其作用，实现产业结构比例的协调化。但符合各种职业、各类岗位的专业人才一直是我国稀缺的智力资源，并且整体上我国的人才分布出现极其不均衡的现象，于是我国的产业结构也呈现出显著的地区差异。而人力资本质量的高低将影响创新链的质量，进而干扰我国的产业结构合理化进程，那么在人才快速流动、科技更新换代迅速的当代，唯有培育更多的新兴人才，通过转变人才培养方式的路径建设一支具有高学历、高眼光和高技术能力的“三高”队伍，壮大我国自己的技术创新团队，才能进一步优化我国的技术创新链，均衡资源在国内的合理有效配置，进而不断协调化我国的产业结构，推进产业进程的变动。

6.2.1.2　技术创新战略

技术创新战略是企业总体战略中的一个重要组成部分，指的是企业在正确合理分析了自身的内部条件和外部环境之后，做出的有利于企业发展的技术创新总体战略部署，并提出为实现创新战略目标而做出的根本对策和谋划，技术创新战略对企业的创新行为具有统率和根本的决定作用。根据企业所利用的内外部组织创新方式的差异，本书认为技术创新战略包含自主创新、合作创新和模仿创新三种形式。鉴于我国现阶段有限的技术创新水平，选择合作创新和模仿创新是合理的创新战略，这有助于在技术创新链嵌入产业链的过程中，测试各类创新方式对我国产业发展的适宜度，以探索和选择更为有效的创新方式，以此缩短技术创新的周期，实现技术创新效率的改善。通过技术创新链嵌入产业链，从内部推进产业链的发展，促进产业转化效率和产业结构趋于协调。

鉴于我国的技术创新水平还具有很大的发展空间，贸然选择自主创新存在较大的风险，于是企业先选择合作创新和模仿创新而后逐渐转向独立的形式将对技术创新链的发展有显著的促进作用。产业结构协调化需要技术创新作为内在推动力，技术创新的核心是人力资本，全球性背景下的技术创新环境每时每刻都发生着根本性的变化，主要体现为技术创新规模、速度和范围的增大，技术创新复杂性和不确定性的持续增加。随着技术创新联盟的兴起，技术创新的网络化和模块化逐渐引领着技术创新的潮流，使得企业更加倾向于合作创新，这有助于技术创新的稳步发展，为技术创新链嵌入产业链奠定了良好的技术基础。而在我国技术创新蓬勃发展的同时，还应注重核心技术的突破，实现技术的高精尖化，并不断向自主创新的方向努力，争取研发企业甚至我国专属的特色技术，以便其能更好地嵌入产业链的相应环节，有助于产业结构协调化。即企业应该在模仿创新的基础上，掌握促进产业发展和产业结构协调化的核心技术，培育企业自身的核心竞争力。只有这样，我国的技术创新才能不受制于人，甚至领先于国外同类行业，提升我国的技术创新水平。

6.2.1.3 经费资源

技术创新相关的产业均为知识技术的密集型产业，科研经费的投入比例与科技成果产出存在密切关联，这也将进一步影响技术创新链嵌入产业链的速度和效率，不利于产业结构协调化。实现突破性的科技发展需要雄厚的研发资金做后援，而重大的科技突破和创新是经济结构实现重大调整的源动力，有利于实现经济发展的动态平衡。同时，科技创新方面的领军企业能持续获得技术创新的主动权，带领行业进军未知领域，实现行业整体的不断发展进步。欧盟在 2009 年宣布，截至 2013 年，其将投资 1050 亿欧元支持欧盟地区的“绿色经济”，促进经济和就业的双重增长，力图保持欧盟在“绿色技术”领域的世界领先地位。英国的药品与生物技术企业是英国国内研发领域最强有力的部门，2016 年 5 月，英国宣布将资助“工业生物技术催化剂”计划的 16 个项目共 1700 万英镑，以促进领先生物技术概念的市场转化。企业要想在日趋激烈的技术竞争中取胜，必须时刻把握时机，加大投入。久而久之，将有助于我国实现产业结构的协调化，促进经济的快速发展，以缩小我国与发达国家之间的差距。科学技术不断更新换代给我国的研发带来新的挑战，那么引进高技术创新人才、提升技术创新效率才是关键。而加大科研经费的投入有助于吸引高素质人才、增强研发人员的科研积极性，提升企业的科技创新实力，优化技术创新链，加速技术创新链嵌入产业链，有利于我国的产业结构协调化。

6.2.2 嵌入式创新驱动产业结构协调化的外源驱动因素

6.2.2.1 政府支持

政府对技术创新政策的鼓励永远是激励企业进行技术创新的核心力量，政府在进行宏观调控时，会根据社会现阶段的发展方向和发展形势出台相应的技术创新政策，以加速企业的技术创新进度。政府在进行宏观经济调控时，会综合考察整个社会经济系统中的法律、政治、经济等的发展趋势，在权衡了经济发展方向后，再采取必要的措施影响企业的技术创新结果，调控的结果往往有助于促进技术创新发展，使得技术创新链能更好地嵌入产业链的内部，促成产业结构协调化。技术经济时代下，政府的干预将对技术创新产生决定性的作用。政府的干预行为主要包括以下三个方面：首先，为企业营造良好的技术创新环境；其次，加大培养技术创新人才；最后，为企业投入技术创新资金。政府的宏观调控将对整个社会经济的变化产生显著并长期的影响，很多时候政府还会在微观方面做出努力，例如，政府会积极引导管理区域内具有领先地位的企业，对其进行高效的管理和强有力的协调，政府还会在营造良好的就业市场、建设人力资源和保护知识产权等方面投入充足的人力、物力支持，尽力为企业构建一个市场支持型的政策环境。政府从宏观和微观方面对企业进行全方位的高效管理，推进企业进行技术创新，提升企业整体的技术创新水平，使得技术创新链能够顺利嵌入产业链，实现产业间比例关系不断趋于协调，有助于产业结构的进一步优化。

6.2.2.2 技术进步

无论在任何时候，科技永远是第一生产力，它是众多生产方式中表现最活跃和最有效的因素，新兴技术是技术创新得以持久发展的前提和关键力量。科学技术促进了企业同外部环境的互动，为企业技术创新营造了一个知识、产品交流和用户通信的网络虚拟环境，引导技术创新的变革。在生产过程中，技术创新担任着极其重要的角色，其在内生增长动力和宏微观因素的驱动下，已逐渐发展成为经济变革的内生性动力，而作为第一生产力，科学技术也在逐步推进企业技术创新的发展进步。此外，科技、经济和生产要素三者之间还存在交互替代的耦联现象，主要表现为：第一，鉴于科学技术所具有的内在物化本质，其可以通过将原材料进行技术化、商业化和规模化的方式将其逐步转变成最终产品；第二，科学技术具有的自我更新特质决定了其能够在其自身特定的生命周期内不断发生变化，系统的自我更新性能是其科学技术独特的完美体现；第三，科学技术在发展的不同阶段会表现出不同的价值特征，各个价值特性下的技术创新具备的价值性也各不相同。21 世纪，科技及其他领域的交叉发展给各个领域都带来了可观的发展前景，尤其在科研资源全球化趋势蒸蒸日上的当代，科技共享让很多企业都受到了恩惠。那么要想持续推动技术创新的稳步发展，必须发展自己的技术创新特长，尽全力触及行业技术的核心层，实现科学技术的跨越式发展，充分发挥科学技术的内生增长实力。因此，只有当科学技术不断向高层次递进时，才能在嵌入的产业链中发生质变，较好地助力产业结构协调化。

6.2.2.3 市场竞争

在市场状况持续发展变化的今天，企业间的竞争极其激烈，单纯依靠迎合市场需求来推进技术创新已经远不能满足企业的长足发展。那么，就需要把企业融入市场竞争中去，与传统市场相比，如今的市场竞争已远远超过了传统市场，主要体现在以下三点：第一，合作创新是经济全球化背景下一个新兴的互利共赢模式，参与竞争的各个主体倾向于团体作战，使得如今的市场更加趋于规模化和国际化。第二，技术密集型的产业逐渐受到广大企业和投资者的青睐，而传统竞争模式下以劳动密集型为主导特征的产业已逐渐被淘汰。第三，以往的计划经济中，更多是采取劳动竞赛的方式被动提升员工的劳动积极性；如今在市场经济效益与社会经济效益并存的竞争机制下，以超越性为终极目标的企业更加注重市场竞争的高效率。如今的市场处于较大的竞争环境中，各个竞争主体自由选择竞争对象和合作对象，以实现由竞争力向动力的转化，充分体现优胜劣汰的特征。激烈的市场竞争会直接刺激企业进行技术创新，加大对创新研发的投入，创新研发促进科技创新，科技与企业的生产相结合，实现科学技术的嵌入式创新，逐渐驱动产业链的发展，实现产业资源的合理配置和比例处于动态平衡的范围，驱动产业结构协调化。

6.2.3 嵌入式创新驱动产业资源合理配置的驱动力机制

产业资源合理配置是产业结构协调化的主要特征，因此接下来主要分析产业资源合理配置对产业结构协调化的驱动机制。

6.2.3.1 技术嵌入式创新驱动产业结构协调化的驱动力分析

技术创新驱动产业结构优化升级是社会发展、技术变更下市场的需求和企业的供给共同作用推动形成的。市场的需求和企业的供给均发生在特定的时空范围内，在空间中发生供需的相互作用，进而随着时间的变化而演化。那么，本书将从时空的角度，结合供需情况，对区域技术嵌入式创新驱动产业结构协调化的驱动力机制进行分析。形成区域技术嵌入式创新驱动产业结构协调化的动力来自驱动系统的内部和外部两方面，内外部驱动因素相互影响、相互制约，它们并非孤立地发挥作用，而是通过相互作用的形式以构成整体协调的动力机制，使得各自的功能都得到全面发挥。

如图 6－3 所示，技术嵌入式创新依靠内源驱动力和外源驱动力的协同作用驱动产业结构协调化。内部驱动模型中，技术嵌入式创新驱动产业结构协调化的驱动因素是人力资本、技术创新战略和经费资源，其中人力资本是该驱动模型的核心力量，技术创新战略引导着内部驱动力模型发挥高效的驱动作用，科研经费是驱动效果得以发挥的根本保障。外部驱动模型中，技术嵌入式创新驱动产业结构协调化的驱动因素是政府支持、技术进步和市场竞争，其中政府支持是外部驱动力模型的有效支撑，技术进步将推动外部驱动模型稳步向前发展，市场竞争对外部驱动模型起到良好的拉动作用。

6.2.3.2 技术嵌入式创新驱动产业结构协调化的共生演化模型

假设图 6－3 的内部驱动因素和外部驱动因素分别构成区域技术嵌入式创新驱动产业结构协调化的非线性驱动力系统，那么可得如下演化方程：

$$\frac{dx(t)}{dt}=f(x_1,\ x_2,\ \cdots,\ x_n),\ k=1,\ 2,\ \cdots,\ n \tag{6-5}$$

其中，$f(x_1,\ x_2,\ \cdots,\ x_n)$ 是 x_k 的非线性函数，其在 $x=0$ 处的 Taylor 级数展开式如下：

$$f(x_1,x_2,\cdots,x_n)=f(0)+\sum_{k=1}^{n}a_kx_k+\theta(x_1,x_2,\cdots,x_n),k=1,2,\cdots,n \tag{6-6}$$

其中，$f(0)=0$，a_k 为对应的偏导数，$\theta(x_1,\ x_2,\ \cdots,\ x_n)$ 是大于等于二次方的解析函数。于是，对式（6－6）使用李雅普诺夫第一近似定理，去除式（6－6）中的高次项后得如下近似系统：

$$\frac{dx(t)}{dt}=\sum_{k=1}^{n}a_kx_k,k=1,2,\cdots,n \tag{6-7}$$

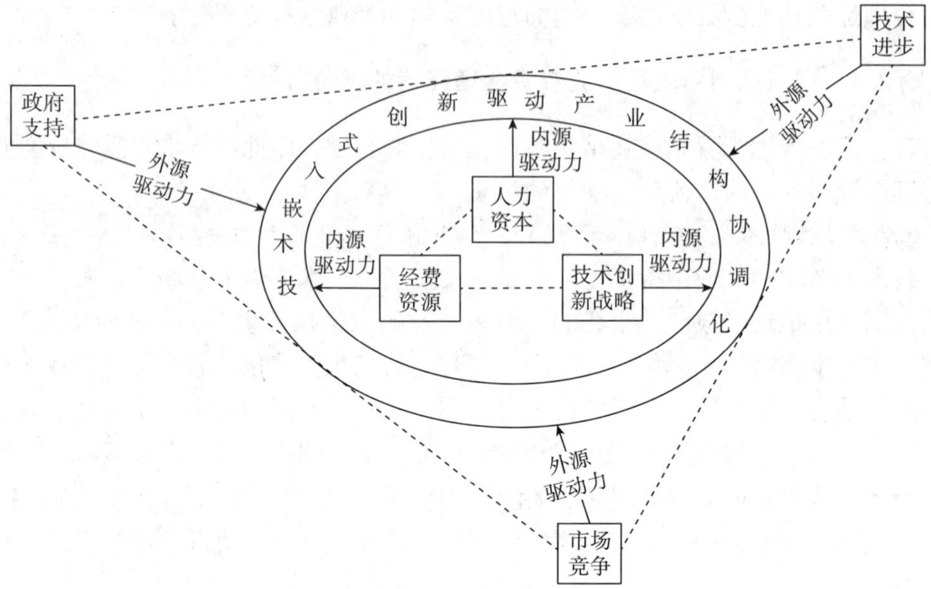

图 6-3 技术嵌入式创新驱动产业结构协调化的驱动力机制

于是，分别构建如下技术嵌入式创新驱动产业结构协调化的内部驱动力系统和外部驱动力系统：

$$f(IN) = \sum_{m=1}^{3} a_m x_m, m = 1,2,3 \tag{6-8}$$

$$f(EX) = \sum_{n=1}^{3} a_n x_n, n = 1,2,3 \tag{6-9}$$

式（6-8）中的 x_m 分别代表人力资本、技术创新战略和经费资源，a_m 为 x_m 的权重。同理，式（6-9）中的 x_n 分别表示政府支持、技术进步和市场竞争，a_n 为 x_n 的权重。各驱动因素下的内部驱动力系统 f（IN）和外部驱动力系统 f（EX）共同构成了区域技术嵌入式创新驱动产业结构协调化的驱动系统。于是，依据贝塔朗菲的一般系统理论（Bertalanffy，1992）[317]，将此驱动系统中的两个重要元素 f（IN）和 f（EX）视为驱动力系统的主导部分，于是可以得到式（6-10）和式（6-11）。

$$A = \frac{\mathrm{d}f(IN)}{\mathrm{d}t} = a_1 f(IN) + a_2 f(EX) \tag{6-10}$$

$$B = \frac{\mathrm{d}f(EX)}{\mathrm{d}t} = b_1 f(IN) + b_2 f(EX) \tag{6-11}$$

式（6-10）和式（6-11）中的 A 和 B 是技术嵌入式创新驱动产业结构协调化驱动系统的演化状态。假定 A 和 B 相互影响，其中任何一个子系统的变化均将对整个系统的变化产生影响，于是有 A 和 B 的演化速度如下：

$$V_A = \mathrm{d}A/\mathrm{d}t \tag{6-12}$$

$$V_B = \mathrm{d}B/\mathrm{d}t \tag{6-13}$$

那么，整个驱动系统的协调关系建立在式（6－12）和式（6－13）的协调性基础上，把整个技术嵌入式创新驱动产业结构协调化驱动力系统的演化速度 V 看成 V_A 和 V_B 的函数，即有 $V=l(V_A, V_B)$。于是，本书分析 V_A 和 V_B 的变动对整个技术嵌入式创新驱动产业结构协调化驱动系统的影响关系以及系统的稳定状态。

内部驱动力系统 $f(IN)$ 和外部驱动力系统 $f(EX)$ 在交互共生中促进技术嵌入式创新驱动产业结构协调化驱动系统的演变和发展，于是本书分别构建 $f(IN)$ 和 $f(EX)$ 两个关于演化速度 V_A 和 V_B 的共生 Logistic 演化模型。

$$\begin{cases}\dfrac{\mathrm{d}V_A}{\mathrm{d}t}=r_AV_A\left(1-\dfrac{V_A}{N_A}+\dfrac{\delta_1V_B}{N_B}\right),\ V_A(0)=V_{A0},\ 0<r_A、\delta_1<1,\ N_A、V_{A0}>0\\[2ex] \dfrac{\mathrm{d}V_B}{\mathrm{d}t}=r_BV_B\left(1-\dfrac{V_B}{N_B}+\dfrac{\delta_1V_A}{N_A}\right),\ V_B(0)=V_{B0},\ 0<r_B、\delta_2<1,\ N_B、V_{B0}>0\end{cases} \tag{6-14}$$

其中，r_A 是 V_A 的固定增长率，V_{A0} 表示初始值，V_A 的最大速度为 N_A，δ_1 表示共生模式下 V_B 对 V_A 的作用水平；r_B 是 V_B 的固定增长率，V_{B0} 表示初始值，V_B 的最大速度为 N_B，δ_2 表示共生模式下 V_A 对 V_B 的作用水平。那么，当两个系统处于共生稳定状态时，可得到如下微分方程组：

$$\begin{cases}f(V_A,\ V_B)=\dfrac{\mathrm{d}V_A}{\mathrm{d}t}=r_AV_A\left(1-\dfrac{V_A}{N_A}+\dfrac{\delta_1V_B}{N_B}\right)=0\\[2ex] g(V_A,\ V_B)=\dfrac{\mathrm{d}V_B}{\mathrm{d}t}=r_BV_B\left(1-\dfrac{V_B}{N_B}+\dfrac{\delta_1V_A}{N_A}\right)=0\end{cases} \tag{6-15}$$

求解方程组可得两者共生演化关系下的均衡点（V_A^*，V_B^*），即如下两子系统的最优演化速度：

$$V_A^*=\frac{N_A(1+\delta_1)}{1-\delta_1\delta_2}>N_A \tag{6-16}$$

$$V_B^*=\frac{N_B(1+\delta_2)}{1-\delta_1\delta_2}>N_B \tag{6-17}$$

于是，可得式（6－14）所代表的技术嵌入式创新驱动产业结构协调化驱动力系统的雅可比矩阵如下：

$$J=\begin{bmatrix}f_{V_A} & f_{V_B}\\ g_{V_A} & g_{V_B}\end{bmatrix}=\begin{bmatrix}r_A\left(1+\delta_1\dfrac{V_B}{N_B}-2\dfrac{V_A}{N_A}\right) & -\dfrac{r_AV_A\delta_1}{N_B}\\[2ex] -\dfrac{r_BV_B\delta_2}{N_A} & r_B\left(1+\delta_1\dfrac{V_A}{N_A}-2\dfrac{V_B}{N_B}\right)\end{bmatrix} \tag{6-18}$$

代入均衡点，有如下矩阵：

$$A_{Balance}=\begin{bmatrix}-r_A\dfrac{1+\delta_1}{1-\delta_1\delta_2} & -r_A\dfrac{N_A}{N_B}\dfrac{\delta_1(1+\delta_1)}{1-\delta_1\delta_2}\\[2ex] -r_B\dfrac{N_B}{N_A}\dfrac{\delta_2(1+\delta_2)}{1-\delta_1\delta_2} & -r_B\dfrac{1+\delta_2}{1-\delta_1\delta_2}\end{bmatrix} \tag{6-19}$$

于是，得到系统的稳定节点 $P\left[\frac{r_A(1+\delta_1)+r_B(1+\delta_2)}{1-\delta_1\delta_2},\ \frac{r_A r_B(1+\delta_1)\times(1+\delta_2)}{1-\delta_1\delta_2}\right]$。

上述的稳定节点说明，区域技术嵌入式创新驱动产业结构协调化系统是在内源驱动力和外源驱动力的交互作用下实现内外系统的共生演化效应的，并且在稳定节点附近长期均衡发展。

6.2.3.3 稳定节点稳定性的相轨线分析（谢桂生、朱绍涛，2016）[318]

上述系统的稳定节点 P 是全局的稳定点，体现在图 6-4 中。

在图 6-4 中，$\dot{V}_A=dV_A(t)/dt$，$\dot{V}_B=dV_B(t)/dt$。其中，S_1：$\dot{V}_A>0$，$\dot{V}_B>0$；S_2：$\dot{V}_A>0$，$\dot{V}_B<0$；S_3：$\dot{V}_A<0$，$\dot{V}_B<0$；S_4：$\dot{V}_A<0$，$\dot{V}_B>0$。在技术嵌入式创新驱动产业结构协调化的驱动力系统中，两个子系统间存在互利共生的现象，两者共同促进区域技术嵌入式创新驱动产业结构协调化系统的不断优化。

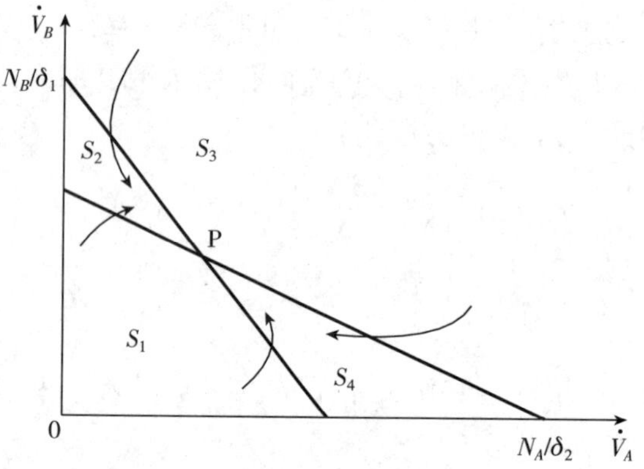

图 6-4 稳定节点的相轨图

于是，本书在进行水平式知识溢出下技术嵌入式创新驱动产业结构协调化的实证分析时，需同时考虑技术嵌入式创新驱动产业结构协调化内外部驱动力系统中的驱动因素，探究产业结构协调化的受影响力度（鲁桐、党印，2014）[319]。

6.3 水平式知识溢出下嵌入式创新与产业结构协调化的实证研究

6.3.1 水平式知识溢出下的空间权重矩阵

本书借鉴 Jaffe 的技术距离和赵增耀的人力资本距离权重矩阵的思想构建行业

间的空间权重矩阵（骆永民、樊丽明，2014；韩永辉等，2016）[320-321]。Jaffe (1986)[322]从企业R&D活动的特征角度定义了企业间的技术距离概念，通过测算其他企业的知识存量可度量企业间的技术溢出效应，并使用技术距离权重矩阵对知识存量进行加权。Jaffe定义了一个技术距离测算公式衡量企业间的产出效率是否受其R&D活动的影响，用式（6-20）衡量企业间R&D活动的溢出效应。

$$rd_{ij} = \frac{F_i F'_j}{\sqrt{(F_i F'_i) \times (F_j F'_j)}} \tag{6-20}$$

Jaffe将F_i和F_j定义为整个制造业行业中，企业i和企业j的产出份额行向量。本书认为行业间水平式知识溢出的最终形式体现在工业总产值的提升上，于是在行业部门层面定义技术距离，设定F_i和F_j分别是行业i和行业j的工业总产值占所有行业工业生产总值的比重（朱平芳等，2014）[325]。那么，rd_{ij}表示不同行业间的技术距离（$rd_{ij} \in [0, 1]$），rd_{ij}越接近1表示行业i和行业j的产业结构越协调；反之越不协调。

张志强认为，在空间加权矩阵的构建中，使用复合空间加权矩阵能提升空间面板参数估计的效率[323]。于是本书在进行知识溢出的技术创新驱动产业结构优化升级空间效应的研究中，设定空间权重矩阵时，均选择复合空间加权矩阵。

赵增耀等（2015）[324]认为，行业的技术溢出在很大程度上取决于人才在行业间的流动性以及由此引起的知识溢出性。于是，本书选择技术距离和人力资本距离对角矩阵的乘积构建嵌入式创新驱动产业结构协调化的水平式知识溢出空间权重矩阵，公式如下：

$$W^L = W_T diag\left(\frac{\overline{H}_1}{H}, \frac{\overline{H}_2}{H}, \cdots, \frac{\overline{H}_n}{H}\right) \tag{6-21}$$

其中，$\overline{H}_i = 1/(t_0 - t_1 + 2)\sum_{t_0}^{t_1} H_{it}, H = 1/(t_0 - t_1 + 1)\sum_{t=1}^{n}\sum_{t_0}^{t_1} H_{it}$。$W_T$指技术距离矩阵，$\overline{H}_i$为第$i$个行业的人力资本存量，$H$为总人力资本存量。由于人力资本正相关于人才素质，于是选择各行业参加项目人员数作为人力资本的代理指标。

6.3.2 嵌入式创新驱动产业结构协调化的数据来源和变量说明

6.3.2.1 数据来源

本章选择2003~2015年我国分行业工业企业的相关数据进行嵌入式创新驱动产业结构协调化的实证分析①。数据来源于2004~2016年的《工业企业科技活动统计年鉴》《中国统计年鉴》和中经网数据库，选择工业行业分类中42个行业的相关数据进行分析（废弃资源和废旧材料回收加工业的行业数据缺失严重，故舍

① 国家统计局在2002年发布的《国民经济行业分类》（GB/T4754—2002）中调整了工业行业的分类，调整之前和调整之后的数据不具有延续性，于是本书选择的工业行业数据的统计起点是2003年。

去），缺失数据使用前后年份数据的插值进行补足。

6.3.2.2　变量说明

（1）技术嵌入式创新（QI）的测度。表征技术创新的指标通常有两类，分别是投入指标和产出指标，用研究人员的投入或研发资金表示投入指标，而选择新产品销售收入、新产品数量、专利引用率和专利数量衡量产出指标。根据上文对技术嵌入式创新的定义，技术嵌入式创新即知识的嵌入和技术创新要素的引进，本书认为创新链嵌入产业链时主要通过科研人员和研发资金进入各个行业的形式实现，选择研发资金和科研人员投入指标的加权值表示嵌入式创新。选取的指标如表 6－1 所示。

表 6－1　技术嵌入式创新的指标构成

技术嵌入式创新指标	明细指标
科研人员投入	科技活动人员 a_1
	R&D 人员折合全时当量 a_2
研发资金投入	R&D 经费内部支出 a_3
	科技活动经费内部支出 a_4

首先，选择方差最大化旋转的因子分析法测算指标 a_1、a_2、a_3 和 a_4 的权重 w_1、w_2、w_3 和 w_4，并使用加权求和的方法综合各个指标，构建如下嵌入式创新变量：

$$QI = \sum_{l=1}^{4} a_l w_l \tag{6-22}$$

其次，为了消除数据的异方差性、减少数据的变动性并增强实证结果参数的经济学意义，将本章中的所有变量取对数处理。

最后，根据上述步骤，得出技术嵌入式创新的指标值，如表 6－2 所示。

表 6－2　技术嵌入式创新的指标数值①

年份 / 行业	2004	2006	2008	2010	2012	2014
煤炭开采和洗选业	12.311	12.824	13.309	13.812	14.285	15.185
石油和天然气开采业	11.936	12.173	12.658	13.216	13.467	14.285
黑色金属矿采选业	8.033	8.978	10.236	11.260	12.398	13.391
有色金属矿采选业	9.466	10.028	10.699	11.240	11.999	12.769

① 测算出 2003～2015 年的技术嵌入式创新指标数值，但由于篇幅的限制，本书只列出偶数年份的数据。

续表

行业＼年份	2004	2006	2008	2010	2012	2014
非金属矿采选业	9.119	9.441	10.349	11.070	11.918	12.772
农副食品加工业	11.100	11.725	12.278	12.804	13.541	14.432
食品制造业	10.896	11.502	11.997	12.618	13.274	14.134
饮料制造业	12.075	12.082	12.459	12.644	12.952	13.699
烟草制品业	11.119	11.059	11.490	11.753	12.023	12.754
纺织业	12.271	12.590	12.969	13.339	13.735	14.585
纺织服装、鞋、帽制造业	10.845	11.253	11.526	11.844	12.556	13.360
皮革、毛皮、羽毛（绒）及其制品业	9.841	10.438	10.791	11.299	11.969	12.754
木材加工及木、竹、藤、棕、草制品业	9.908	10.206	10.809	11.172	11.872	12.690
家具制造业	9.146	9.840	10.429	10.980	11.823	12.681
造纸及纸制品业	11.378	11.980	12.264	12.667	13.200	14.038
印刷业和记录媒介的复制	9.889	10.111	10.621	11.107	11.704	12.461
文教、体育用品制造业	9.582	10.126	10.870	11.475	12.441	13.330
石油加工、炼焦及核燃料加工业	11.722	11.920	12.312	12.590	12.976	13.750
化学原料及化学制品制造业	13.298	13.659	14.142	14.506	15.050	15.989
医药制造业	12.449	12.873	13.211	13.597	14.181	15.076
化学纤维制造业	11.329	11.904	12.320	12.737	13.208	13.971
橡胶制品业	11.340	12.008	12.415	12.919	13.390	14.258
塑料制品业	11.122	11.625	12.169	12.642	13.248	14.103
非金属矿物制品业	11.946	12.325	12.909	13.414	13.976	14.891
黑色金属冶炼及压延加工业	13.658	14.106	14.698	15.141	15.642	16.620
有色金属冶炼及压延加工业	12.255	13.014	13.424	13.943	14.621	15.568
金属制品业	11.493	12.020	12.681	13.163	13.928	14.836
通用设备制造业	12.998	13.577	14.038	14.454	15.017	15.966
专用设备制造业	12.638	13.254	13.853	14.422	15.034	16.017
交通运输设备制造业	13.955	14.393	14.837	15.258	15.689	16.663
电气机械及器材制造业	13.238	13.972	14.488	14.971	15.487	16.469
通信设备、计算机及其他电子设备制造业	14.027	14.207	14.957	15.306	15.695	16.661
仪器仪表及文化、办公用机械制造业	11.532	11.942	12.531	12.981	13.571	14.444
工艺品及其他制造业	10.136	10.906	10.842	11.335	11.686	12.342

续表

行业 \ 年份	2004	2006	2008	2010	2012	2014
电力、热力的生产和供应业	11.648	12.063	12.615	13.051	13.537	14.422
燃气生产和供应业	8.537	8.106	8.236	8.502	8.862	9.593
水的生产和供应业	9.050	8.810	9.235	9.496	9.946	10.560
医药制造业	13.303	12.873	13.248	13.425	13.540	14.329
航空航天器制造业	12.930	12.460	12.838	13.090	13.252	14.040
电子及通信设备制造业	14.889	14.385	14.754	14.899	14.972	15.830
电子计算机及办公设备制造业	13.383	13.026	13.299	13.453	13.528	14.305
医疗设备及仪器仪表制造业	12.274	11.945	12.581	12.888	13.164	13.972

（2）产业结构协调化（*RA*）的测度。目前，学术界已经产生了很多产业结构协调化的测度方法，各种方法均有其自身的不足和优势。上述关于产业结构协调化的内涵和定义侧重于强调产业的资源配置效率、结构的聚合质量和产业的协调程度。现如今，泰尔指数和结构偏离度在产业结构协调化的测算中使用频率较高。干春晖等认为，结构偏离度在测算产业结构合理化时忽略了相异产业间的重要性，引致研究的不便，而泰尔指数可以较好地反映产业结构水平。本书在遵循产业结构协调化资源配置假说的前提下，结合泰尔指数和结构偏离度共同进行分析，并参照韩永辉等（2016）[321]的测算方法，以要素投入结构和产出结构相耦合的程度测度产业结构协调化，如式（6－23）所示。

$$RA=\frac{1}{(Q_i/Q)\left|(Q_i/L_i)/(Q/L)-1\right|} \tag{6-23}$$

其中，用工业总产值 Q 表示产出，使用工业生产者出厂价格指数进行平减①，选择年末从业人员年平均数 L 代表劳动力投入，i 为第 i 个行业部门。于是，计算得到产业结构协调化的指标数值，如表6－3所示。

（3）技术引进经费（*TI*）。引进先进技术能够帮助企业快速实现技术进步，是技术革新的最好方式。本书选择技术引进经费度量技术进步，技术引进经费指的是企业用于购买国外先进技术的费用支出，包括图纸、配方、工艺流程、产品设计等技术资料以及各种样机、样件、仪器设备的费用支出。作为嵌入式创新驱动产业结构协调化驱动力系统的外部驱动因素，技术进步促使嵌入式创新顺利进行，驱动产业结构协调化。

① 工业生产者出厂价格指数的数据来源于中经网数据库，其中高技术产业的数据使用《中国统计年鉴》中的年度工业生产者出厂价格指数替代。

表6-3 产业结构协调化的指标数值

行业 \ 年份	2004	2006	2008	2010	2012	2014
煤炭开采和洗选业	4.405	4.223	4.052	4.104	4.528	4.874
石油和天然气开采业	2.810	3.752	4.464	4.430	6.660	7.194
黑色金属矿采选业	5.851	6.751	6.436	7.343	7.197	7.598
有色金属矿采选业	6.814	6.840	6.926	7.519	7.396	7.062
非金属矿采选业	7.394	7.281	7.226	7.341	6.886	7.006
农副食品加工业	4.594	5.495	5.963	6.161	6.876	7.836
食品制造业	5.859	5.935	6.642	7.460	7.658	8.512
饮料制造业	5.893	6.596	7.305	8.213	8.830	9.013
烟草制品业	3.575	3.378	3.321	4.936	5.092	5.295
纺织业	4.204	4.120	4.304	4.452	4.555	5.024
纺织服装、鞋、帽制造业	5.354	5.020	4.914	4.940	4.583	4.808
皮革、毛皮、羽毛（绒）及其制品业	5.418	5.147	5.097	5.146	5.057	5.351
木材加工及木、竹、藤、棕、草制品业	6.408	6.779	6.955	6.902	7.348	7.755
家具制造业	6.672	6.198	6.162	6.266	6.360	6.499
造纸及纸制品业	6.087	6.157	6.360	7.213	7.712	7.895
印刷业和记录媒介的复制	6.884	6.681	6.681	6.839	7.119	7.530
文教、体育用品制造业	5.218	5.970	5.946	6.059	5.976	6.335
石油加工、炼焦及核燃料加工业	1.706	1.224	1.047	1.134	1.166	1.290
化学原料及化学制品制造业	2.546	3.887	3.018	3.032	9.077	9.718
医药制造业	5.064	5.152	5.685	6.286	7.765	7.888
化学纤维制造业	4.945	4.456	4.798	5.177	5.192	5.242
橡胶制品业	6.433	7.399	6.391	6.160	5.016	5.249
塑料制品业	5.888	5.938	6.059	6.842	7.180	6.635
非金属矿物制品业	4.942	5.043	5.602	6.798	7.264	7.505
黑色金属冶炼及压延加工业	2.026	2.009	2.911	3.104	3.285	3.335
有色金属冶炼及压延加工业	1.570	1.902	2.246	2.916	3.406	3.485
金属制品业	3.148	3.017	4.308	4.741	5.218	6.152
通用设备制造业	5.721	4.480	3.179	3.201	2.119	2.048
专用设备制造业	4.995	5.552	4.003	3.466	2.150	1.956
交通运输设备制造业	1.040	1.146	2.311	2.491	2.603	2.720
电气机械及器材制造业	1.723	2.593	2.733	3.528	3.662	4.548
通信设备、计算机及其他电子设备制造业	0.968	0.861	1.217	1.426	2.055	2.087

续表

行业 \ 年份	2004	2006	2008	2010	2012	2014
仪器仪表及文化、办公用机械制造业	1.365	1.567	2.306	2.733	3.472	3.492
工艺品及其他制造业	1.317	2.064	3.640	3.419	3.553	4.352
电力、热力的生产和供应业	1.013	1.031	-1.108	-1.241	-1.991	-2.213
燃气生产和供应业	7.903	5.346	3.116	2.172	-0.227	-0.695
水的生产和供应业	2.320	2.398	4.269	4.583	6.393	7.244
医药制造业	0.012	0.797	0.910	1.998	2.331	2.245
航空航天器制造业	0.678	1.101	2.338	2.989	3.070	3.969
电子及通信设备制造业	-0.808	-1.537	-1.428	-1.379	-2.097	-2.310
电子计算机及办公设备制造业	-3.010	-3.585	-3.373	-3.372	-3.948	-4.244
医疗设备及仪器仪表制造业	-3.623	-4.907	-4.778	-4.756	-5.493	-5.921

（4）新产品销售收入（*SNP*）。用新产品销售收入代表内部驱动因素技术创新战略，其指企业在测算年度内销售新产品获得的销售收入，推行合适的技术创新战略能更好地实现嵌入式创新驱动产业结构协调化。选择新产品销售收入代表技术创新战略实施成果，使用工业生产出厂价格指数进行平减，工业生产出厂价格指数指工业生产产品出厂价格在某个时期内变动的相对数，反映全部工业生产出厂价格的变化趋势。以生产和销售新产品的方式践行技术创新战略，有助于实现技术创新驱动产业结构协调化。

（5）新产品开发项目数（*NPD*）。在当今社会主义市场经济的大背景下，企业从各自的实际利益出发，为获得更多的市场资源、取得较好的产销条件而不断竞争，而优胜劣汰早已成为市场竞争的残酷现实。那么，走技术创新的道路，不断开发新产品，让企业随时迎合市场和客户的需求是企业在竞争中始终立于不败之地的关键。本书选择新产品开发项目数表示市场竞争，优质的市场竞争条件能让嵌入式创新稳步进行，驱动产业结构协调化。

（6）各级政府对技术开发的减免税（*GTB*）。嵌入式创新驱动产业结构协调化离不开政府的支持，政府的调控有助于规范化市场的运行体制，实现最优的资源配置，促进市场稳步健康的发育。政府通过对企业进行创新支持，把优惠政策落到实处，为企业的快速发展营造良好的外部环境。于是，本书选择各级政府对技术开发的减免税衡量政府支持，为区域技术嵌入式创新驱动产业结构协调化提供良好的外部驱动保障。

6.3.3 嵌入式创新与产业结构协调化的空间特性分析

本书从空间异质性和空间关联性两方面阐释区域技术嵌入式创新驱动产业结构

协调化的空间特性，并进一步分析这两种空间特性的成因。

6.3.3.1 空间异质性

空间异质性指产业结构协调化在空间层面的非均衡性分布特性。省域的各种经济环境、地理人文因素或资源要素禀赋等均存在很大差异，各省相同的技术创新驱动因素也会造成差异化的结果。于是，本书从宏观经济发展状况的角度出发，采用三维立体曲面拟合图的形式初步解析区域技术创新驱动产业结构优化升级的空间异质性等相关问题，选择三次样条插值法拟合曲面，结果如图6－5所示。

通过拟合技术嵌入式创新、产业结构协调化、技术引进经费、新产品销售收入、新产品开发项目数和各级政府减免税变量组合的变动图，可见，当技术创新环境变动时，产业结构协调化的变动程度即斜率的波动十分显著，几乎只在边缘极端的部分出现较为平坦的区域。那么，可以说明随着嵌入式创新形式和创新进度的更新，产业结构协调化将出现明显的异质性。下面逐一探究各类变量对产业结构协调化空间异质性现象的产生缘由。

（1）技术引进经费。技术引进经费越多的行业，会比其他行业拥有更多的资源，其在造成行业异质性的过程中表现出强大的作用力。经费越充足，行业就越能引进先进技术，进而采用该技术进行生产或消化吸收后进行自主创新，故而可生产出适应顾客需求的新兴产品，使得嵌入式创新在经费充足的行业得到良好发挥，以便产业结构协调化出现行业发展的异质性。

（2）新产品销售收入。技术领先的行业能够较好地将嵌入的技术创新要素的效用发挥到最大化，生产出更多更适宜市场需求的新产品，获得较高的新产品销售收入，于是此类行业就能吸引更多的技术人才，并能够将更多的人力、物力、财力投入科研和新产品的生产中。相反，技术创新不足的行业则会掉入技术水平落后、产品销量偏低、新产品销售收入偏低以及研发资金不足的循环中，致使劳动密集型产业依旧是该类行业的主要标志，导致行业发展出现异质性，最终使产业结构协调化出现异质性。

（3）新产品开发项目数。技术引进经费较高行业的技术创新积极性也较高，那么其新产品开发项目数也较多，从而有可能生产出更多的新产品。而技术的嵌入会引导产业或行业的高技术人才进行创新，研发出更多的新产品，投放市场就能获得较高的回报。而技术相对落后的行业不能及时获取新技术，那么其就无法改变原先的发展模式，进而不能吸引更多的高素质人才，导致产业结构出现非协调化现象。

（4）各级政府对技术开发的减免税。技术创新能力较强和新产品产值较高的行业每年获得的技术创新利润也较高，能够在一定程度上促进行业所在地区的经济增长，当地政府就愿意投入更多的资金支持该行业的发展，即政府通过减免行业的技术开发相关税费的形式鼓励该行业蓬勃发展。而不重视技术创新的企业无法为政府的财政贡献更多的力量，无法使政府感受到增收效应，因此，政府在进行宏观调

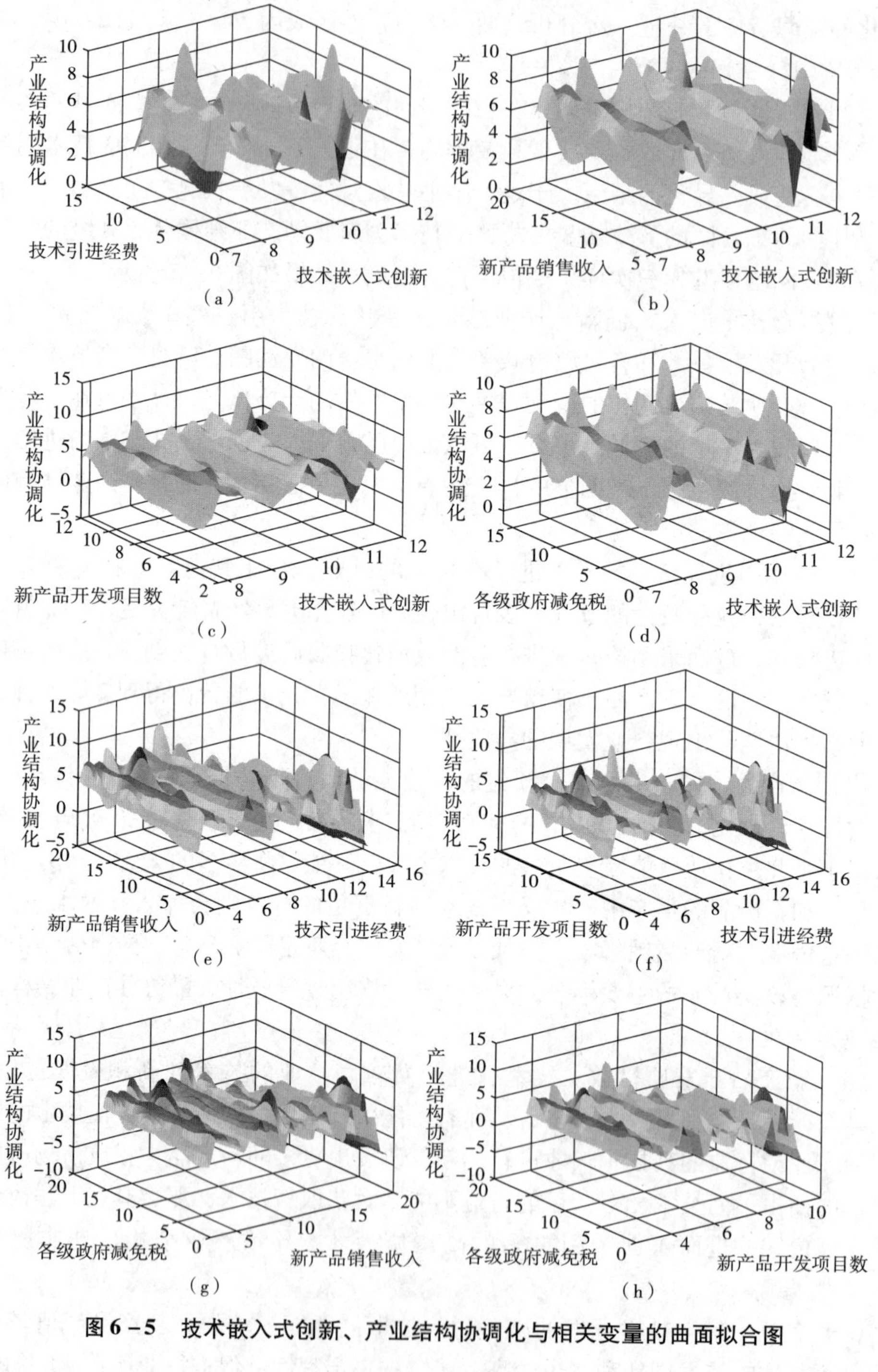

图6-5　技术嵌入式创新、产业结构协调化与相关变量的曲面拟合图

控时会更少关注此类企业，导致技术嵌入式创新驱动产业结构协调化的作用效应不显著。

综上，技术创新的相关变量在各行业间的变动会使产业结构协调化的变动趋势呈现出不确定性，那么行业间将时常出现技术嵌入式创新驱动产业结构协调化的空间异质性现象。

6.3.3.2 空间关联性

本书从本产业的产业结构协调化对邻近产业的产业结构状况产生的“竞争效应”或“溢出效应”描述空间关联性。竞争效应指某个产业的产业结构协调化程度的提升对降低邻近产业的产业结构比例的作用程度。溢出效应指某个产业的产业结构协调化程度的提升对提高邻近产业的产业结构比例的影响力度。继而本书从产业结构协调化的全局空间相关性和局部空间相关性两个角度分析水平式知识溢出下技术嵌入式创新驱动产业结构协调化的空间关联性。

（1）全局空间相关性。自“地理学第一定律”第一次被提出以来就受到国内外学者的广泛关注，他们大多将其应用于分析相邻地域间的空间关联性问题。而本章主要探究水平式知识溢出下技术嵌入式创新驱动产业结构的协调化问题，侧重于分析行业间的关联关系。于是，本书将从行业的角度测算全局 Moran's I 指数，计算公式如下：

$$I = \frac{\sum_{i=1}^{n}\sum_{j=1}^{n} w_{ij}(x_i - \bar{x}) \times (x_j - \bar{x})}{S^2 \sum_{i=1}^{n}\sum_{j=1}^{n} W_{ij}}, S^2 = \frac{1}{n}\sum_{j=1}^{n}(x_i - \bar{x})^2, \bar{A} = \frac{1}{n}\sum_{j=1}^{n} x_i \quad (6-24)$$

其中，I 指全局 Moran's I 指数，测度行业间产业结构协调化的整体关联程度。x_i 表示第 i 个行业的产业结构协调化程度，n 代表行业数，W 为行标准化的空间权重矩阵。其中，I 取值趋近于 1 时表明行业间的产业结构协调性呈现空间正相关，反之表明呈现负相关（$I \in [-1,1]$）。

根据上述水平式知识溢出矩阵，本书测算出 2003～2015 年我国 42 个行业的全局 Moran's I 指数，如表 6-4 所示。

表 6-4 2003～2015 年我国 42 个行业产业结构协调化的全局 Moran's I 指数

年份	Moran's I	Z	年份	Moran's I	Z
2003	0.016	2.761	2010	-0.014	0.715
2004	0.018	2.881	2011	-0.015	0.671
2005	0.010	2.343	2012	-0.014	0.730
2006	0.011	2.428	2013	-0.008	1.139
2007	-0.012	0.872	2014	-0.015	0.628
2008	-0.012	0.878	2015	-0.012	0.865
2009	-0.016	0.573	—	—	—

可见，2003～2015 年我国产业结构协调化的 Moran's I 指数呈现出先递增后递

减再递增又递减的“M”形波动趋势，说明产业结构协调化在空间上的集中分布形态有较大变化。大多数年份 Moran’s I 指数的数值均偏低，说明我国行业间的产业结构协调化的全局关联程度偏低。并且大多数年份的 Moran’s I 指数为负值，说明我国行业的产业结构协调化呈现全局负相关性，我国的产业结构协调性表现出全局不均衡现象。

图 6－6 显示，我国行业间的产业结构协调化呈现出较为显著的产业空间集聚关联性，说明在水平式知识溢出的视角下，技术嵌入式创新倾向于驱动局部地区的产业结构协调化，于是本书进一步分析技术嵌入式创新驱动产业结构协调化的局部空间相关性。

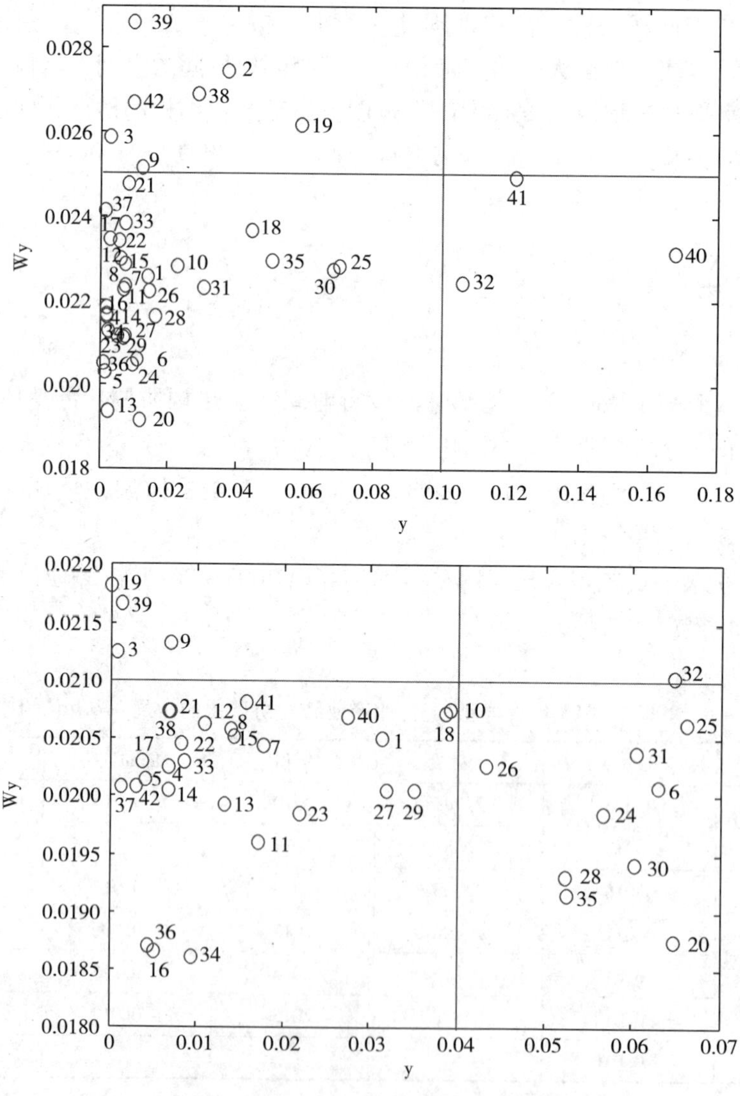

图 6－6　2003 年和 2014 年我国产业结构协调化的空间关联

注：图中的编号与表 6－3 中的 42 个行业相对应。

（2）局部空间相关性。全局 Moran's I 指数反映事物整体的空间关联状况，但大多数时候在整体评价上可能忽略了局部地区的非典型性质。于是，构建局域关联性指标以考察产业结构协调化的局部相关性，计算公式如下：

$$I_i = \frac{(x_i - \bar{x})}{S^2}\sum_{j=1}^{n} W_{ij}(x_j - \bar{x}) \tag{6-25}$$

其中，I_i 指局部 Moran's I 指数，测度行业 i 与其相近行业的关联程度，其余变量的设定同全局 Moran's I 指数。那么，当 $I_i > 0$ 时，行业 i 与其相近行业间表现出正相关的特性，即具有相同产业结构协调化属性的行业集聚在一起，呈现出高—高型或低—低型的集聚；当 $I_i < 0$ 时，则表明行业 i 与其相近行业间表现出负相关的特性，出现具有相异产业结构协调化属性的行业集聚在一起，呈现出高—低型或低—高型的集聚。我国 42 个工业行业的局部 Moran's I 指数分布如图 6－7 所示。

由图 6－7 可见，我国 42 个工业行业的 Moran's I 指数呈现行业分类背景下的相近性特征，Moran's I 指数值的排序按行业分类排序依次是电力、燃气及水的生产和供应业 < 制造业 < 采矿业 < 高技术产业。并且我国 42 个工业行业中相同分类条件下的 Moran's I 指数比较接近，各行业的产业结构协调化局部 Moran's I 指数的分布呈明显的行业分类关联性①。说明水平式知识溢出视角下，技术嵌入式创新驱动产业结构协调化的局部空间效应良好，具有相似属性的行业显现出行业的局部集聚效应。因此在下一步的实证研究中，选择行业分类下的数据进行空间效应分析。

6.3.4　嵌入式创新驱动产业结构协调化的实证结果分析

6.3.4.1　构建嵌入式创新驱动产业结构协调化的测算模型

Ehrlich 和 Holdren 在 1971 年首次提出了 IPAT 模型，该模型主要用于人类活动对环境的影响研究，模型的表达式如下[326]：

$$In = PRT \tag{6-26}$$

---

① 本书按照国家统计局 2002 年发布的《国民经济行业分类》对工业行业进行分类，将 42 个工业行业（废弃资源和废旧材料回收加工业的行业数据缺失严重，故舍去）划分成四大类：①采矿业：煤炭开采和洗选业，石油和天然气开采业，黑色金属矿采选业，有色金属矿采选业，非金属矿采选业；②制造业：农副食品加工业，食品制造业，饮料制造业，烟草制品业，纺织业，纺织服装、鞋、帽制造业，木材加工及木、竹、藤、棕、草制品业，家具制造业，造纸及纸制品业，印刷业和记录媒介的复制，文教、体育用品制造业，石油加工、炼焦和核燃料加工业，化学原料和化学制品制造业，医药制造业，化学纤维制造业，橡胶制品业，塑料制品业，非金属矿物制品业，黑色金属冶炼和压延加工业，有色金属冶炼和压延加工业，金属制品业，通用设备制造业，专用设备制造业，交通运输设备制造业，电气机械和器材制造业，通信设备、计算机及其他电子设备制造业，仪器仪表及文化、办公用机械制造业，工艺品及其他制造业；③电力、燃气及水的生产和供应业：电力、热力的生产和供应业，燃气生产和供应业，水的生产和供应业；④高技术产业：医药制造业，航空航天器制造业，电子及通信设备制造业，电子计算机及办公设备制造业，医疗设备及仪器仪表制造业。

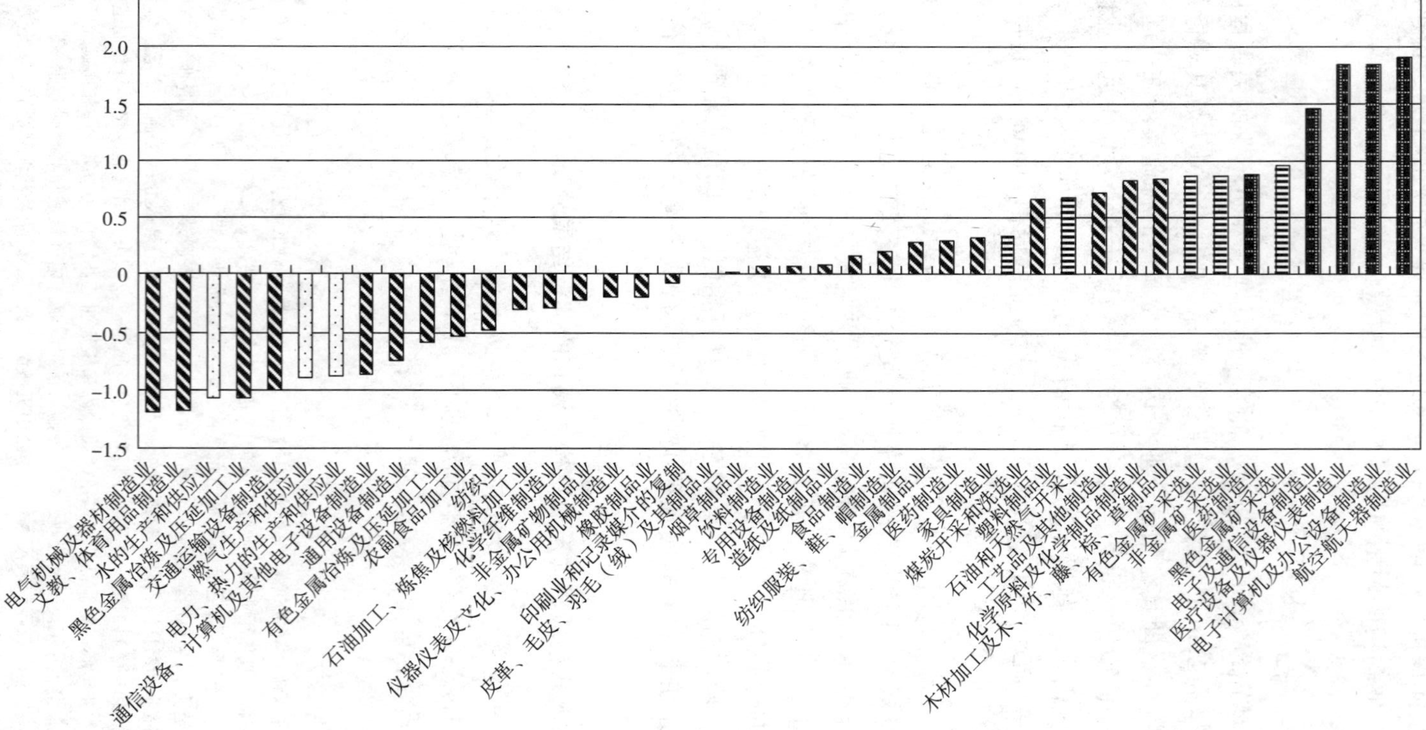

图 6-7　我国 42 个行业的产业结构协调化局部 Moran's I 指数分布

其中，In 表示环境影响，P 指人口规模，R 代表富裕程度，T 为技术水平。该模型可以简洁地分析问题，但其只能反映环境因素受各驱动因素的单调影响效应。于是 York 等对模型进行了修改和完善，有效弥补了模型的不足，提出如式（6－27）所示的 STIRPAT 模型[327]。

$$Y = AP^{\alpha}R^{\beta}T^{\gamma}e \quad (6-27)$$

其中，Y 表示环境的受影响效应，A 是常数项，P 代表人口，R 为富裕程度，α、β、γ 为对应变量的系数，e 指模型的随机误差项。于是本书引入希克斯中性技术进步函数对上式进行改进，将改进的模型用于技术嵌入式创新驱动产业结构协调化的实证分析中，于是引入多元函数组合 $B(\cdot)$（Hulten 等，2006）[328]，得如下改进模型：

$$RA = B(\cdot)QI_{kt}^{\gamma}e,\ B(\cdot) = B_{ko}TI^{\alpha_1}SNP^{\alpha_2}NPD^{\alpha_3}GTB_t^{\alpha_4}e^{\beta_k t} \quad (6-28)$$

其中，RA 指产业结构协调化，QI 是技术嵌入式创新，TI 为技术引进经费，SNP 为新产品销售收入，NPD 为新产品开发项目数，GTB 表示各级政府对技术开发的减免税。$B(\cdot)$ 为技术进步效率函数，B_{ko} 为期初的技术创新效率，β_k 表示技术创新效率变动的外生性，α_i 表示各要素对技术创新水平的影响系数。对式（6－28）两边取对数并整理，可得式（6－29）：

$$\ln RA = a + \gamma\ln QI + \alpha_1\ln TI + \alpha_2\ln SNP + \alpha_3\ln NPD + \alpha_4\ln GTB + \varepsilon \quad (6-29)$$

由上文的分析可见，各行业间的产业结构协调化存在局域空间关联性，但是传统的计量模型无法刻画这一空间效应。于是，本书将空间效应纳入模型的分析框架（Elhorst，2012）[329]，而空间自回归模型主要用于研究相邻地区的行为直接对整个系统内其他地区行为的溢出效应情况，并且其因变量的滞后项能较好地体现空间关联性。空间误差模型认为空间依赖性通过误差项的滞后项体现。那么，本书将空间计量模型引入行业分析，构建如下空间自回归模型和空间误差模型探究技术嵌入式创新驱动产业结构协调化的空间效应。

$$\ln RA_{kt} = \lambda W^L \ln RA_{jt} + \gamma\ln QI_{kt} + \alpha_1\ln TI_{kt} + \alpha_2\ln SNP_{kt} + \alpha_3\ln NPD_{kt} + \alpha_4\ln GTB_{kt} + \delta_{kt} + u_{kt} + \varepsilon_{kt} \quad (6-30)$$

$$\ln RA_{kt} = \gamma\ln QI_{kt} + \alpha_1\ln TI_{kt} + \alpha_2\ln SNP_{kt} + \alpha_3\ln NPD_{kt} + \alpha_4\ln GTB_{kt} + \delta_{kt} + u_{kt} + \varepsilon_{kt} \quad (6-31)$$

$$\varepsilon_{kt} = \lambda W^L \varepsilon_{jt} + \varphi_{kt}$$

其中，k 是行业，t 为年份，λ 为空间自回归系数，δ_{kt} 为时间效应的随机误差项，u_{kt} 为个体效应的随机误差项，φ_{kt}、ε_{kt} 为随机扰动项。

6.3.4.2 嵌入式创新驱动产业结构协调化的最优模型选择

首先，对上述模型进行 LM 空间相关性检验，结果如表 6－5 所示。

由表 6－5 结果可见，LM－lag 和 LM－error 均通过了显著性检验，于是进行 Robust LM－lag 和 Robust LM－error 检验，而 Robust LM－error 检验的概率值为 0.547，未通过显著性检验（陈强，2010）[330]。于是选择空间自回归模型继续下一步分析。

表 6－5　技术嵌入式创新驱动产业结构协调化的空间相关性检验

检验类型	数值	样本值	P 值
LM－lag	35.787	504	0.000
Robust LM－lag	45.702	504	0.000
LM－error	3.474	504	0.062
Robust LM－error	5.645	504	0.547

其次，由于本章构建的空间自回归面板数据模型的时间维度是 13，横截面维度是 42，属于“短面板”①。而 δ_{kt} 为反映时间效应的随机扰动项，要讨论其是否存在自相关性存在一定困难，于是假设 δ_{kt} 服从独立同分布。那么，仅需考虑模型个体效应 u_{kt} 中固定效应和随机效应模型的选择问题。使用 Hausman 检验探究固定效应和随机效应空间自回归模型的选择，Hausman 检验的数值是 25.724，P 值为 0.070，即拒绝原模型为固定效应模型的假设，选择随机效应模型。

最后，构建空间自回归个体随机效应模型分析技术嵌入式创新驱动产业结构协调化的空间效应。

6.3.4.3　嵌入式创新驱动产业结构协调化的实证结果和检验

综上，本书构建如下空间自回归个体随机效应模型进行实证分析。

$$\ln RA_{kt} = \lambda W^{L}\ln RA_{jt} + \gamma\ln QI_{kt} + \alpha_1\ln TI_{kt} + \alpha_2\ln SNP_{kt} + \alpha_3\ln NPD_{kt} + \alpha_4\ln GTB_{kt} + u_{kt} + \varepsilon_{kt} \quad (6-32)$$

各变量的描述性统计如表 6－6 所示。

表 6－6　模型各变量的统计特征

变量	表示方法	最大值	最小值	均值	标准差
嵌入式创新	ln*QI*	11.250	－5.720	3.864	3.040
产业结构协调化	ln*RA*	15.869	7.523	12.373	1.688
技术引进费用	ln*TI*	15.129	3.091	9.906	2.272
新产品销售收入	ln*SNP*	19.113	2.594	14.802	2.675
新产品开发项目数	ln*NPD*	10.723	2.303	7.334	1.727
各级政府对技术开发的减免税	ln*GTB*	15.956	0.794	9.235	2.518

由于空间计量模型中的空间滞后因变量的存在违背了传统计量经济模型中关于

① 面板数据由横截面维度（k 个个体）和时间维度（T 个时期）共同构成。k 较大而 T 较小时的数据被称为“短面板”；反之被称为“长面板”。

残差项独立同分布和解释变量严格外生性的假设，于是需借助 MLE 方法来估计模型（龙小宁等，2014）[331]。得如下全局和局部行业的空间自回归固定效应模型结果（见表 6-7）。

表 6-7　嵌入式创新驱动产业结构协调化结果（水平式知识溢出权重矩阵）

变量	全部行业	采矿业	制造业	电力、燃气及水的生产和供应业	高技术产业
ln*QI*	0.489*** (3.306)	0.377** (1.828)	0.510** (1.779)	1.080** (2.052)	0.428** (2.142)
ln*TI*	-0.013 (-0.196)	-0.128* (-1.343)	0.050** (1.458)	-0.091 (-0.931)	-0.131*** (-3.028)
ln*SNP*	0.263*** (4.684)	0.044* (1.105)	0.053* (1.117)	-0.093* (-1.114)	0.223* (1.126)
ln*NPD*	0.244** (1.564)	0.813* (1.211)	0.029 (0.117)	0.404* (1.210)	0.234*** (3.348)
ln*GTB*	0.052* (1.026)	0.105* (1.144)	0.012** (1.375)	1.369*** (5.644)	0.047* (1.026)
W×ln*RA*	0.445*** (6.368)	-0.046 (-0.292)	0.040* (1.212)	0.647*** (9.695)	0.828*** (22.750)
log*L*	-679.793	-54.391	-472.850	-37.977	-3.257
R^2	0.881	0.810	0.766	0.961	0.994
σ^2	1.208	0.463	1.243	0.783	0.048

注：*、** 和 *** 分别表示在 10%、5% 和 1% 的显著性水平下通过显著性检验，括号内为 t 统计量。

由表 6-7 可见，水平式知识溢出条件下，除采矿业外，42 个工业行业以及其余三个行业分类下的嵌入式创新驱动产业结构协调化的空间效应均显著为正，说明我国的大多数工业行业对邻近行业均具有正向知识溢出效应。采矿业中的石油、天然气等行业均属于垄断行业，此类企业属于资源稀缺性行业并存在规模经济效益和范围经济效益，于是追求利润最大化是其垄断的本质，而且它们提供的服务和物品均比较单一，对其他行业的知识溢出效应和空间效应不显著，甚至为负。嵌入式技术创新、新产品开发项目数和各级政府对技术开发的减免税对产业结构协调化均产生积极影响。水平式知识溢出有助于技术链高效地嵌入创新链，给产业带来技术创新和技术变革，实现产业比例的动态协调和均衡。新产品开发项目数越多，越有助于带动本企业进行产品研发，甚至通过竞争效应带动其他企业的研发生产积极性，实现大规模的技术嵌入式创新，合理化产业间的比例。政府对技术开发的减免税越多，越能鼓励企业投入大量的资金进行技术研发，实现创新的自主化，驱动产业结构协调化。新产品销售收入（电力、燃气及水的生产和供应业除外）对产业结构优化升级产生积极影响。新产品的销售意味着新技术研发成果的市场化，新技术嵌入产业链，有助于实现产业链的重新排列组合，使得新兴产业的比例更加趋于统一和协调。采矿业，电力、燃气及水的生产和供应业，高技术产业的技术引进经费对产业结构协调化呈负向作用（如表 6-8 所示）。主要原因是先进的技术往往凝聚着研发者几年甚至十几年或更久的研究心血，没有人愿意转让这些凝聚着研发者自身经验和诀窍的技术。更重要的原因是，上述这些行业大多具有较高的技术和资产壁垒，在此类技术轨道上，后进入者想要获得新兴技术非常困难，这些企业在进行先进技术的引进时往往缺乏有效的供应链，引进的技术和知识不能很好地融入产业链中，久而久之，就会因为缺乏技术积累而被技术领先的企业扼杀在新兴技术萌芽的“摇篮”里，不利于产业结构协调化。因此，只有加大自主研发的投入力度，才能更好地实现技术嵌入式创新驱动产业结构协调化。

表 6-8　嵌入式创新驱动产业结构协调化结果（技术距离权重矩阵）

变量	全部行业	采矿业	制造业	电力、燃气及水的生产和供应业	高技术产业
ln*QI*	0.289 * (1.022)	0.395 * (1.297)	0.489 * (1.315)	1.273 ** (2.110)	0.472 ** (2.241)
ln*TI*	-0.017 (-0.258)	-0.131 ** (-1.378)	0.051 (0.461)	-0.053 (-0.334)	-0.132 *** (-2.882)
ln*SNP*	0.174 *** (3.845)	0.037 (0.355)	-0.048 (0.103)	-0.218 ** (-2.332)	0.155 * (1.246)
ln*NPD*	0.288 ** (1.835)	-0.769 ** (-1.716)	0.026 (0.103)	0.354 (0.687)	0.225 *** (3.014)
ln*GTB*	0.043 (0.834)	0.101 * (1.105)	-0.010 (-0.172)	1.248 *** (4.361)	0.072 ** (1.145)
W×ln*RA*	0.370 *** (4.454)	-0.036 (-0.128)	0.084 (0.457)	0.645 *** (8.297)	0.840 *** (23.111)
log*L*	-683.405	-51.267	-472.782	-42.819	-7.362
R^2	0.880	0.812	0.766	0.946	0.993
σ^2	1.219	0.457	1.242	0.626	0.055

注：*、** 和 *** 分别表示在 10%、5% 和 1% 的显著性水平下通过显著性检验，括号内为 t 统计量。

为保证计量结果的稳健性，本书首先选择了不与人力资本相乘的技术距离矩阵进行模型分析。

表 6-8 估计结果中各变量系数的正负性与表 6-7 的结果基本趋于一致，但

表6-8各解释变量对产业结构协调化作用显著不高。说明本书构建的水平式知识溢出矩阵更加符合嵌入式创新驱动产业结构协调化的分析结果。上述结论同时验证了本书在水平式知识溢出下构建空间自回归模型研究技术嵌入式创新驱动产业结构协调化实证结果的稳健性。

为保证本章构建的空间自回归模型在解析技术嵌入式创新驱动产业结构协调化实证分析中的稳健性，本章将通过变换模型的形式进一步检验实证结果的稳健性。通过与初始构建的SAR模型进行对比，并保障本章关注的嵌入式创新和产业结构协调化变量间的作用关系不变，本章选择构建如下空间动态面板数据（SDPD）模型进行进一步的实证检验。

$$\ln RA_{kt}=\lambda W^L\ln RA_{jt}+\gamma\ln RA_{j,t-1}+\rho W^L\ln RA_{j,t-1}+\beta_1\ln QI_{kt}+\beta_2\ln TI_{kt}+\beta_3\ln SNP_{kt}+\beta_4\ln NPD_{kt}+\beta_5\ln GTB_{kt}+c_n+\mu_n+\varepsilon_{nt} \tag{6-33}$$

其中，$(\lambda,\gamma,\rho,\beta_1,\beta_2,\beta_3,\beta_4,\beta_5)$ 是式（6-33）中包含的所有参数，c_n 是个体固定效应的 $n\times1$ 维列向量，$\mu_n=(\mu_1,\cdots,\mu_n)'$ 表示随机效应，ε_{nt} 是空间关联误差，$\varepsilon_{nt}=(\varepsilon_{1t},\cdots,\varepsilon_{nt})'$。于是得到如表6-9所示的结果。

表6-9　嵌入式创新驱动产业结构协调化结果（SDPD模型）

变量	全部行业	采矿业	制造业	电力、燃气及水的生产和供应业	高技术产业
$W^L\times\ln RA_{jt}$	0.322** (2.480)	-0.502** (-1.790)	-0.432** (-2.280)	1.257** (1.960)	0.084* (1.031)
$\ln RA_{j,t-1}$	0.970*** (54.700)	0.492** (2.600)	0.584*** (9.930)	0.760*** (5.350)	0.953*** (49.140)
$W^L\times\ln RA_{j,t-1}$	-0.285** (-2.040)	0.097* (1.255)	-0.181 (-0.980)	-0.740 (-1.020)	-0.109 (-0.720)
$\ln QI$	0.082 (0.940)	0.340* (1.090)	0.047** (1.398)	0.445* (1.029)	0.490** (1.967)
$\ln TI$	-0.018 (-0.400)	-0.113* (1.120)	0.061* (1.125)	-0.171** (-1.160)	-0.108** (-1.580)
$\ln SNP$	0.044* (1.260)	0.111 (0.970)	0.047** (1.277)	0.146* (1.210)	0.174** (-1.910)
$\ln NPD$	0.122** (1.750)	0.667** (1.400)	0.001 (-0.010)	0.275** (1.115)	0.149* (1.132)
$\ln GTB$	0.006 (0.170)	0.121* (1.270)	0.005 (0.080)	0.254** (1.470)	0.073* (1.130)
常数项	-0.771 (1.000)	11.123* (1.270)	-1.395 (-0.320)	-4.135** (-1.470)	-2.067** (-1.690)
R^2	0.992	0.991	0.955	0.978	0.989

注：*、** 和 *** 分别表示在10%、5%和1%的显著性水平下通过显著性检验，括号内为t统计量。

由表 6 - 9 可见，大多数技术嵌入式创新驱动产业结构协调化变量的正负性与表 6 - 7 的结果趋于一致，即通过变换模型后得出的实证结果与原结果相同，说明本章构建的空间自回归模型是稳健的。

此外，在估计过程中，上述空间自回归模型可能存在双向或逆向因果关系等原因导致的模型内生性问题，如某一类新产品销售过量而导致的产业结构不协调现象，于是本书选择工具变量法（IV）进行克服。选择工具变量的原则是：工具变量需要与被解释变量的扰动项不相关并与内生解释变量高度相关。于是，本书构建的工具变量为［$w_n \ln QI$，$w_n^2 \ln QI$］（Alvarez，2003；Lee，2003）[332-333]，得出的工具变量回归结果如表6 - 10 所示。

表 6 - 10　嵌入式创新驱动产业结构协调化的内生性检验结果（水平式知识溢出权重矩阵）

变量	全部行业	采矿业	制造业	电力、燃气及水的生产和供应业	高技术产业
常数项	12.034 *** (6.320)	17.337 *** (9.650)	17.967 *** (9.530)	7.178 (1.015)	-15.510 ** (-2.120)
ln*QI*	0.420 * (1.079)	0.637 *** (3.030)	0.805 *** (3.020)	0.555 (0.640)	4.556 *** (3.490)
ln*TI*	-0.94 ** (-2.500)	-0.144 ** (-2.240)	-0.220 ** (-1.800)	-0.326 ** (-1.850)	-0.703 ** (-1.690)
ln*SNP*	0.090 (1.030)	0.158 * (1.251)	0.262 ** (2.110)	-0.590 *** (-4.980)	2.413 *** (4.630)
ln*NPD*	0.406 ** (2.190)	0.484 ** (2.000)	0.361 ** (1.980)	1.224 (1.011)	-0.680 * (-1.120)
ln*GTB*	0.134 (1.019)	0.101 ** (1.390)	0.045 (0.560)	0.286 * (1.320)	0.390 (0.920)
W × ln*RA*	0.070 (0.530)	-0.617 *** (-4.860)	-0.039 (-0.330)	0.846 ** (2.400)	0.542 ** (1.930)
F	25.210 ***	34.610 ***	33.790 ***	22.800 ***	3.82 ***
Sargan	6.080 ***	7.605 **	4.265 ***	5.787 *	4.083 ***

注：*、** 和 *** 分别表示在 10%、5% 和 1% 的显著性水平下通过显著性检验，括号内为 t 统计量。

表 6 - 10 解析了使用工具变量时的回归结果。结果显示，所有的工具变量均通过 Sargan 检验，各个变量的正负性水平与表 6 - 7 基本一致，这进一步验证了技术嵌入式创新对产业结构协调化的正向促进作用。

6.4 本章小结

本章首先说明了技术嵌入式创新驱动产业结构协调化的作用机理，认为技术嵌入式创新与产业结构协调化均会对经济增长产生正向促进作用，并且两者在时间和空间维度上的交互作用会形成时空的循环作用效应。其次探究形成这种循环交互作用回路的原因，指出人力资本、技术创新战略和经费资源等内源驱动因素和政府支持、技术进步及市场竞争等外源驱动因素是实现技术嵌入式创新驱动产业结构协调化系统共生演化的推动力和拉动力，两者的相互作用维持系统的动态平衡。最后解析了技术嵌入式创新驱动产业结构协调化空间效应存在的原因，主要是产业结构协调化在空间层面存在异质性和全局、局部的空间关联性，结果发现全局角度（42个工业行业）以及局部角度（三大行业细分）的水平式知识溢出下技术嵌入式创新驱动产业结构协调化的空间效应均显著为正。

7　垂直式知识溢出下区域技术融合式创新驱动产业结构高度化的空间效应

知识既存在水平式溢出的形式，也存在垂直式溢出的形式。于是本章在垂直式知识溢出的背景下，探究知识和技术在创新链与产业链的融合过程中促成传统产业改造，并促使高技术产业逐渐成为主导产业，引致产业结构高度化的第二条作用主线。

7.1　区域技术融合式创新驱动产业结构高度化的机理分析

7.1.1　区域技术融合式创新的内涵

融合式创新是指产业链和创新链通过技术融合和技术扩散的形式实现充分融合，发生在上下游产业之间，本章探究融合式创新驱动高技术产业和低技术产业融合的过程和机理。在创新链和产业链逐步交融的前提下，高技术产业和低技术产业系统的边界逐步模糊，创新网络朝着一体化的目标迈进，创新的驱动性从产业间转移到上下游产业内。伴随着产业间融合式创新系统边界的日渐模糊，不同上下游产业内的创新要素和创新技术也不断出现全面扩散的现象。融合式创新即高技术产业和低技术产业之间通过创新链和产业链的融合而实现知识存量的相互流动和均匀分配的行为，如若高技术产业中研发人力资本投资强度的存量较大，那么该知识存量就会在融合式创新的驱动过程中向中低技术产业扩散，而中低技术产业中的优势知识存量也会向高技术产业溢出，最终通过技术融合和技术扩散的形式实现产业结构高度化。于是，本书构建如下模型探究技术融合式创新驱动产业结构高度化的作用形式和作用结果。

区域技术融合式创新会引致高技术产业部门向低技术产业部门发生知识溢出进而实现产业融合，而低技术产业部门也会向高技术产业部门发生知识溢出，使得产业融合现象出现。于是，本书分别探究高技术产业部门和低技术产业部门发生融合式技术创新时的产业融合效应。在新经济增长理论的背景下，假设整个封闭的经济体中只有高技术产业和低技术产业两个结构，那么存在如下关系（王伟光等，2015）[334]：

$$Y(t)=Y_h(t)+Y_l(t) \tag{7-1}$$

$$A(t)=A_h(t)+A_l(t) \tag{7-2}$$

$$H(t)=H_h(t)+H_l(t) \tag{7-3}$$

其中，$Y(t)$ 表示产出，$A(t)$ 为技术存量，$H(t)$ 表示人力资本，下标 h 和 l 分别代表高技术产业和低技术产业。

$$L(t)=L_h(t)+L_l(t)=aL(t)+(1-a)L(t) \tag{7-4}$$

其中，$L(t)$ 表示经济体中的所有工人，人力资本和工人总数间满足 $H(t)=L(t)\cdot G(E)$，$G(\cdot)$代表人力资本函数。

$$L(t)=L_h(t)+L_l(t)=aL(t)+(1-a)L(t) \tag{7-5}$$

其中，a 表示进行高技术生产活动的工人比率。

$$L_h(t)=L_{hp}(t)+L_{hr}(t)=b_hL(t)+(1-b_h)L(t) \tag{7-6}$$

其中，b_h 为参加技术研发的高技术产业人员占总人数的比重。

同理，存在下式：

$$L_l(t)=L_{lp}(t)+L_{lr}(t)=b_lL(t)+(1-b_l)L(t) \tag{7-7}$$

其中，b_l 表示参加技术研发的低技术产业人员在总人数中的占比。

（1）高技术产业部门。基于上述假定，本书构建高技术产业的生产函数。

$$Y_h(t)=K_h(t)^{\alpha}[A_h(t)\cdot H_{hp}(t)]^{1-\alpha} \tag{7-8}$$

其中，α 指产出弹性。$Y_h(t)$ 为高技术产业部门的产出，$K_h(t)$ 为资本，$A_h(t)$ 为知识存量，$H_{hp}(t)$ 代表人力资本。

高技术产业部门主要通过干中学和技术研发获取新技术成果，干中学是高技术产业部门的工人在劳动生产过程中创造或发现的新知识，技术研发是技术引进的更高级过程，是高技术产业部门分阶段进行的知识创新活动，是高技术产业部门的科研人员对引进的新知识或新技术的重新整合或消化吸收再创新的过程（Romer，1990）[335]。那么，设定高技术产业部门新技术的生产函数如下：

$$\dot{A}_h(t)=[H_{hp}(t)\cdot K_h(t)]^{\phi}[H_{hr}(t)\cdot A_h(t)]^{\theta}A_l(t)^{\psi} \tag{7-9}$$

其中，$\dot{A}_h(t)$ 为新技术，$H_{hr}(t)$ 为技术研发过程中的人力资本。ϕ 和 θ 分别是干中学和技术研发对新技术的贡献度，它们对新技术的贡献率随 ϕ 和 θ 的增大而递增，ψ 表示低技术产业部门对高技术产业部门的知识溢出系数，低技术产业部门对高技术产业部门新技术成果研发的贡献度正相关于 ψ 值。于是，对式（7-8）和式（7-9）进行改写，得出如下结果：

$$Y_h(t)=[(1-b_h)G(E_{hp})]^{1-\alpha}K_h(t)^{\alpha}[A_h(t)\cdot L_h(t)]^{1-\alpha} \tag{7-10}$$

$$\dot{A}_h(t)=[(1-b_h)G(E_{hp})]^{\phi}[b_hG(E_{lrp})]^{\theta}K_h(t)^{\phi}L_h(t)^{\phi+\theta}A_h(t)^{\theta}A_l(t)^{\psi} \quad (7-11)$$

于是可得 A_h 和 K_h 的增长率，如式（7－12）、式（7－13）所示：

$$g_{A_h}(t)=[(1-b_h)G(E_{hp})]^{\phi}[b_hG(E_{hr})]^{\theta}K_h(t)^{\phi}L_h(t)^{\phi+\theta}A_h(t)^{\theta-1}A_l(t)^{\psi} \quad (7-12)$$

$$g_{K_h}(t)=s[(1-b_h)G(E_{hp})]^{1-\alpha}K_h(t)^{\alpha-1}[A_h(t)\cdot L_h(t)]^{1-\alpha} \quad (7-13)$$

分别对式（7－12）和式（7－13）取对数后对时间求微分，可得式（7－14）和式（7－15）。

$$\frac{\dot{g}_{A_h}(t)}{g_{A_h}(t)}=\phi g_{k_h}(t)+(\theta-1)g_{A_h}(t)+n(\phi+\theta)+\psi g_{A_l}(t) \quad (7-14)$$

$$\frac{\dot{g}_{K_h}(t)}{g_{K_h}(t)}=(1-\alpha)[g_{A_h}(t)+n-g_{K_h}(t)] \quad (7-15)$$

（2）中低技术产业部门。同理，低技术产业部门规模报酬不变的生产函数如下：

$$Y_l(t)=K_l(t)^{\alpha}[A_l(t)\cdot H_{lp}(t)]^{1-\alpha} \quad (7-16)$$

其中，Y_l（t）为低技术产业部门的产出，K_l（t）为资本，A_l（t）为知识存量，H_{lp}（t）代表人力资本。

中低技术产业部门新技术成果的研发也包含三个方面，分别是干中学、技术研发和高技术产业部门对低技术产业部门的知识溢出。干中学和技术研发主要取决于高技术产业部门在新技术研发中的主导地位，而高技术产业部门对低技术产业部门的知识溢出则与产业部门间的知识势能，或低技术产业部门对新知识的吸收能力和获取方式相关（马胜利，2015）[336]。那么，低技术产业部门的新知识生产函数如下：

$$\dot{A}_l(t)=[H_{lp}(t)\cdot K_l(t)]^{\phi}[H_{lr}(t)\cdot A_l(t)]^{\theta}A_h(t)^{\psi} \quad (7-17)$$

其中，$\dot{A}_l$（t）为低技术产业部门新技术成果的研发，H_{lr}（t）为低技术产业部门的研发人力资本，ψ 表示高技术产业部门对低技术产业部门的知识溢出系数，高技术产业部门对低技术产业部门新技术成果研发的贡献度与 ψ 值成正比。

根据前面的假设，对式（7－16）和式（7－17）进行改写，分别得到如式（7－18）所示的低技术产业部门产品生产函数和如式（7－19）所示的知识生产函数。

$$Y_l(t)=[(1-b_l)G(E_{lp})]^{1-\alpha}K_l(t)^{\alpha}[A_l(t)\cdot L_l(t)]^{1-\alpha} \quad (7-18)$$

$$\dot{A}_l(t)=[(1-b_l)G(E_{lp})]^{\phi}[b_lG(E_{lr})]^{\theta}K_l(t)^{\phi}L_l(t)^{\phi+\theta}A_l(t)^{\theta}A_h(t)^{\psi} \quad (7-19)$$

于是可得 A_l 和 K_l 的增长率，如式（7－20）、式（7－21）所示：

$$g_{A_l}(t)=[(1-b_l)G(E_{lp})]^{\phi}[b_lG(E_{lr})]^{\theta}K_l(t)^{\phi}L_l(t)^{\phi+\theta}A_l(t)^{\theta-1}A_h(t)^{\psi} \quad (7-20)$$

$$g_{K_l}(t)=s[(1-b_l)G(E_{lp})]^{1-\alpha}K_l(t)^{\alpha-1}[A_l(t)\cdot L_l(t)]^{1-\alpha} \quad (7-21)$$

分别对式（7－20）和式（7－21）取对数后对时间求微分，可得式（7－22）

和式（7－23）。

$$\frac{\dot{g}_{A_l}(t)}{g_{A_l}(t)}=\phi g_{k_l}(t)+(\theta-1)g_{A_l}(t)+n(\phi+\theta)+\psi g_{A_h}(t) \tag{7-22}$$

$$\frac{\dot{g}_{K_l}(t)}{g_{K_l}(t)}=(1-\alpha)[g_{A_l}(t)+n-g_{K_l}(t)] \tag{7-23}$$

于是，当系统处于稳态条件下时，将式（7－14）、式（7－15）、式（7－22）和式（7－23）联立求解，可得如下结果：

$$\begin{cases} g_{A_h}^*=\dfrac{(2\phi n+n\theta)(2\psi+1-\theta-\phi)}{(\psi+1-\theta-\phi)(1-\theta-\phi)} \\ g_{A_l}^*=\dfrac{2\phi n+n\theta}{\psi+1-\theta-\phi} \\ g_{K_h}^*=\dfrac{(2\phi n+n\theta)(2\psi+1-\theta-\phi)}{(\psi+1-\theta-\phi)(1-\theta-\phi)}+n \\ g_{K_l}^*=\dfrac{2\phi n+n\theta}{\psi+1-\theta-\phi}+n \end{cases} \tag{7-24}$$

由式（7－24）可见，$g_{A_h}^*$、$g_{A_l}^*$、$g_{K_h}^*$和$g_{K_l}^*$的变动均与ϕ、θ和ψ的变动有关。那么，当$\psi=0$并且$\theta+\phi<1$时，高技术产业部门与低技术产业部门的平衡增长路径存在重合或平行两种情况。即在垂直式知识溢出条件下，融合式技术创新促使高技术产业与低技术产业逐渐融合，使得高技术产业与低技术产业间的界限日渐模糊并最终消失，实现传统产业的改造和高技术产业的主导，驱动产业结构高度化。在高技术产业与低技术产业通过知识溢出的形式实现融合式创新的过程中，两类产业的知识存量以知识流的形式从知识势能高的产业端流向知识势能低的产业端，最终使高技术产业与低技术产业的知识存量差距为一个固定值，即融合式创新使得产业集群内的高技术产业主导地位不可撼动，剩下的低技术产业与高技术产业以平行的形式和平共处。于是，区域技术融合式创新驱动产业结构高度化的结果如图7－1所示。

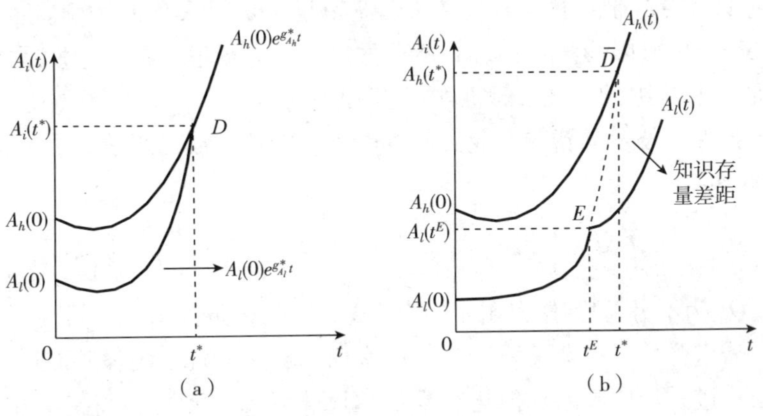

图7－1 技术融合式创新驱动产业结构高度化的结果

7.1.2 产业结构高度化的内涵

产业结构高度化即不断将落后衰退的产业淘汰，并引导和扶持新兴产业，通过加速传统产业的高技术改造而实现产业结构转变。从微观角度而言，产业结构高度化表现为工艺形态和产品形态的高级化；而主导产业的新旧更替是产业结构高度化宏观角度的主要表现。长期而言，产业结构高度化是产业结构不断向高级水平趋近的动态过程，随着时间的推移，产业的技术集约程度也将逐渐提升（司桂霞，2015）[337]。通过如下方式阐释产业结构高度化的发展过程。

首先本书做出如下假定：

（1）某一产业某产品的价格为 P，需求的价格弹性是 ε_1，市场需求为价格的线性函数，并假设市场的最大需求量 Q 为收入的线性函数，那么有 $\Delta Q = \varepsilon_1 Q\Delta P/P$；

（2）国民收入为 I，某一产业某产品需求的收入弹性为 ε_2，那么有 $\Delta Q = \varepsilon_2 Q\Delta I/I$；

（3）产业的技术含量为 A_0，n 次创新后，产业的技术含量变成了 $A = A_0 e^{\eta n}$，其中，η 为恒定的技术进步效率；

（4）与该产业并列的产业还有 n 个，这些产业的产量为 U_n，产业间的关联系数为 ζ_1、ζ_2、…、ζ_n，于是可得产业间的纽带需求 $\sum_{j=1}^{n}\zeta_j U_j$，那么市场的最大需求量为 $Q + \sum_{j=1}^{n}\zeta_j U_j$。

卢卡斯的生产函数模型如下：

$$Y = AK^{\alpha}(\xi Lh)^{\beta}h^{\gamma} \tag{7-25}$$

其中，K 表示物质资本，ξ 表示人力资本中的生产占比，L 代表劳动力，h 指平均人力资本，h^{γ} 指人力资本的外部效应。

于是得产业发展进步方程为 $dy/dx = RY(Q-Y)$。产业演进的实质是在市场需求和技术进步的共同推进下，不断追求产业市场容量最大化的过程。上述假定中，Q 代表市场需求的极限容量，标志着产业发展的最大规模，在产业发展的过程中不断提升 Q 是产业演进的主要表现形式，于是有 $Q = AK^{\alpha}(\xi Lh)^{\beta}h^{\gamma}$。那么，在考虑需求、收入弹性、技术创新和产业关联等因素对产业发展的影响时，可得产量的增长极限 Q 如下：

$$Q = f(A,\varepsilon_1,\varepsilon_2,\zeta,h) = A_0 e^{\eta n}(\xi h)^{\beta}h^{\gamma}Q_0\left(1 + \frac{\varepsilon_2 I}{I_0} - \frac{\varepsilon_1 P}{P_0}\right) + \sum_{j=1}^{n}\zeta_j U_j \tag{7-26}$$

其中，Q_0 为不考虑上述影响因素时产量的增长极限。由上式可见，技术进步、收入弹性、需求弹性、产业关联度和生产率均随着人力资本的提升而递增，此时可促进产业结构进一步向高附加值化、高加工度化、高技术化和高集约化水平发展。产业结构高度化主要包含以下几方面的内容：

（1）产品的高级化。第一，产品形态逐渐实现现代化。实物产品占比逐渐下降，很多产品和服务逐渐虚拟形态化，产品功能趋于个性化和时尚化。第二，产值结构的高端化。产值结构逐渐形成了初级产品（劳动密集型）、中间产品（资本密集型）和最终产品（技术密集型）的转化梯度。第三，产品科技的集成性。企业中坚强有力的科研团队持续研发高技术产品，不断优化产品的功能。

（2）产业链结构的高度化。知识的垂直式溢出背景下，产业由低附加值产业为主逐渐转向高附加值产业占主导地位的趋势发展，低加工度的产业逐渐被淘汰，高加工度的产业取而代之，产品的制造等级也从初级产品向制造中间产品甚至最终产品的产业进化。在产业结构的转变过程中，逐渐实现产业优势地位的更迭，是技术创新成果的具体表现。

（3）产业结构的广度和深度持续拓展。产业广度指一个产业中所涵盖的产业群和产业的数量，产业深度则指一个产业在发展过程中必须经历的发展阶段。产业结构高度化的本质是产业不断进行横向拓展、纵向延伸和产业耦联的过程，促使产业结构水平不断提升、产业结构规模逐渐扩张、产业间联系更加紧密。在技术进步的作用下，产业结构系统不断由低级形式向高级形式转变的动态演化过程。

（4）产业间结构的高度性。产业结构高度的逐步提升主要由劳动密集型产业占优势比重向知识密集型、技术密集型和资金密集型产业逐渐演进，并由第一产业的主导优势地位向第二、第三产业的主导优势地位方向依次演进，使得产业结构由低效化向高效化演变，主要表现为产业结构水准的提升，对旧的产业结构的扬弃。

（5）产品工业形态的高标准化。随着技术的进步，生产的过程不再需要过多的劳动力，取而代之的是知识、技术要素和智力因素，并且劳动的手段逐渐趋于智能化，原始的生产工具被机械化、自动化甚至智能化取代。此外，技术基础也逐渐趋于新型化，随着技术不断向高端化发展，整个社会的产业基础体系也在不断变化，产品的更新换代速度攀升，并向更高标准的技术体系发展。

7.1.3 区域技术融合式创新驱动产业结构高度化的空间作用机理

区域技术融合式创新的本质是对引进新技术的融合与扩散，进而实现科技成果的转化，技术创新模式的选择将直接影响转化效率，那么只有紧密联系的创新链才能促使科技成果向有价值的服务或商品转化，进而进一步转变产业结构，实现产业结构高度化。创新链的形成是知识来源、知识转移和知识开发的综合递归过程，创新链的模式随着研究发展的过程和情境不断演进，构成了由线性创新链到非线性创新链进而到循环创新链的发展模式。在实际的创新过程中，一系列相互联系、相互独立的创新主体相连接，从创新要素引进到创新技术的融合扩散再到创新成果的产业化，促使科技研发的价值实现不断增值。这么一个复杂的创新过程涉及众多部门、需要运用多种要素、涉及多个环节并跨越多重时空，最终实现技术融合式创新，推进产业结构高度化。融合式创新链主要通过链上各个节点的交互作用，以达到转化创新链集成成果，最终转化创新成果的目标（郭佩颖，2013）[338]。

本书认为在垂直式知识溢出的背景下，区域技术融合式创新通过创新链与产业链融合的形式驱动产业结构高度化。产业链的发展主体是企业，其中附着于产业链上的企业、其他节点企业、为产业链整合提供辅助配套服务的关联企业以及产业链上的核心企业均是产业链融合过程中的主体企业。产业链自身的发展需依靠政府出台合理高效的产业政策，以规范化产业链的发展和管理。市场通常会通过自由竞争的形式实现生产要素的合理配置，让产业链节点上的企业依靠自身积极地创造条件来改善区域环境，保障产业链系统维持开放的状态，促成产业链的进化（Yu 等，2012）[339]。

区域技术融合式创新驱动产业结构优化升级通过创新链与产业链的融合实现，而企业是创新链和产业链融合的媒介。在知识流的作用下，以企业为核心组织的产业链在知识流和资本流的促动下实现与创新链的有机结合，并在合作和沟通的基础上，在区域环境、政府和市场的交互作用下促使创新链与产业链的节点企业，对生产要素进行合理配置，让生产要素在融合的链上实现有效沟通，以不断扩展终端产品的应用领域，使得知识和技术往更深更细的方向渗透融合，以研发高附加值的产品，进而实现传统产业的高技术改造，促成产业结构高度化（朱国忠等，2014）[340]。

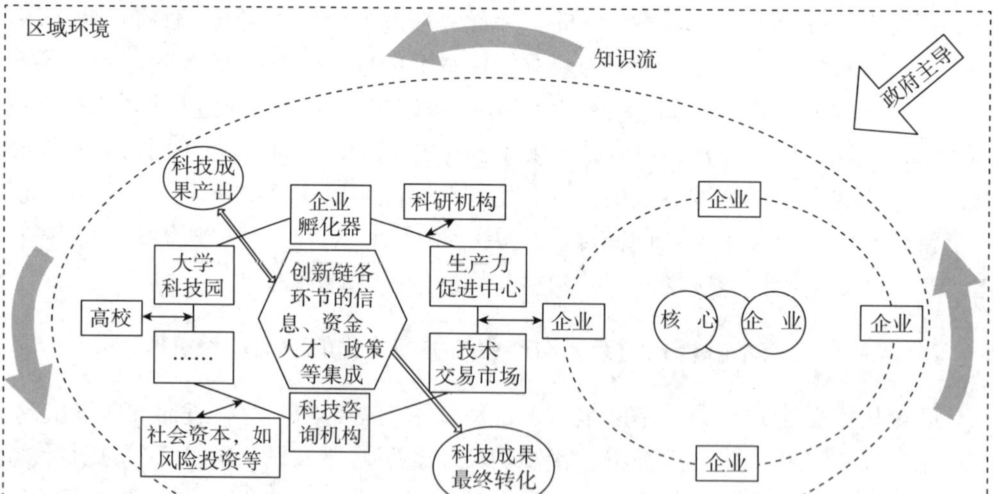

图 7-2 区域技术融合式创新驱动产业结构高度化的空间作用机理

由图7-2可见，信息、资金、人才、政策等为创新链的基本构成要素，创新链通过技术知识共享的形式产出并转化为科技成果。高校集聚的大学科技园、企业孵化机构、技术交易市场、科技咨询机构等共同构成产业链，产业链是一系列产学研机构的集聚地，掌握关键技术的核心企业占据发展优势，引起一大批外围企业向其集聚，逐渐形成产业集群。在知识流和资本流的联合作用下，创新链和产业链以集群的企业为突破口，结合政府政策导向和市场的推动机制，实现区域环境空间下创新链和产业链的有效融合，使得区域技术创新和产业结构优化升级间的空间关联更加紧密。那么，在融合的背景下，区域环境得到不断优化，经过技术革新的企业在新的融合环境下生产出高附加值的产品，不断摒弃传统的生产技术，改造传统产业，促成新兴产业的萌芽，实现高技术产业的主导地位，促成产业结构高度化。

7.2 融合式创新中技术融合引致传统产业改造的耦联扩散规律

通过融合式创新来加速我国的产业结构高度化已成为我国转变经济发展方式，实现科学发展的重要战略举措。通过融合式创新驱动产业结构优化升级是走中国特色新型工业化道路的基础性要求。走新型工业化道路，增强我国工业综合实力的核心是充分发挥科技的支撑和引领作用，深入实施人才强国和科教兴国战略。而创新链和产业链融合角度的技术融合式创新驱动产业结构高度化间存在复杂的作用关系，它们之间存在的作用周期长。而系统动力学模型能解析复杂系统间的相互作用原理，于是本书构建系统动力学模型分析融合式技术创新驱动产业结构高度化的耦联扩散规律。

系统动力学对系统的定义是将相互作用、相互区别的单一个体有机结合在一起并拥有相同目的的集合整体。区域技术融合式创新子系统和产业结构高度化子系统均可被看作由具有某种特定功能和结构的多个主体构成的，并不断同外部环境进行知识、能量和物质交流的开放系统。区域技术融合式创新与产业结构高度化两个子系统通过垂直式知识溢出的形式及其内部各要素的非线性动态关联过程相互作用，两个子系统以行业的技术创新收益和垂直式知识溢出等变量作为系统耦联的纽带进行连接。区域技术融合式创新驱动产业结构高度化的耦联扩散系统存在以下三个特性：

（1）驱动系统的复杂性。耦联扩散系统具有如下复杂特性：①自组织性。系统内的所有元素均自主地与其他元素关联，各元素之间存在正负相关关系。②非线性性。各种元素不仅与其他一种元素存在关联关系，错综复杂的关系使得元素与元素之间无法用线性函数表达。③协同性。子系统内部的元素相互作用、相互影响，所有元素相互合作，对子系统整体的影响是协同的。④整体性。整个子系统又是一个由具有复杂相互关联的各元素交互作用的整体。各子系统拥有特色功能，在整体系统的演化发展过程中发挥比较优势、竞争优势，系统各要素的竞合效应将使整个系统趋于和谐、强健、恒定（邹薇等，2015）[341]。

（2）驱动系统的波动性。区域融合式创新子系统内的指标会通过相互影响而存在较大波动，如系统中的技术知识存量、FDI 技术溢出存量等指标的波动特性显著，随着时间和外部环境的变化，存量会出现较大波动。而 R&D 存量的浮动、技术知识的吸收能力、R&D 经费的涨跌等指标也会随时间的变化而变化。产业结构高度化子系统内第一产业、第二产业和第三产业增加值会随时间的推移而发生变化。随着经济发展速度和发展水平的变化，科技投入产出、科技产出水平和产业产值水平等均会发生不同程度的变动，影响产业结构的变动（Roper 等，2008）[342]。

（3）驱动系统的复反馈性。耦联扩散系统中各个子系统及其相应的元素各司其职。技术融合式创新系统加速系统的技术溢出，改变系统内技术知识、R&D 的存量，改善系统内的竞争合作环境，促成科技成果转化。产业结构高度化系统则持续改造传统产业，扶持和引导新兴产业，引导区域提升自身对新兴技术的吸收能力，进而转变为高附加值产品的生产和市场化，实现产业结构的高度化转变。两个子系统在融合扩散过程中相互作用，构成各种正负反馈，共同促进区域产业系统的稳健发展（葛沪飞等，2009）[343]。

7.2.1 融合式创新系统

技术融合和技术扩散过程促成融合式创新，创新链和产业链以技术融合的形式实现交互融合，企业通过技术融合的形式改善生产过程的各个阶段，使得以研发创新、过程创新和产品创新为标志的创新链实现了升级，并促使产业链中的上游、中游和下游企业获得新兴技术，提高生产技术，扩充企业的新兴知识存量，实现技术革新。在整个融合驱动过程中，企业不断实现技术改造、产业升级，最终实现了对传统产业的顺利改造，稳固高技术产业的主导地位。于是本章研究各种技术、知识表现形式下的技术融合式创新对产业结构高度化的驱动机理。所构建的技术融合式创新子系统的系统边界包括各类与技术创新相关的高中低技术产业。技术进步会引致技术融合，那么在只有高技术产业和低技术产业存在的环境下，区域技术融合式创新子系统模型的基本概况如下：

（1）技术的融合和扩散是技术融合式创新的主要表现形式，FDI 技术溢出是技术扩散的一种方式。区域知识的扩散能力对 FDI 技术溢出的形成具有促进作用，知识技术的扩散能力与区域融合式创新系统息息相关，区域技术融合式创新加快区域内知识创新进度，增加技术知识产出。区域 FDI 技术溢出的吸收能力影响 FDI 技术溢出存量向区域技术知识流量的转化速度。

（2）区域技术知识存量折旧相关于 FDI 投入、区域技术知识折旧率。技术知识折旧率与 FDI 投入量成正比，技术知识的折旧越快，就越需要用源源不断的 FDI

投入来延缓技术知识的折旧，为技术知识存量不断注入新鲜血液。而折旧率受区域间的竞争程度和技术差距的影响，竞争越激烈且技术差距越大的区域其折旧率越高，区域想要在激烈的竞争中取胜，势必要不断投入研发资金进行新产品和新技术的研发，于是技术知识的折旧率上升，即折旧率与技术差距和竞争的激烈程度成正比。

（3）R&D 技术知识存量与区域的吸收能力和知识创新能力相关。区域间的技术差距随着区域 R&D 技术知识存量的递增而减小，当技术差距减小到吸收能力可以接受的阈值范围内时，区域间的吸收能力增强。当区域对新知识和新技术的吸收能力增强时，就会促进区域进行大规模的知识引进吸收再创造，实现不同区域高低行业间的垂直式知识溢出，触发高附加值产品的生产和销售，最终提升融合式技术创新收益（Smarzynska，2004）[344]。

基于上述分析，本书构建如下区域技术融合式创新子系统。垂直式知识溢出→高附加值产品开发项目数→高附加值产品销售收入→融合式技术创新收益→FDI→FDI 技术溢出→FDI 技术溢出存量→区域技术知识存量→科技活动人员→R&D 技术知识流量→科研机构成果→专利申请授权量→垂直式知识溢出构成其中一个正反馈环（图 7－3 中以加粗的实线标注）；垂直式知识溢出→高附加值产品开发项目数→技术市场成交额→R&D 经费内部支出→R&D 产出→R&D 技术知识存量→技术消化吸收经费→吸收能力→知识创造能力→垂直式知识溢出构成其中一条平衡回路（图 7－3 中以虚线标注）。技术融合式创新子系统的因果关系如图 7－3 所示。

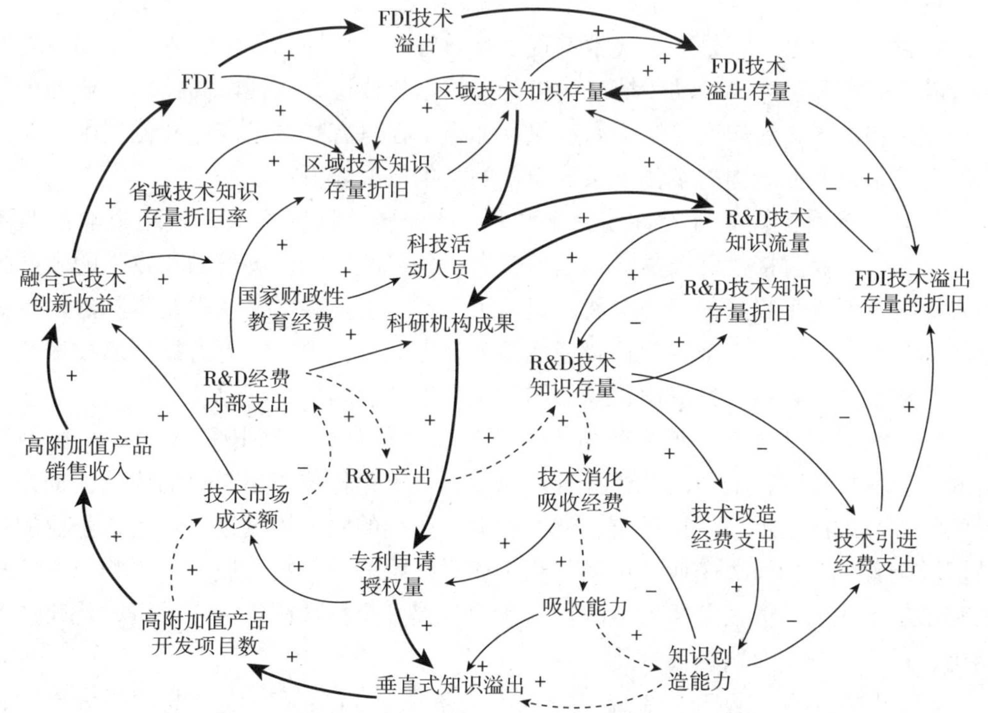

图 7－3　区域技术融合式创新子系统

由图7－3可见，区域技术融合式创新子系统的两条反馈路径，高附加值产品、高附加值项目、FDI引进的技术、科研人员等技术知识相关变量以垂直式知识溢出的形式在上下游企业或产业间产生影响效应，技术市场成交额、R&D经费和技术消化吸收经费等同样以垂直式知识溢出的形式作用于上下游企业或产业，其中垂直式知识溢出→高附加值产品开发项目数为两条反馈路径的重合线路。综上，区域技术融合式创新子系统主要以FDI、R&D等相关知识技术通过相互作用对知识创造能力、吸收能力产生影响，进而促进新产品的产销，提升技术创新收益。整个技术融合式创新子系统比较注重产品创新（高附加值新产品的产销）和过程创新（对先进技术设备的高度依赖）。

7.2.2 产业结构高度化系统

传统产业改造和高技术产业主导是产业结构高度化的标志性特征，创新链与产业链的融合促使企业的生产方式得到改善、生产关系发生变化、生产效率得到提升。以往落后的生产技术、生产流程等被摒弃，新兴的技术逐渐渗透到企业生产的各个过程，促使企业逐渐趋向高技术化，逐步蜕变形成高技术企业。在整个融合驱动过程中，企业或产业得到不同程度的改造和升级，实现高技术产业集群。于是本章研究劳动力、知识、技术等投入下的技术融合式创新对产业结构高度化的驱动机理。所构建的产业结构高度化子系统的系统边界包括各类与产业升级发展相关的高中低技术产业。

垂直式知识溢出背景下，技术实现了高效融合与扩散，促使新兴技术和高附加值产品的研究和生产，带动传统产业进行高技术化改造，实现以高技术产业为主导的产业结构形式，促成产业结构高度化。那么，在只有高技术产业和低技术产业存在的环境下，产业结构高度化子系统模型的基本概况如下：

（1）外商直接投资与劳动力工资水平、产业转移情况相关，最终影响产业布局和结构。外商直接投资大量涌入国内带来了较多的国际市场份额和较强的生产能力，极大地促进了我国的经济发展，提高了劳动力工资水平，使得资本的价格相对显得不那么昂贵。那么，企业将合理使用劳动力这一资源，并愿意投资新技术和新设备，实现产业转移，最终优化产业结构，促进产业结构高度化。

（2）科技投入相关于产业产值水平、产业结构优化。科技投入的加大有助于有效整合科技资源，增强改进科技管理速度，显著化科技成果产出的成效，提升企业的科技成果产出水平。于是企业就可根据产业链的发展进度进一步优化企业的科技资源配置，有力解决企业结构调整和产业升级中的重大技术瓶颈，影响第一、第二和第三产业的产值及其增加值的比重，稳步提升全社会固定资产投资，优化产业结构，最终实现产业结构高度化。

（3）要素资源禀赋与产业结构高度化正相关。当某区域或企业的要素禀赋相对丰裕时，要素资本的积累就更深，由此将引致该区域贸易的强化和分工的细化，促进区域经济快速发展，增加区域 GDP，进而促进全社会固定资产投资的增加。那么，区域通过购置固定资产的活动，持续采用先进技术装备，建立新兴部门，有助于调整区域经济结构和生产力的区域分布状况，实现区域产业结构的优化。而高技术产业的兴起和主导是产业结构优化升级的主要特征，即实现产业结构高度化。

基于上述分析，本书构建如下产业结构高度化子系统。其中，FDI→劳动生产率→劳动力工资水平→产业转移→产业结构优化→高技术产业→第三产业增加值→全社会固定资产投资→GDP→科技投入→科技成果产出→要素资源禀赋→劳动力资源→FDI 构成一个正反馈环（图 7 -4 中以加粗的实线标注）；科技产出水平→产业产值水平→第三产业产值→第三产业增加值→全社会固定资产投资→GDP→R&D 经费支出→科技产出水平构成一个正反馈环（图 7 -4 中以虚线标注）。产业结构高度化子系统的因果关系如图 7 -4 所示。

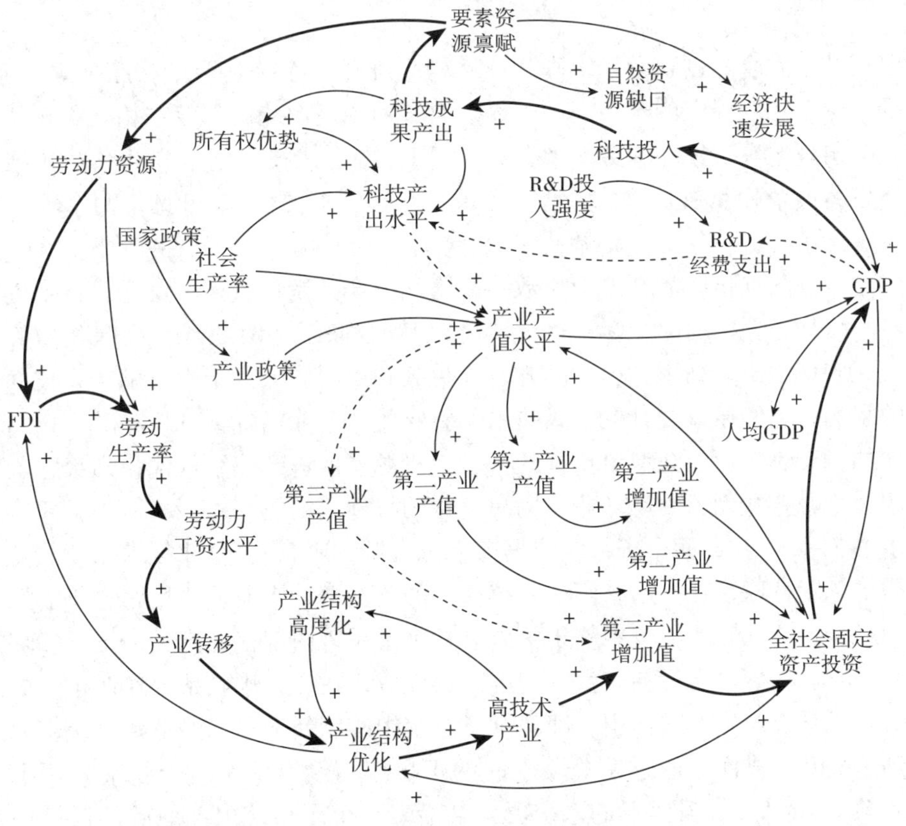

图 7 -4 产业结构高度化子系统

由图 7 -4 可见，产业结构高度化子系统的两条反馈路径，产业转移、劳动生产率、产业结构等产业效率的相关变量在全社会固定资产投资的背景下促进产业结构高度化，产业产值水平、科研产出水平同样在全社会固定资产投资的背景下对产业结构高度化产生显著的正向影响，其中第三产业增加值→全社会固定资产投资→GDP为两条反馈路径的重合线路。于是，产业结构高度化子系统中FDI、科技投入产出等知识技术因素间的互动性会对劳动生产率、各产业的产值和增加值产生影响，进而影响全社会固定资产投资，实现以高技术产业主导的产业结构高度化。整个产业结构高度化子系统比较关注产业比例关系的变化和劳动生产率的波动性。

7.2.3 融合式创新引致传统产业改造的耦联扩散机制

技术融合式创新子系统和产业结构高度化子系统在耦联扩散中相互促进、相互影响，互利共生。那么基于上述技术融合式创新子系统和产业结构高度化子系统图，本章用融合式创新引致传统产业改造以实现产业结构高度化的耦联扩散因果关系（见图7－5）来分析技术融合式创新驱动产业结构高度化的耦合联结机制。

区域技术融合式创新子系统和产业结构高度化子系统是两个相互独立的系统，当市场中两个相互独立的子系统相互靠近时，两个子系统内部存在相互影响关系的要素就会出现集聚现象，即劳动力资源、FDI、融合式技术创新收益和产业结构优化等要素将两个相互独立的系统紧密联系在一起。由图7－5可见，两个子系统通过“FDI技术溢出→劳动力资源→劳动生产率→劳动力工资水平→产业转移→产业结构优化→高附加值产品开发项目数→高附加值产品销售收入→融合式技术创新收益→FDI→FDI技术溢出”这条正反馈环实现耦合联结。两个子系统耦联的关键在于垂直式知识溢出、高附加值产品开发项目数和销售收入等指标对融合式技术创新收益的影响，它们通过提升融合式技术创新收益，继而增加FDI，使得FDI的技术溢出增加，于是企业能获取更丰富的劳动力资源，促进产业结构优化升级，最终实现区域技术融合式创新驱动产业结构高度化的目标。

由图7－6可见，两个子系统依据劳动力资源、FDI、融合式技术创新收益和产业结构优化紧密联系在一起，两个系统内部的创新链、产业链作用路径仍需经过长时间的磨合才能在相互促进中趋于协调。各个子系统内部存在内在的正反馈环和平衡回路，它们在耦联之后会产生系统的乘数效应，在提升耦联系统作用水平的同时还会对各子系统产生促进作用。即两个子系统中的创新链和产业链在系统耦联之后均得到了提升，进而会通过系统要素间的正负作用效应反作用于原来的两个子系统。如图7－6所示，升级后的系统要素会沿着各个子系统内部原始的反馈回路产生作用，形成区域技术融合式创新驱动产业结构高度化的扩散效应。区域技术融合式创新与产业结构高度化耦联扩散系统在相互协同、相互促进中不断优化区域技术融合式创新驱动产业结构高度化系统。

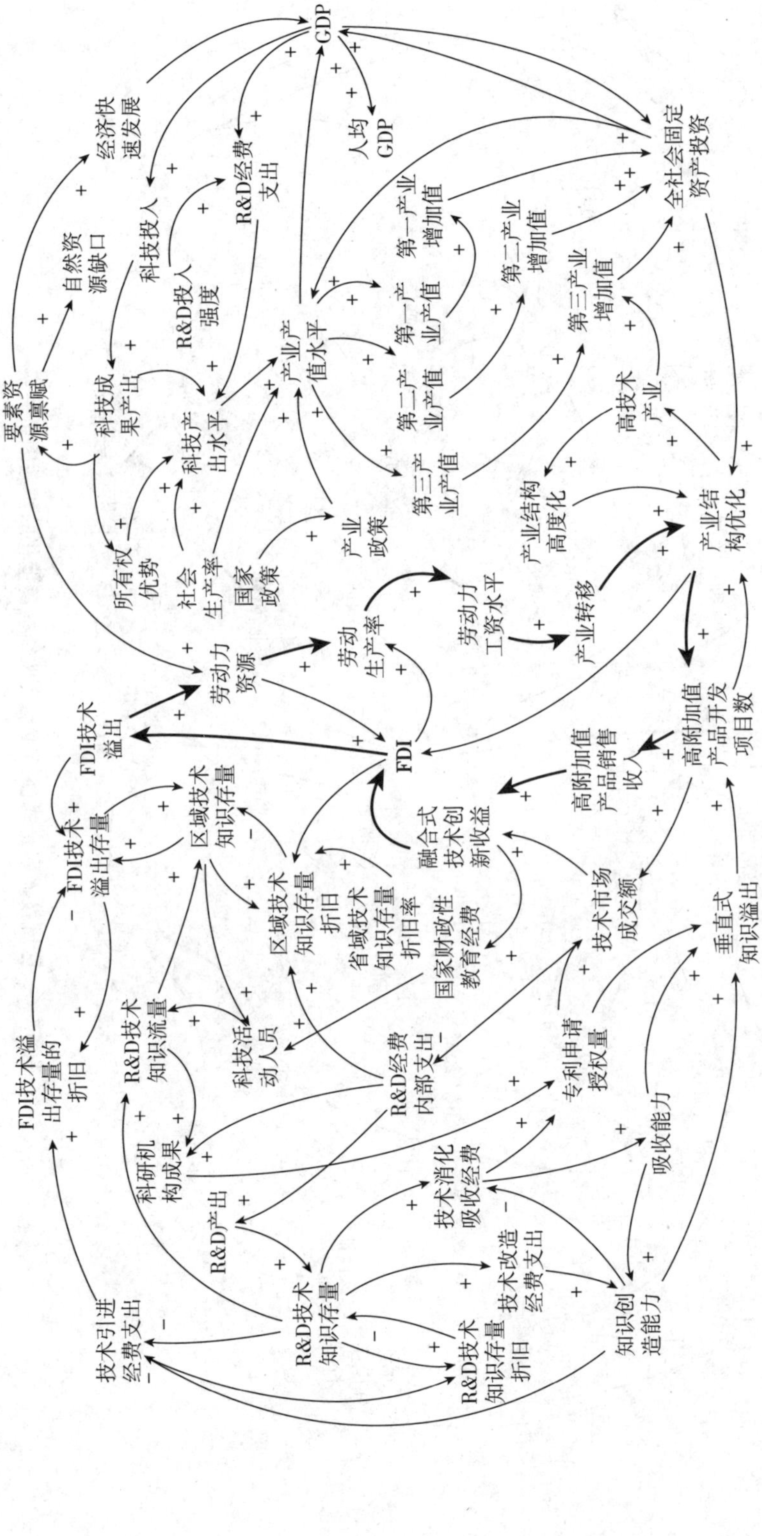

图 7-5 区域技术融合式创新驱动产业结构高度化的耦联因果关系

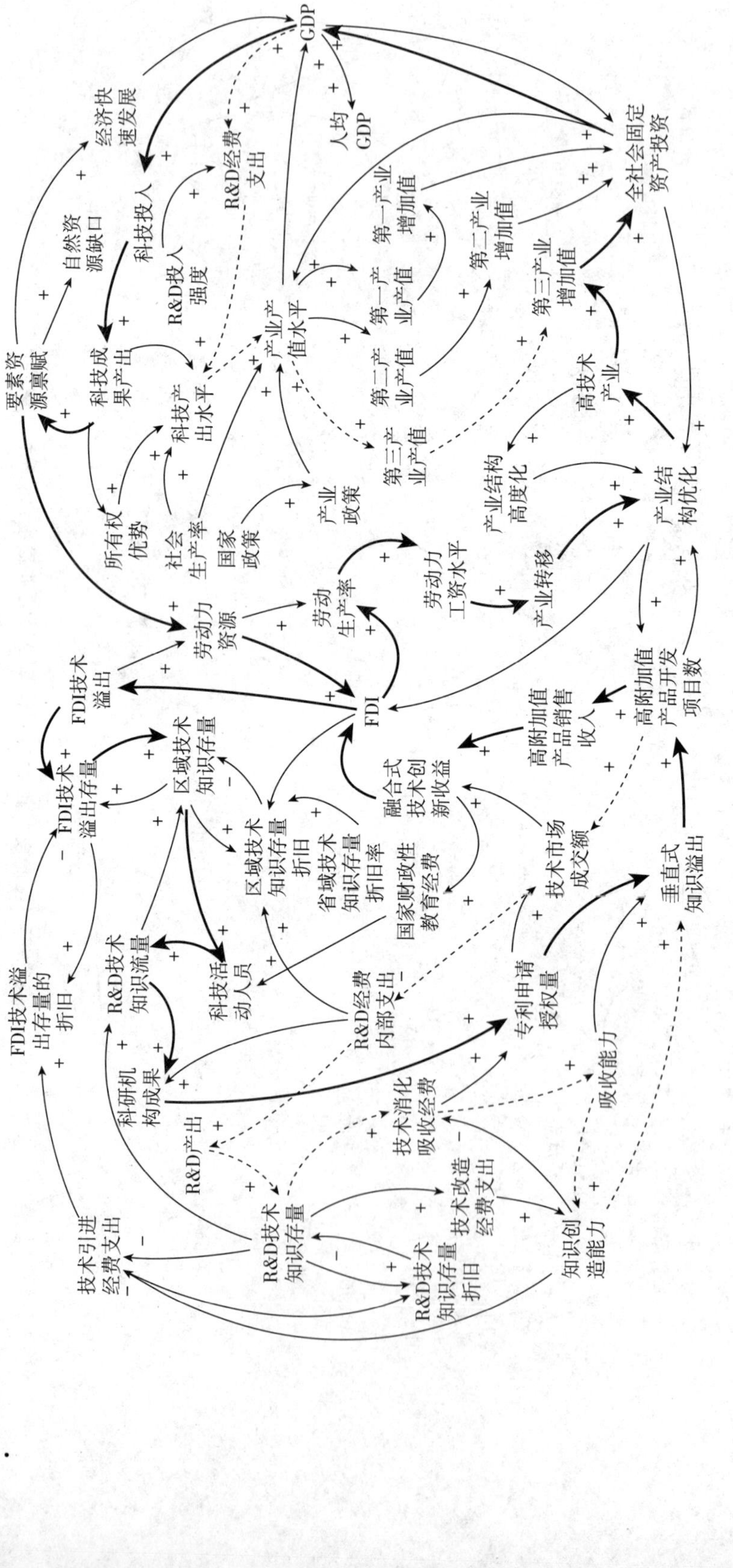

图7-6 区域技术融合式创新驱动产业结构高度化的扩散因果关系

区域技术融合式创新驱动产业结构高度化的耦联扩散系统从社会、经济和技术系统角度进行耦联扩散的作用机制分析。社会中城市经济系统的波动将对社会文明、社会消费甚至整个社会系统的持续稳健运行产生直接或间接影响；根据耦联扩散理论，技术进步与产业升级、制度创新与城市的人文恢复效力是制约和促进生态环境与城市化耦联扩散的重要因素。本书从以下三方面探究区域技术融合式创新驱动产业结构高度化的耦联扩散作用机制（陈晓红、万鲁河，2013）[345]。

7.2.3.1 技术进步与产业升级对耦联扩散系统的作用

在不同的经济发展时期，不同城市的产业结构升级规律、产业升级概念和产业结构各不相同，受技术创新、技术进步的影响效应差异性较大，这将影响区域技术融合式创新驱动产业结构高度化的耦联扩散过程。技术改进的光辉历史表明，每一次的技术进步都有利于社会分工的细化，提升劳动生产率，继而改变产业结构，促使区域技术融合式创新驱动产业结构高度化的耦联扩散系统更加高级化和复杂化。其作用机制通过图 7－7 来表示。

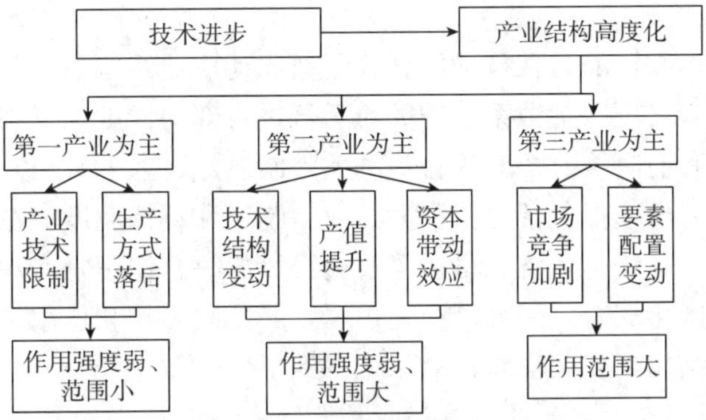

图 7－7 技术进步对耦联扩散系统的影响

图 7－7 解析了技术创新变革与产业结构优化作用于耦联扩散系统的过程，技术融合式创新驱动产业结构高度化主要体现在对第一产业、第二产业和第三产业的作用上。第一产业主要是以自然力为主，生产的产品不需要经过深加工就可消费，其产业过程受自然环境的影响较大，受生产方式和对自然资源的开发利用的限制，技术与产业基本低水平循环。随着工业化的发展，人们对技术的要求不断提升，技术资源的需求增加，技术转移、技术溢出形式的技术流动促进技术结构升级，技术的改进提升了产值，并伴随着技术进步，高质量的资本不断递增，使得区域技术融合式创新驱动产业结构高度化耦联扩散的作用范围和强度增大。最终在市场机制的调节下，市场竞争加剧，改变要素资源的配置，促使各要素资源在空间上的扩散加速，区域技术融合式创新驱动产业结构高度化耦联扩散系统得到优化（杨安，2013）[346]。

7.2.3.2 制度创新对耦联扩散系统的作用

制度创新是指对人类各种正式或非正式行为的约束的集合，它在耦联扩散过程中对个人行为起约束作用。它有助于合理、有效地规制区域技术融合式创新驱动产业结构高度化的耦联扩散系统，激励系统向协调性更高的方向发展，约束并遏制系统向脆弱的方向发展，以保证其在规制人们的自利行为时发挥良好的效力，为系统的耦联扩散创造良好的环境。制度创新对耦联扩散的作用路径主要表现为过程控制、监督运行、行为约束、绩效考核和实施手段五个方面，如图7－8所示。

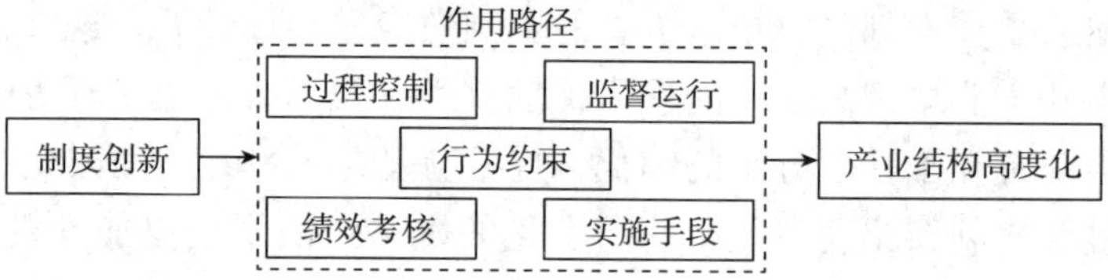

图7－8 制度创新对耦联扩散系统的影响

可见，过程控制指的是在技术融合式创新驱动产业结构高度化全过程中的控制过程。监督运行即对耦联扩散系统的健康运行进行部门调度、寻租等行为。行为约束主要指在进行利益决策时，对受自身利益限制的经济人的约束。在进行耦联扩散系统的评估时，需要选择包括法律制度、政治制度和环保制度等在内的绩效考核形式。而通过技术、文化、经济和科技等实施手段的综合作用是实现技术融合式创新驱动产业结构高度化的有效路径。在上述要素的共同影响和作用下，区域技术融合式创新驱动产业结构高度化耦联扩散系统得到了优化。

7.2.3.3 城市人文恢复效力对耦联扩散系统的作用

本书中的城市人文恢复效力主要指资金投入和人类不断更新的学习能力。技术融合式创新驱动产业结构高度化耦联扩散系统是一个在不断进行着信息更替、物质能量变换和氛围变迁的动态运动个体，耦联扩散系统通过自身的恢复能力缓解并解决现实发展中存在或遇到的各种问题。同样使用图7－9进行说明。

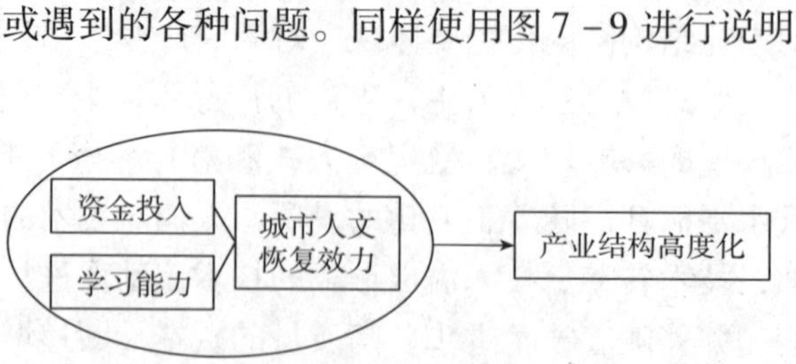

图7－9 城市人文恢复效力对耦联扩散系统的影响

人类不断更新的学习能力是应对不断变化的现实风险等突发状况的最强要素。而资金投入则是最直接的影响区域技术融合式创新驱动产业结构高度化耦联扩散效率的关键因素，资金的流动不仅有助于优化系统的应急反应度，而且对先进技术的推广大有裨益，也有助于提升系统的循环作用效应。

综上所述，区域技术融合式创新子系统和产业结构高度化子系统在耦联之后，实现技术知识的有效交融，促进技术提升，提升后的新兴先进技术以技术扩散的形式作用于各产业，最终影响产业整体的技术水平，实现区域整体的产业结构高度化。而在整个耦联过程中，模仿创新、技术溢出、制度质量和外贸依存度等均对产业结构优化升级产生显著的影响，于是本书将构建模型进一步探究垂直式知识溢出下技术融合式创新对产业结构高度化的影响效应。

7.3 垂直式知识溢出下融合式创新与产业结构高度化的实证研究

7.3.1 垂直式知识溢出下的空间权重矩阵

垂直式知识溢出即知识在上下游产业之间的溢出形式。上下游产业中企业技术效率的提升不会造成其技术和知识租金的损失，但会提升产业间耦联扩散系统的技术知识壁垒，而关联产业间的技术知识壁垒会随着产业关联度的提升而降低，那么知识溢出效应会通过产业间关联效应进行（kugler，2006）[347]。于是，本章通过技术和知识在产业间的扩散行为探究技术融合式创新驱动产业结构高度化的实证研究。由于知识溢出效应体现为知识和技术在上下游产业之间的流动，而且在上下游产业间流动时存在方向差异，于是本书将这种垂直式的知识溢出效应进一步细分为前向知识溢出效应（下游产业向上游产业溢出）和后向知识溢出效应（上游产业向下游产业溢出）。

7.3.1.1 前向知识溢出效应

垂直式知识溢出下技术融合式创新主要通过技术融合和技术扩散的技术溢出形式驱动产业结构高度化。本章认为对引进的外商先进技术进行消化吸收并溢出是前向知识溢出的主要表现形式，低技术产业的技术条件跟不上产业升级的进度，只有通过引进外商先进技术的方式提升自我实力。买方实力是对外资有效需求规模效应的实质性体现，即 FDI 等的“倒逼”效应是低技术产业引进先进技术的关键驱动要素，那么低技术产业向其上游产业即高技术产业的前向知识溢出形式将通过 FDI 技术溢出的形式进行。于是，使用式（7－27）计算前向知识溢出的空间权重矩阵。

$$W^F = W^d diag\left(\frac{\bar{S}_1}{S}, \frac{\bar{S}_2}{S}, \cdots, \frac{\bar{S}_n}{S}\right) \qquad (7-27)$$

其中，$\overline{S}_i = 1/(t_0 - t_1 + 2)\sum_{t_0}^{t_1} S_{it}$，$S = 1/(t_0 - t_1 + 1)\sum_{t=1}^{n}\sum_{t_0}^{t_1} S_{it}$，与式（6-21）的测算方法相同。

式（7-27）为距离空间权重矩阵与省域外资企业的资产合计相乘得到的前向知识溢出空间权重矩阵，用省域三资企业的资产合计度量FDI的技术溢出，距离矩阵表示技术溢出随距离衰减。其中，W^F 是前向知识溢出空间权重矩阵，W^d 为省域地理距离空间权重矩阵①，$\overline{S}_i$ 为省域 i 的三资企业资产合计，S 为三资企业资产合计总和。

7.3.1.2 *后向知识溢出效应*

高技术产业通过技术改造和升级实现了产业结构高度化，形成了以高新技术为主导的产业类型，那么，在产业结构优化升级的过程中，高技术产业会通过研发活动与技术改造升级的形式以技术溢出为媒介影响下游产业，实现对下游产业的技术溢出效应。于是，本书分别从技术引进和技术改造升级两个方面构建后向知识溢出下的空间权重矩阵，如式（7-28）所示（王然等，2011）[348]。

$$W^{BI} = W^d diag\left(\frac{\overline{I}_1}{I}, \frac{\overline{I}_2}{I}, \cdots, \frac{\overline{I}_n}{I}\right) \quad (7-28)$$

其中，$\overline{I}_i = 1/(t_0 - t_1 + 2)\sum_{t_0}^{t_1}\frac{RD_{it}}{IO_{it}}$，$I = 1/(t_0 - t_1 + 1)\sum_{t=1}^{n}\sum_{t_0}^{t_1}\frac{RD_{it}}{IO_{it}}$。

用距离空间权重矩阵与R&D经费内部支出相关变量对角阵的乘积表示研发活动下的后向知识溢出效应。$\overline{I}_i$ 为省域 i 的研发活动合计，I 为研发活动合计总和，RD_{it}为 i 省 t 年的R&D经费内部支出中的国外资金②，IO_{it}为 i 省 t 年的工业总产值③。

同理，得到如式（7-29）所示的技术改造升级下的后向知识溢出空间权重矩阵。

$$W^{BR} = W^d diag\left(\frac{\overline{R}_1}{R}, \frac{\overline{R}_2}{R}, \cdots, \frac{\overline{R}_n}{R}\right) \quad (7-29)$$

其中，$\overline{R}_i = 1/(t_0 - t_1 + 2)\sum_{t_0}^{t_1}\frac{IS_{it}}{IO_{it}}$，$R = 1/(t_0 - t_1 + 1)\sum_{t=1}^{n}\sum_{t_0}^{t_1}\frac{IS_{it}}{IO_{it}}$。

用距离空间权重矩阵与技术引进、改造和吸收经费相关变量对角阵的乘积表示

---

① 省域地理距离空间权重矩阵表示为 $W_{ij} = \begin{cases} 1/d^2, & i \neq j \\ 0, & i = j \end{cases}$，其中 d 为省会城市之间的直线距离。

② 采用永续盘存法测算R&D经费内部支出中的国外资金，即 $RD_{it} = (1-\delta)RD_{it-1} + RD'_{it}$，其中，$RD'_{it}$为区域 i 在 t 时期的R&D经费内部支出中的国外资金，用设备、工器具价格指数进行平减。其中，基期的R&D经费内部支出中的国外资金为 $RD_{i0} = RD_{i0}/(g+\delta)$，$g$ 为2003～2014年R&D经费内部支出中国外资金的平均增长率，δ 参照Higon和吴延兵的做法，设定 $\delta = 15\%$[349-350]。

③ 工业总产值用省域工业生产出厂价值指数进行平减（以2003年为基期）。

技术改造升级下的后向知识溢出效应。$\overline{R}_i$ 为省域 i 的研发活动合计，R 为研发活动合计总和，IS_{it} 为 i 省 t 年国外技术引进合同技术费、规模以上工业企业技术改造和技术消化吸收变量的加权和。

7.3.2 融合式创新与产业结构高度化的数据来源和变量说明

7.3.2.1 数据来源

本章选择 2003 ~ 2015 年我国 30 个省市的省域数据（西藏数据缺失严重，故舍去）进行技术融合式创新驱动产业结构高度化的实证分析。数据来源于中国工业经济数据库、《中国科技统计年鉴》、《中国高技术产业统计年鉴》和《中国统计年鉴》，缺失数据使用前后年份数据的插值进行补足。

7.3.2.2 变量说明

（1）技术融合式创新（*RI*）的测度。图 7 – 3 显示，整个技术融合式创新子系统比较注重产品创新（高附加值新产品的产销）和过程创新（对先进技术设备的高度依赖）。于是，本书选择产品创新和过程创新的加权平均度量技术融合式创新。产品创新用新产品销售收入与产品销售收入的比值表示，用该指标衡量技术融合式创新有助于克服专利数量等相关指标衡量时的缺陷，新产品销售收入与市场价值成正比，选用该指标在一定程度上囊括了产品创新的市场价值和重要程度。过程创新则表示社会和经济的巨大效应，使用微电子控制设备原价与年末固定资产原价的比值表示。只有选择两个指标共同表示技术融合式创新，才能让该指标所包含的意义被完整表达（严海宁，2009）[351]。得出省域技术融合式创新指标数值如表 7 – 1 所示①。

表 7 – 1 技术融合式创新指标数值②

地区＼年份	2003	2005	2007	2009	2011	2013	2015
北京	0.376	0.177	0.135	0.695	1.337	2.542	3.453
天津	0.276	0.188	0.197	0.183	0.169	0.209	0.239
河北	0.134	0.242	0.232	0.264	0.364	0.490	0.613
山西	0.066	0.052	0.025	0.062	0.051	0.059	0.068
内蒙古	0.167	0.081	0.390	0.211	0.141	0.094	0.099
辽宁	0.177	0.107	0.090	0.095	0.070	0.079	0.094
吉林	0.142	0.070	0.085	0.263	0.120	0.078	0.112
黑龙江	0.134	0.213	0.169	0.256	0.747	0.811	2.201
上海	0.274	0.182	0.413	0.211	0.214	0.401	0.249

① 使用加权平均的方式综合两个指标。

② 测算出 2003 ~ 2015 年的嵌入式技术创新指标数值，由于篇幅的限制，本书只列出奇数年份的数据。

续表

年份 地区	2003	2005	2007	2009	2011	2013	2015
江苏	0. 232	0. 154	0. 144	0. 252	0. 147	0. 129	0. 165
浙江	0. 142	0. 127	0. 125	0. 132	0. 159	0. 228	0. 273
安徽	0. 436	0. 238	0. 181	0. 127	0. 301	0. 408	1. 619
福建	0. 165	0. 210	0. 456	0. 225	0. 101	0. 097	0. 109
江西	0. 082	0. 072	0. 064	0. 050	0. 048	0. 057	0. 062
山东	0. 117	0. 079	0. 053	0. 088	0. 101	0. 103	0. 117
河南	0. 056	0. 079	0. 052	0. 062	0. 068	0. 082	0. 091
湖北	0. 092	0. 090	0. 167	0. 104	0. 107	0. 120	0. 141
湖南	0. 126	0. 106	0. 076	1. 705	0. 122	0. 158	0. 188
广东	0. 173	0. 228	0. 244	0. 248	0. 297	0. 303	0. 333
广西	0. 253	0. 213	0. 197	0. 110	0. 125	0. 111	0. 116
海南	0. 167	0. 146	0. 072	0. 056	0. 076	0. 085	0. 102
重庆	0. 253	0. 183	0. 199	0. 268	0. 358	0. 487	0. 777
四川	0. 116	0. 120	0. 129	0. 138	0. 239	0. 322	0. 516
贵州	0. 119	0. 131	0. 092	0. 090	0. 095	0. 062	0. 063
云南	0. 053	0. 062	0. 096	0. 053	0. 044	0. 041	0. 052
陕西	0. 170	0. 152	0. 179	0. 193	0. 217	0. 250	0. 299
甘肃	0. 142	0. 070	0. 160	0. 078	0. 291	0. 279	0. 285
青海	0. 288	0. 294	0. 028	0. 248	0. 051	0. 005	0. 004
宁夏	0. 145	0. 148	0. 091	0. 058	0. 049	0. 075	0. 071
新疆	0. 038	0. 036	0. 048	0. 054	0. 079	0. 095	0. 182

（2）产业结构高度化（SO）的测度。劳动生产率的提升和产业比例关系的动态协调是产业结构高度化的本质含义。其有以下两层含义：第一，产品技术含量的提升或传统产业生产技术的持续升级；第二，产业结构依次表现为劳动密集型、资本密集型和技术知识密集型的依次推进。已有的关于产业结构高度化的测算分成两类：第一类是用产业的产出比与劳动生产率的乘积表示产业结构高度化（刘伟等，2008）[352]；第二类是用第二产业和第三产业的产值比测算产业结构高度化。本书结合韩永辉等[312]和干春晖等（2011）[353]的做法，并根据上节中的耦联扩散机制分析，对传统的产业结构高度化指标做如下改进：

$$SO = Y_{it}\frac{LP_{it}^{std}}{LP_{if}} \Big/ \left(Y_{jt}\frac{LP_{jt}^{std}}{LP_{jf}}\right) \tag{7-30}$$

其中，SO 表示产业结构高度化，Y_{it}、Y_{jt} 分别表示第 i 产业和第 j 产业在 t 时的产出，LP_{it} 是第 i 产业在 t 时的劳动生产率（$LP_{it}=VA_i/L_i$，VA_i 指第 i 产业的增加值，L_i 表示第 i 产业的就业人数），LP_{if} 指第 i 产业在完成工业化后的劳动生产率，LP_{jt} 和 LP_{jf} 具有同样的含义（$i=2$，$j=3$）。本书对上述变量进行无量纲化，选择式（7－31）进行标准化。

$$LP_{it}^{std} = \frac{LP_{it}-LP_{is}}{LP_{if}-LP_{is}},\ i=2 \tag{7-31}$$

其中，LP_{it}^{std} 代表标准化的劳动生产率，LP_{is} 指产业 i 在初始工业化时的劳动生产率。同理可得 LP_{jt}^{std}。依照钱纳里的标准模型可知，本章设定工业化起点的人均收入为986美元，工业化终点的人均收入为147884美元（Chenery 等，1986）[354]。于是，根据刘伟的计算方法测算出如表7－2所示的工业化进程中劳动生产率的标准。

表7－2 工业化进程中劳动生产率的标准

	劳动生产率（1970年美元）	劳动生产率（2015年美元）	劳动生产率（2015年人民币）
工业化起点：人均收入为986美元（2015年美元）			
第一产业	70	493	3058
第二产业	292	2056	12754
第三产业	340	2394	14850
工业化终点：人均收入为14784美元（2015年美元）			
第一产业	1442	10152	62975
第二产业	3833	26984	167387
第三产业	1344	9462	58695

基于上述过程，测算出省域产业结构高度化的数值，如表7－3所示。

表7－3 产业结构高度化数值

年份 地区	2003	2005	2007	2009	2011	2013	2015
北京	0.473	0.541	0.540	0.692	0.756	1.105	1.116
天津	0.390	0.461	0.392	0.380	0.783	1.241	1.316
河北	0.440	0.470	0.479	0.492	0.516	0.521	0.610
山西	0.400	0.372	0.442	0.126	0.333	0.533	0.219
内蒙古	0.451	0.496	0.436	0.466	0.403	0.500	0.586

续表

地区\年份	2003	2005	2007	2009	2011	2013	2015
辽宁	0.420	0.475	0.443	0.488	0.432	0.433	0.474
吉林	0.469	0.493	0.423	0.411	0.415	0.504	0.585
黑龙江	0.310	0.447	0.395	0.527	0.610	0.744	0.863
上海	0.530	0.648	0.695	0.688	0.772	0.749	0.861
江苏	0.387	0.468	0.487	0.630	0.659	1.187	1.208
浙江	0.485	0.507	0.454	0.596	0.592	0.927	0.952
安徽	0.541	0.584	0.468	0.432	0.423	0.640	0.672
福建	0.501	0.584	0.517	0.556	0.624	0.768	0.796
江西	0.338	0.359	0.389	0.456	0.463	0.595	0.668
山东	0.356	0.416	0.505	0.552	0.633	0.685	0.693
河南	0.362	0.524	0.523	0.435	0.405	0.581	0.632
湖北	0.403	0.450	0.411	0.382	0.486	0.663	0.720
湖南	0.375	0.475	0.421	0.488	0.501	0.578	0.572
广东	0.573	0.640	0.535	0.626	0.629	0.589	0.689
广西	0.366	0.408	0.355	0.389	0.390	0.455	0.505
海南	0.418	0.550	0.460	0.586	0.549	0.685	0.785
重庆	0.303	0.328	0.341	0.415	0.399	0.338	0.396
四川	0.293	0.331	0.345	0.393	0.405	0.429	0.480
贵州	0.177	0.203	0.202	0.284	0.236	0.238	0.270
云南	0.310	0.347	0.400	0.446	0.514	0.498	0.582
陕西	0.171	0.206	0.193	0.257	0.286	0.306	0.347
甘肃	0.388	0.389	0.358	0.370	0.407	0.428	0.461
青海	0.286	0.325	0.322	0.360	0.373	0.442	0.512
宁夏	0.360	0.382	0.386	0.480	0.416	0.517	0.627
新疆	0.086	0.089	0.091	0.109	0.128	0.161	0.195

（3）模仿创新（*II*）。企业的研发团队对引进的先进技术进行继承和发扬即模仿创新，模仿创新的大小表示企业对新技术的仿制和创新的过程，企业对引进的技术或率先进入市场的产品进行再创造，继承和发扬原先的技术水平。模仿创新将会在一定程度上带动企业进行技术创新活动，提升产品和企业的市场竞争力。本书选择技术创新和技术引进的连乘项表示高技术产业的模仿创新（唐末兵等，2014）[355]，较多文献通过构建连乘项的形式分析其影响效应，如 Xu 构建了外资参与

度与人力资本的连乘项分析外资技术溢出受本地学习吸收能力的影响程度。使用高技术产业 R&D 项目经费占 GDP 的比重度量高技术产业的技术创新，选用高技术产业技术引进经费支出占新增固定投资的比重表示高技术产业的技术引进（Xu，2000）[356]。

（4）技术溢出（*TS*）。中低技术产业向高技术产业发生前向知识溢出时主要通过技术溢出的形式进行，中低技术产业在产业结构优化升级过程中，需通过技术引进的形式提升企业的整体技术水平，引进的先进技术会以技术溢出的形式向高技术产业发生前向垂直式知识溢出。本书选择中低技术产业技术引进经费与新增固定资产投资的比重表示中低技术产业的技术溢出①。

（5）制度质量（*IQ*）。制度质量指省域制度的完善程度，表示市场体制中省域的市场化进程。我国的经济发展正处于关键的转轨时期，该时期存在的政策性和制度性因素将对我国高技术和中低技术产业的技术创新活动和产业间的互动发展产生显著影响。但制度变量很难被量化，制度质量的好坏将直接影响区域的全要素生产率。本书参照中国地区市场化进程报告，选择政府支持度、非国有经济发展度、要素市场发育度和市场法律规范度四个指标度量制度质量。政府支持度的加大有助于改善基础设施资源的配置，加速融合式创新，促进产业结构高度化。经济结构转变之前国有经济在我国的经济中占据主导地位，改革以后我国非国有经济的发展趋势持续上升，非国有经济在整个市场经济中的占比持续上升，推动市场经济的发展，带动产业结构高度化。要素市场发育度越良好，市场的竞争程度越大，越有利于有效的市场资源配置，正向作用于技术融合式创新，驱动产业结构高度化。其中，FDI 对技术引进国家会产生正、负的影响效应，即 FDI 能够以国际技术知识溢出的形式提高本地企业的技术创新能力和活力（樊钢等，2003）[357]，或者技术引进国家对引进技术过分依赖，导致东道国企业的技术升级轨道被锁定，使其掉入“技术陷阱”，甚至出现引进的技术对东道国的技术研发活动产生“替代效应”现象（Fan 等，2007）[358]。市场法律规范度越高，越能有效保护市场中生产者的合法权益，以便市场得以正常、有效运行。各指标的构成要素如表 7－4 所示，得出的结果如表 7－5 所示。

表 7－4　制度变量的指标构成

制度变量指标	明细指标
政府支持度	科技经费筹集额中政府资金占 R&D 经费的比重
非国有经济发展度	非国有经济就业人数占城镇总就业人数的比重
要素市场发育度	引进外资度（FDI 与 GDP 的比值）
	技术市场成交额占省域科技从业人员数量的比重

① 由于统计年鉴中没有直接的低技术产业数据，低技术产业数据由省域变量与对应各省高技术产业变量数据的差计算而得。

续表

制度变量指标	明细指标
市场法律规范度	三种专利申请受理数量与科技人员数的比例
	三种专利申请批准数量与科技人员数的比例

注：选择方差最大化旋转的因子分析法测算要素市场发育度、市场法律规范度和制度变量各明细指标的权重，使用加权求和法综合各指标。

表7-5 省域制度质量的变量数值

地区＼年份	1997	1999	2001	2003	2005	2007	2009	2011	2013	2015
北京	0.182	0.176	0.178	0.184	0.239	0.215	0.263	0.281	0.315	0.362
天津	0.157	0.154	0.158	0.178	0.219	0.209	0.237	0.274	0.287	0.329
河北	0.150	0.152	0.158	0.158	0.158	0.150	0.172	0.179	0.214	0.243
山西	0.140	0.139	0.167	0.186	0.214	0.213	0.239	0.262	0.236	0.267
内蒙古	0.132	0.127	0.125	0.128	0.142	0.134	0.142	0.153	0.134	0.150
辽宁	0.144	0.141	0.138	0.153	0.178	0.191	0.196	0.239	0.222	0.253
吉林	0.131	0.129	0.129	0.139	0.143	0.135	0.144	0.159	0.142	0.159
黑龙江	0.150	0.144	0.135	0.144	0.146	0.159	0.156	0.206	0.219	0.250
上海	0.181	0.183	0.193	0.179	0.256	0.237	0.328	0.410	0.516	0.610
江苏	0.178	0.166	0.164	0.164	0.174	0.198	0.192	0.251	0.281	0.324
浙江	0.172	0.166	0.157	0.141	0.178	0.183	0.171	0.229	0.261	0.301
安徽	0.143	0.146	0.150	0.136	0.233	0.215	0.244	0.284	0.277	0.322
福建	0.159	0.154	0.151	0.158	0.179	0.178	0.188	0.214	0.199	0.225
江西	0.142	0.143	0.159	0.097	0.135	0.156	0.142	0.163	0.166	0.191
山东	0.157	0.155	0.155	0.162	0.219	0.245	0.326	0.492	0.468	0.554
河南	0.135	0.132	0.133	0.139	0.173	0.164	0.196	0.266	0.254	0.293
湖北	0.153	0.152	0.151	0.168	0.184	0.169	0.204	0.301	0.309	0.357
湖南	0.155	0.151	0.153	0.159	0.195	0.184	0.221	0.238	0.251	0.287
广东	0.184	0.185	0.200	0.200	0.278	0.243	0.276	0.303	0.269	0.306
广西	0.121	0.118	0.119	0.126	0.133	0.117	0.121	0.141	0.161	0.182
海南	0.169	0.162	0.158	0.128	0.137	0.145	0.139	0.166	0.187	0.213
重庆	0.137	0.133	0.131	0.139	0.158	0.148	0.182	0.279	0.313	0.366
四川	0.136	0.133	0.133	0.139	0.156	0.160	0.184	0.204	0.184	0.208
贵州	0.107	0.107	0.111	0.101	0.126	0.120	0.128	0.143	0.210	0.244

续表

年份 地区	1997	1999	2001	2003	2005	2007	2009	2011	2013	2015
云南	0.117	0.111	0.116	0.113	0.133	0.126	0.135	0.153	0.150	0.171
陕西	0.106	0.104	0.105	0.107	0.158	0.133	0.144	0.185	0.176	0.202
甘肃	0.104	0.100	0.099	0.104	0.120	0.113	0.132	0.160	0.163	0.186
青海	0.103	0.101	0.105	0.105	0.114	0.107	0.123	0.143	0.149	0.170
宁夏	0.076	0.077	0.074	0.075	0.096	0.096	0.093	0.096	0.106	0.121
新疆	0.072	0.069	0.069	0.079	0.089	0.084	0.095	0.126	0.141	0.162

由表7-5可见，重庆、四川等西部地区，湖南等中部地区，河北等东部地区的制度变量存在区域错位现象，我国其他区域的制度变量仍呈现区域分布特征。

（6）外贸依存度（*DF*）。外贸依存度指一定时期内商品的进出口总额[①]占国内生产总值的比重。度量区域内各产业参与全球生产销售的水平和程度，衡量产业在世界市场中的融入情况。外贸依存度必须适度，数值过小就会导致产业市场出现闭关自守的状况，数值过大则会造成经济对外依存度过高的隐患。

7.3.3 融合式创新与产业结构高度化的空间特性分析

基于技术融合式创新与产业结构高度化间存在的耦联扩散关系，本书从技术融合式创新与产业结构高度化的空间相关性和空间扩散性角度探究其空间特性。

7.3.3.1 空间相关性

从全局相关性和局部相关性角度分析技术融合式创新与产业结构高度化的空间相关性。全局相关性主要分析区域中某一属性的总体差异性和空间关联性。局部相关性主要分析空间的局部变化特性。

（1）全局相关性。全局相关性主要用于分析相邻地域间的空间关联性。本章将其用于探究垂直式知识溢出下技术融合式创新驱动产业结构高度化的问题，分析区域间的关联度，使用全局 Moran's I 指数测度。而垂直式知识溢出分为前向知识溢出效应和后向知识溢出效应角度的空间权重矩阵，于是分别测算不同溢出效应形式下的全局 Moran's I 指数。如图7-10所示。

由图7-10可见，2003~2015年我国的所有 Moran's I 指数数值均大于0，说明我国产业结构高度化的空间分布呈全局正向关联关系，并非是随机存在的。在三种知识溢出效应的空间权重矩阵下，Moran's I 指数呈现出在波动中整体上升的特性，说明三种知识溢出形式下产业结构高度化的区域空间依赖性较强，区域空间的集聚扩散效应显著。

① 用每年的汇率将进出口总额的美元单位换算成人民币。

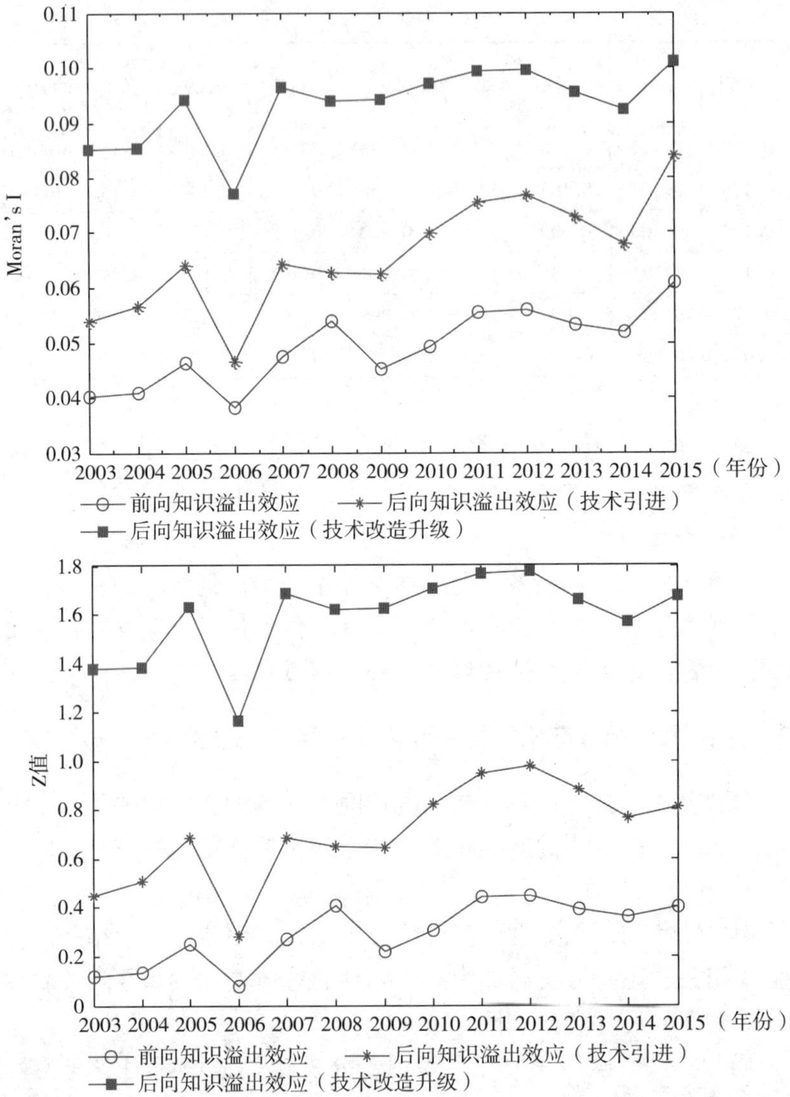

图 7-10　2003~2015 年区域产业结构高度化的全局 Moran's I 指数和 Z 值变化

（2）局部空间相关性。我国的区域经济发展水平一直存在较大差异，这也将引致区域技术融合式创新和产业结构高度化出现区域发展的不平衡性。于是，本章构建局部空间关联性指标考察产业结构高度化的局部相关性，探究区域内各个地区间的非典型性质。局部空间相关性指标的测算同式（7-25）。

由图 7-11 可见，按东中西部的顺序排列我国的 30 个省市，我国省域 Moran's I 指数呈现东中西区域分类背景下的相近性特征，Moran's I 指数值的排序大致为东部 > 中部 > 西部，并且我国 30 个省市中相同区域内的 Moran's I 指数比较接近，各省市的产业结构高度化局部 Moran's I 指数的分布呈明显的区域分布关联性，说明垂直式知识溢出视角下，技术融合式创新驱动产业结构高度化的局部空间效应良好，具有相似属性的区域显现出区域的局部集聚效应。前向知识溢出效应和技术引进角度下的后向知识溢出效应中的局部 Moran's I 的值均为正数，说明与 i 省市邻近的省市具有产业结构高度化的正相关性，即具有相同产业结构高度化属性的区域集聚在一起，但技术改造升级角度下的后向知识溢出效应中部分西部地区的 Moran's I 值为负数，则说明 i 省市与其邻近的省域的负相关性显著，即省域产业结构高度化出现了高—低型或低—高型的集聚。当区域资源要素等充分集聚时，就会对周围的区域产生影响，主要表现为知识溢出的形式不同。于是，本书进一步探究技术融合式创新驱动产业结构高度化的空间扩散性质。

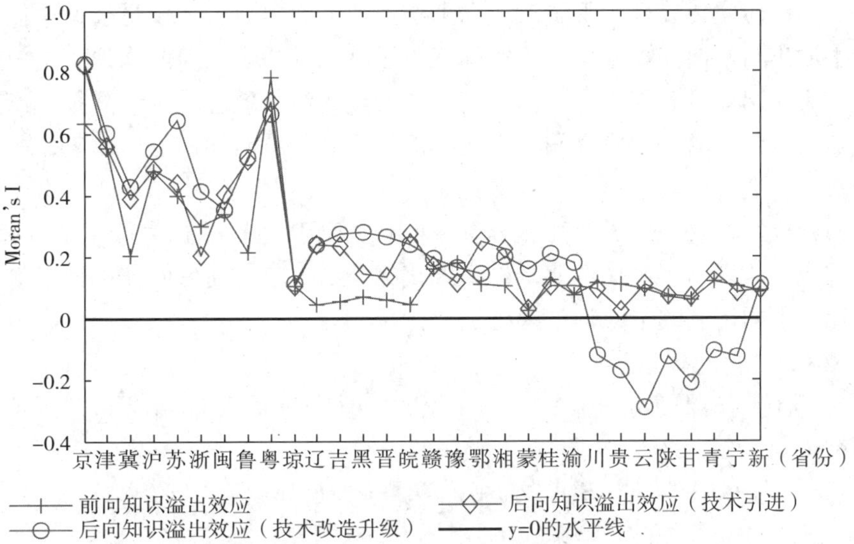

图 7-11　2003~2015 年区域产业结构高度化的局部 Moran's I 指数变化

7.3.3.2　空间扩散性

垂直式知识溢出形式下，区域间发生技术融合，融合后的技术会衍生出新兴技术，继而通过知识和人才的流动实现技术溢出，达到技术、知识扩散的目的。

我国技术融合式创新、产业结构高度化、模仿创新、技术溢出、制度质量和外贸依存度呈现以津京唐、长三角和珠三角为增长极的中心扩散特性。那么，在垂直式知识溢出背景下，区域技术融合式创新驱动产业结构高度化的作用效应如何？是否还存在显著的技术外溢性？本书将通过区域技术融合式创新驱动产业结构高度化的实证分析探究其空间效应。

7.3.4　融合式创新驱动产业结构高度化的实证结果分析

7.3.4.1　构建技术融合式创新驱动产业结构高度化的测算模型

为考察技术融合式创新对产业结构高度化的驱动效应，本书先设定如式（7 -

32）所示的不包含空间效应的线性面板数据模型。

$$SO_{it} = \alpha_0 + \alpha RI_{it} + X_{it}\gamma + v_{it} \tag{7-32}$$

其中，SO_{it}为 i 省在 t 年的产业结构高度化，RI_{it}指省域技术融合式创新变量，X_{it}指其他影响产业结构高度化的控制变量。本书认为制度质量 IQ 和外贸依存度 DF 是影响产业结构高度化的主要因素。

于是，基于 Gauss - Markov 假说，假定式（7-25）中的变量相互独立，那么忽略了地域间相互作用机制的模型将不符合现实中区域间存在普遍联系的事实，于是需进一步加入被解释变量的空间加权项。此外，本书认为垂直式知识溢出效应包括前向知识溢出效应和后向知识溢出效应（技术引进和技术改造升级角度），而前向知识溢出效应主要表现为下游产业向上游产业的溢出效应，于是选择中低技术产业的技术溢出与前向知识溢出效应空间权重矩阵的乘积表示前向知识溢出效应。同理后向知识溢出效应表现为上游产业向下游产业的溢出效应，选择高技术产业的模仿创新与后向知识溢出效应空间权重矩阵的乘积表示后向知识溢出效应，并从技术引进和技术改造升级两个角度分别探究后向知识溢出效应的作用形式。由于原始的空间自回归模型主要是用于研究相邻省域的行为对其他省域行为产生的直接影响，即溢出效应，所以为了避免产业结构高度化的溢出效应对前后向知识溢出效应的影响，构建如下两区制的空间计量模型进行分析。

模型 1：

$$SO_{it} = \alpha RI_{it} + \beta_1 W^F TS_{it} + \beta_2 W^{BI} II_{it} + \gamma_1 IQ_{it} + \gamma_2 DF_{it} + \varepsilon_{it},\ \varepsilon_{it} = \lambda W^F \varepsilon_{jt} + u_{it} \tag{7-33}$$

模型 2：

$$SO_{it} = \alpha RI_{it} + \beta_1 W^F TS_{it} + \beta_2 W^{BI} II_{it} + \gamma_1 IQ_{it} + \gamma_2 DF_{it} + \varepsilon_{it},\ \varepsilon_{it} = \lambda W^{BI} \varepsilon_{jt} + u_{it} \tag{7-34}$$

模型 3：

$$SO_{it} = \alpha RI_{it} + \beta_1 W^F TS_{it} + \beta_2 W^{BR} II_{it} + \gamma_1 IQ_{it} + \gamma_2 DF_{it} + \varepsilon_{it},\ \varepsilon_{it} = \lambda W^F \varepsilon_{jt} + u_{it} \tag{7-35}$$

模型 4：

$$SO_{it} = \alpha RI_{it} + \beta_1 W^F TS_{it} + \beta_2 W^{BR} II_{it} + \gamma_1 IQ_{it} + \gamma_2 DF_{it} + \varepsilon_{it},\ \varepsilon_{it} = \lambda W^{BR} \varepsilon_{jt} + u_{it} \tag{7-36}$$

其中，TS_{it}为 i 省 t 年中低技术产业的技术溢出，II_{it}为 i 省 t 年高技术产业的模仿创新，IQ_{it}指 i 省 t 年的制度质量，DF_{it}指 i 省 t 年的外资依存度。W^F、W^{BI}和 W^{BR} 均为行对角化的空间权重矩阵，W^F 表示前向知识溢出效应，W^{BI}表示技术引进角度的后向知识溢出效应，W^{BR}表示技术改造升级角度的后向知识溢出效应。ε_{it}为误差扰动项，u_{it}为残差扰动项。

7.3.4.2 技术融合式创新驱动产业结构高度化的实证结果和检验

上述模型 1 ~ 模型 4 实证变量的描述性统计如表 7-6 所示。

表 7-6 实证变量的描述性统计

变量	表示方法	样本数	最大值	最小值	均值	标准差
技术融合式创新	*RI*	360	5.234	0.003	0.235	0.438
产业结构高度化	*SO*	360	1.241	0.081	0.458	0.169
模仿创新	*II*	360	10.753	0.001	0.259	1.068
技术溢出	*TS*	360	2.875	0.002	0.034	0.181
制度质量	*IQ*	360	0.528	0.075	0.182	0.069
外贸依存度	*DF*	360	0.037	0.001	0.007	0.008

同样，选择 MLE 测算模型的结果，分别得出如表 7-7 所示的全国以及分区域（东部、中部和西部①）的实证结果。

表 7-7 技术融合式创新驱动产业结构高度化结果（模型 1）

变量	全国	东部	中部	西部
RI	0.010** (1.676)	0.047** (1.533)	0.038** (1.766)	0.018 (0.667)
$W^F \times TS$	0.355** (1.726)	0.114 (0.340)	0.109*** (7.830)	0.062*** (2.087)
$W^{BI} \times II$	-0.024** (-1.069)	-0.002 (-0.127)	-0.198*** (-5.066)	-0.395*** (-5.238)
IQ	0.322** (2.033)	0.217** (1.013)	0.140*** (2.093)	0.083** (1.055)
DF	-10.460*** (-2.866)	-1.306 (-0.260)	-2.936*** (2.130)	-3.583 (-0.310)
λ	0.846 (0.062)	0.194* (1.925)	0.445*** (3.611)	0.037 (0.310)
log*L*	367.013	128.850	118.874	281.180
R^2	0.729	0.703	0.517	0.936
σ^2	0.009	0.029	0.006	0.010

注：*、** 和 *** 分别表示在 10%、5% 和 1% 的显著性水平下通过显著性检验，括号内为 t 统计量。

① 本章分析全国 30 个省市的实证结果，将我国分成东部、中部和西部三个区域。其中，东部包括北京、天津、河北、黑龙江、上海、江苏、浙江、福建、山东、广东和海南 11 个省市；中部包括山西、辽宁、吉林、安徽、江西、河南、湖北和湖南 8 个省市；西部包括内蒙古、广西、重庆、四川、贵州、云南、陕西、甘肃、青海、宁夏和新疆 11 个省（市、自治区）。

由表7-7可见，无论是全国的还是区域的技术融合式创新均对产业结构产生正向作用。前向知识溢出下的空间滞后项的影响显著为正，说明周边区域更加优化的产业结构能显著促进本区域产业结构水平的提升。以下游产业向上游产业进行垂直式知识溢出的技术溢出对产业结构高度化的作用为正但显著性不高，说明周边产业的区域溢出效应为正，但不明显。以上游产业向下游产业进行垂直式知识溢出的模仿创新对产业结构优化升级产生显著的负向作用效应，即周围区域的技术融合式创新对本区域的产业结构优化升级存在负向影响，说明我国的技术创新可能存在逆向溢出现象，不利于产业结构向高度化演进。模仿创新为技术创新和技术引进的交乘项，在模仿技术的基础上进行创新并没有促进产业结构高度化，主要原因可能是随着我国对外投资活动的增多，就希望从对外投资项目中学习和吸收国外先进技术，但技术创新可能发生逆向溢出，抑制了产业结构高度化水平的提升。说明单纯依靠技术引进的模仿创新不能促进产业结构高度化，过多的模仿创新会引致企业对引进的先进技术产生依赖性，使得我国长期以来累积的工业基础变成跨国公司占据我国市场的铺路石和敲门砖，不利于我国的经济发展。

表7-8 技术融合式创新驱动产业结构高度化结果（模型2）

变量	全国	东部	中部	西部
RI	0.009 (0.655)	0.030** (1.962)	0.040** (1.176)	0.019*** (2.873)
$W^F \times TS$	0.342** (1.659)	0.107** (1.526)	0.056*** (5.845)	0.031** (1.964)
$W^{BI} \times II$	-0.023** (1.700)	-0.034** (1.986)	-0.189*** (-4.456)	-0.299** (-1.129)
IQ	0.341*** (2.148)	0.193 (0.899)	0.139 (0.310)	0.113* (1.136)
DF	9.861*** (2.741)	5.735** (1.385)	2.536** (1.199)	-3.558 (-0.970)
λ	0.005* (1.008)	0.219** (1.813)	0.213** (1.673)	0.129** (1.187)
$\log L$	366.821	132.498	116.795	279.909
R^2	0.729	0.694	0.530	0.936
σ^2	0.009	0.009	0.006	0.010

注：*、**和***分别表示在10%、5%和1%的显著性水平下通过显著性检验，括号内为t统计量。

此外，长时间的模仿创新会导致企业最终失去自主创新的能力，那么企业甚至整个产业的技术创新进度都将被跨国公司牵制，不利于我国产业结构的高度化。因此，我国的企业必须提升自主创新能力。除中部以外，其余地区的外贸依存度对产业结构优化升级产生负向作用，说明这些地区对外贸的依赖性太大，不利于产业结构高度化，并且外贸依存度系数的绝对值对产业结构高度化的作用效应最大，应合理控制进出口的数量和质量，推进产业结构高度化。而制度质量对产业结构高度化的作用大部分显著为正，说明政府在实施宏观调控政策时，将兼顾公平，制定有利于区域发展的制度，驱动产业结构高度化。

技术引进角度的后向知识溢出结果与模型 1 的结果相似度较高。但除西部之外，其余区域的外贸依存度对产业结构高度化均产生正向影响，说明技术引进角度下我国的进出口项目与技术引进相关联，并且对外贸依存度的适度依赖有助于推进我国消化吸收先进的技术，促进产业结构高度化。而西部地区仍然存在不合理的外贸形式，这与西部地区人才缺乏并且不能很好地消化吸收进口的先进技术有关，上述原因导致其产业结构高度化受到消极影响。

对比表 7－7 和表 7－8 可见，鉴于技术、人才等方面的限制，中低技术产业不能很好地消化吸收来自高技术产业的技术溢出，使得高技术产业在技术引进角度的后向知识溢出效应显著为负。因此，要想实现高技术产业对中低技术产业以及模仿创新对产业结构高度化的正向溢出效应，必须加大对中低技术产业的人才、技术和政策优惠等方面的支持，使得中低技术产业拥有可以高效消化吸收高技术产业技术溢出的知识实力，实现中低技术产业的高技术化，最终促进产业结构高度化。前向知识溢出下的融合式创新对产业结构优化升级的作用力度大于后向知识溢出（技术引进角度），说明上游产业会通过持续的技术进步实现高技术集聚，并很少向下游产业扩散，最终可能形成先进技术“高—高”和“低—低”集聚的形式。因此，通过直接获取下游产业的现成技术既能节约技术引进的成本，又能加快上游产业的高技术升级，即前向知识溢出能高效促进产业结构高度化。

由表 7－9 可见，产业结构高度化受模仿创新在技术改造升级角度的溢出效应作用为正，并且其对产业结构高度化的溢出效应表现为“东部 > 全国 > 中部 > 西部”的变动趋势。此时的企业注重对引进的国外先进技术进行消化吸收再创新，既达到了模仿产品的技术水平，又在创新的基础上超过了原先的技术水平，使产品更具有市场竞争力。但国外的先进技术往往凝结了研发人员的心血，并不能轻易被模仿，而且如今知识产权的保护意识不断增强，专利制度也不断完善，想要获得效益显著的技术更是难上加难。因此，加强我国的自主创新能力将是我国持续应对以技术升级和创新为主要特征的激烈国际竞争的关键，也是加快转变我国的经济增长方式、促进产业结构优化升级、增强我国国际竞争力和综合国力的迫切需要。

表 7－9　技术融合式创新驱动产业结构高度化结果（模型 3）

变量	全国	东部	中部	西部
RI	0.052 ** (1.152)	0.060 *** (2.159)	0.051 ** (1.666)	0.019 (0.578)
$W^F \times TS$	0.479 ** (2.047)	0.528 (0.433)	0.283 *** (9.270)	0.279 *** (2.231)
$W^{BR} \times II$	0.058 *** (6.161)	0.064 *** (5.442)	0.038 *** (8.085)	0.014 (0.812)
IQ	0.162 ** (1.752)	0.168 * (1.116)	0.097 (0.201)	0.088 * (1.012)
DF	2.837 ** (1.715)	5.839 ** (1.376)	2.124 * (1.105)	－3.862 (－0.095)
λ	0.177 ** (1.836)	0.383 *** (3.548)	0.740 *** (6.954)	0.040 (0.336)
log*L*	384.446	136.675	130.144	280.748
R^2	0.750	0.698	0.519	0.936
σ^2	0.008	0.008	0.004	0.010

注：*、** 和 *** 分别表示在 10%、5% 和 1% 的显著性水平下通过显著性检验，括号内为 t 统计量。

对比表 7－8 和表 7－10 可见，技术改造升级下产业结构高度化的空间误差冲击效应大于技术引进角度的冲击效应，说明单纯依靠引进技术进行创新不能从根本上解决我国技术创新能力薄弱、产品不具有市场竞争力的现状，只有对引进的技术进行消化吸收并改造升级才是促进产业结构高度化的关键。

表 7－10　技术融合式创新驱动产业结构高度化结果（模型 4）

变量	全国	东部	中部	西部
RI	0.016 ** (1.225)	0.012 * (1.007)	0.054 ** (1.690)	0.019 *** (2.750)
$W^F \times TS$	0.496 *** (2.825)	0.157 (0.547)	－0.035 (－0.528)	0.281 *** (2.305)
$W^{BR} \times II$	0.066 *** (8.041)	0.068 *** (6.021)	0.386 *** (7.141)	0.012 (0.735)
IQ	0.248 ** (1.740)	0.152 * (1.098)	0.101 (0.266)	0.091 ** (1.157)

续表

变量	全国	东部	中部	西部
DF	12.169 *** (3.723)	4.102 ** (1.896)	4.034 (0.945)	-4.522 ** (-1.248)
λ	0.412 *** (4.762)	0.432 *** (4.338)	0.517 *** (4.915)	0.168 (0.748)
log*L*	391.438	138.239	124.320	250.966
R^2	0.740	0.684	0.526	0.935
σ^2	0.007	0.071	0.005	0.010

注：*、** 和 *** 分别表示在 10%、5% 和 1% 的显著性水平下通过显著性检验，括号内为 t 统计量。

综上，我国的技术融合式创新驱动产业结构高度化的空间作用效应普遍呈现“东部 > 全国 > 中部 > 西部”的整体变化趋势，说明经济相对发达的东部地区集聚了较多的高技术人才、先进的资源、规范的政策法规和有利的地理位置，使得东部企业能够充分利用各种资源进行融合式技术创新，实现产业结构高度化。

本章在进行技术融合式创新驱动产业结构高度化实证结果的估计时，分别选择了前向知识溢出效应和后向知识溢出效应（技术引进和技术改造升级角度）估计模型，并且这些模型得出的结果中各变量的正负向以及显著性都大体趋于一致，说明本章的估计模型具有较高的稳健性。

为保证构建的两区制空间计量模型在解析技术融合式创新驱动产业结构高度化实证分析中的稳健性，本章将通过变换指标的形式进一步检验。上述实证结果表明，外贸依存度系数的绝对值对产业结构高度化的作用效应最大，因此本书选择技术资本存量（*TCS*）替代外贸依存度（*DF*）。技术资本存量源于技术引进或者自主研发，是一个知识的累积到再创造的过程，能够在一定程度上推进产业结构优化升级，使得产业部门的生产率进步水平出现差异性，进而出现要素投入从低生产率部门流向高生产率部门的现象，提升全社会的生产率水平，实现区域产业规模的逐渐扩大，高技术产业主导产业升级的目标。本章选择省域科技资本存量衡量技术资本存量，包括技术引进经费支出和自主研究与开发经费支出，参照吴延兵的方法计算科技资本存量①，选取的折旧率为 15%。最终使用科技资本存量占全国科技资本存量的比重度量技术资本存量。得到如表 7-11 所示结果（以模型 1 为例）。

① 吴延兵用永续盘存法测算了 R&D 存量，即 $K_{it}^R = E_{it}^R + (1-\delta) K_{i,t-1}^R$，其中，$K^R$ 表示 R&D 资本存量，E^R 表示 R&D 支出，δ 指折旧率，t 为时间，i 为地区。本章借鉴其方法测算科技资本存量。

表 7-11　技术融合式创新驱动产业结构高度化结果（替换指标）

变量	全国	东部	中部	西部
RI	0.039 * (0.103)	0.043 ** (1.503)	0.025 (0.632)	0.016 *** (2.230)
$W^F \times TS$	0.048 (0.321)	0.092 (0.341)	1.797 *** (5.008)	0.120 ** (1.224)
$W^{BR} \times II$	-0.043 *** (-3.734)	-0.008 *** (-2.605)	-0.070 ** (-1.646)	-0.068 *** (3.237)
IQ	0.707 *** (5.668)	0.617 *** (3.845)	0.737 ** (2.042)	0.387 *** (3.116)
TCS	3.389 ** (1.471)	7.612 ** (2.032)	0.552 (0.063)	1.734 (0.929)
λ	0.373 *** (5.560)	0.561 *** (8.873)	0.205 ** (1.673)	0.425 *** (5.375)
log*L*	345.670	115.693	94.363	250.003
R^2	0.704	0.676	0.335	0.904
σ^2	0.009	0.010	0.009	0.001

注：*、** 和 *** 分别表示在 10%、5% 和 1% 的显著性水平下通过显著性检验，括号内为 t 统计量。

由表 7-11 同样可见，大多数技术嵌入式创新驱动产业结构协调化变量的正负性与表 7-7 的结果趋于一致，即通过变换模型后得出的实证结果与原结果相同，说明本章构建的两区制空间计量模型是稳健的。

而在估计过程中，上述模型同样可能存在双向或逆向因果关系等导致的模型内生性问题，如某一区域的制度质量不合理而导致产业结构高度化过程受阻，于是选择工具变量法（IV）克服。选择工具变量的原则是，工具变量需要与被解释变量的扰动项不相关并与内生解释变量高度相关，于是本书构建的工具变量为 $[w^F RI, w^{F2} RI]$，并选择模型 1 进行模型的内生性检验，得出的工具变量回归结果如表 7-12 所示。

表 7-12　技术融合式创新驱动产业结构高度化的内生性检验（模型 1）

变量	全国	东部	中部	西部
常数项	0.381 *** (16.750)	0.646 *** (17.630)	0.476 *** (10.330)	0.319 *** (8.720)
RI	0.022 (1.240)	0.391 *** (3.450)	0.052 (1.520)	0.021 (1.180)

续表

变量	全国	东部	中部	西部
$W^{F} \times TS$	0.443 ** (2.160)	0.147 (0.460)	0.108 *** (5.600)	0.101 (0.780)
$W^{BI} \times II$	-0.083 *** (-6.540)	-0.063 *** (5.020)	-0.046 * (1.650)	-0.163 *** (-3.380)
IQ	0.549 (0.400)	0.794 *** (5.200)	0.246 * (1.130)	0.380 * (1.570)
DF	8.392 *** (7.580)	7.943 *** (5.830)	2.110 (0.350)	2.768 *** (4.450)
F	28.810	16.320	6.56	7.18
Sargan	12.541 ***	9.157 **	4.028 *	4.576 *

注：*、** 和 *** 分别表示在10%、5%和1%的显著性水平下通过显著性检验，括号内为t统计量。

表7-12解析了工具变量条件下的回归结果。结果显示，所有的工具变量均通过Sargan检验，各个变量的正负性水平与表7-7~表7-10的结果基本一致。进一步验证了在前向知识溢出效应和技术引进的后向知识溢出效应下，技术融合式创新对产业结构高度化的正向促进作用。在技术改造升级的后向知识溢出效应下，技术融合式创新对产业结构高度化的负向促进作用。

7.4 本章小结

本章分三步探究了技术融合式创新驱动产业结构高度化的空间效应：第一步，阐述了区域技术融合式创新和产业结构高度化的内涵，得出企业是促使区域技术融合式创新和产业结构高度化间关系更紧密的突破口的结论。第二步，细致解析了技术融合式创新和产业结构高度化系统的因果作用回路，认为劳动力资源、FDI、融合式技术创新收益和产业结构优化是两个相互独立的系统紧密联系的纽带，技术进步、制度创新和城市人文恢复效力有助于优化技术融合式创新驱动产业结构高度化的耦联扩散系统。第三步，构建前向知识溢出和后向知识溢出（技术引进和技术改造升级）的空间权重矩阵探究垂直式知识溢出效应，发现技术溢出对产业结构高度化的作用为正但显著性不高，模仿创新对产业结构优化升级产生显著的负向作用效应，我国的技术创新可能存在逆向溢出的现象，从而抑制了产业结构高度化的形成。于是，只有对引进的技术进行消化吸收并改造升级，提升自主创新能力才是促进产业结构高度化的关键所在。

8　产业梯度转移与升级中技术势能集聚、转换的政策机制设计

8.1　提升技术势能集聚水平的政策机制设计

8.1.1　重视劳动密集型产业转移对技术势能的溢出效应

产业承接地区往往希望通过引进新兴产业、信息产业转变自身发展。劳动密集型产业作为低端制造业，其转移承接往往被忽视。通过对我国制造业产业转移格局的分析，劳动密集型产业是目前我国产业转移的主要类型。劳动密集型产业本身技术水平低，对承接地的基础要求也偏低，易于融入承接地产生创新溢出效应。事实上，在当前的转移承接中，劳动密集型产业转移对区域技术势能的集聚具有显著的促进作用。对于我国产业发展薄弱、技术水平较低的地区来说，承接劳动密集型产业转移是地区技术势能集聚的重要途径。各级政府应当正确看待劳动密集型产业转移与承接，着力发挥现阶段劳动密集型产业转移对技术势能的区域溢出效应。一方面，中央政府应引导产业有序转移，对产业发展薄弱的地区以政策手段引导其承接劳动密集型产业转移，逐步提高该类型地区的技术势能集聚水平；另一方面，产业承接地政府应当重视劳动密集型产业作用，考虑有效利用劳动密集型产业转移发挥的技术溢出作用，加强转移产业与本地产业的对接，支持本地科研机构在劳动密集型产业上进行创新研发，鼓励高校培养具有劳动密集型技术的专业人才。

8.1.2　结合市场机制与政府职能的作用

产业由转出地区向承接地区的转移并非一个简单的置换过程，而是从双方地区就产业转移事宜开始进行接洽，到双方达成基本一致的意见，最后产业在市场规律和双方地区政府职能的作用下完成产业转移的复杂过程。在产业转移的实际过程中，要想实现产业转出地区和承接地区的共同发展并促进地区技术势能集聚水平的

提升，需要在承接地区选址、地区双方生产要素的转移与承接、承接地区对产业内在组织结构的承接与调整、承接地区对转移地区先进生产技术的承接与吸收以及产业转出地区以产业转移为契机进行产业升级和技术升级等诸多方面都取得不错的成果。总的来说，在产业转移过程中注重承接地区组织结构的有序调整、资源要素的优化配置以及对先进技术的良好吸收是保障产业梯度转移对地区技术势能集聚促进作用的重要前提。这些方面都离不开市场机制的调节作用和政府职能的调控作用。

首先，在地区产业组织结构的有序调整方面，随着产业转移的完成，转出地区和承接地区的产业结构都发生了变化，它们各自的产品市场、要素市场也随之发生改变，企业开始自发地根据市场环境的变化情况来调整自身组织结构，以便提高盈利水平，这种企业层面的组织结构调整会进一步通过生产供应链和行业价值链辐射到行业与产业层面，最终在市场机制的调节作用下形成新的产业组织结构。新的产业组织结构并不一定符合区域产业与技术升级的内在要求，从而会阻碍技术势能的集聚，此时需要地区充分发挥政府职能的作用，以政策调控的手段再次调整区域的产业组织结构，以适应技术势能集聚水平的发展需求。其次，在资源要素的优化配置方面，部分与转移产业相关的资源和要素通过市场从转出地区流向承接地区，此时市场机制开始发挥调节作用，在遵循价值规律的前提下，适度调整区域之间资源和要素的市场流通机制，让要素主体自发地以实现最大化效益为目标对这部分资源和要素进行分配，当市场机制的调节作用相对有效时，其带来的创新要素配置改善能显著促进技术势能集聚水平的提升；但在有些时候，上述调节作用会出现市场失灵的现象，政府通过调整相关产业政策、对有关资源和要素的配置过程进行宏观调控等形式充分发挥自身职能在这种局面下显得尤为重要，能起到调节经济行为、优化资源配置、促使地区产业转移对技术势能集聚的促进作用。最后，在技术转移与技术吸收方面，市场的调节作用与政府的调控作用也不容忽视。技术会随着产业的区际转移而一同迁移，此时市场开始发挥调节作用，因为技术的迁移要通过市场的交易功能来实现转出地区的技术转移和承接地区的技术吸收，通常情况下，市场能够很好地胜任技术转移平台的角色。但也存在特殊情况，如产业转出地区在进行独有技术转让时，可能会存在技术转出方不顾市场规律而要价过高的现象，此时市场的调节作用就会失灵，需要结合政府的调控才能保障承接地区顺利进行技术吸收，最终实现技术势能集聚水平的提升。

综上，在产业转移促进技术势能集聚的过程中，只有完美地结合市场机制与政府职能的作用，才能让市场、政府和企业间张弛有度，才能保障地区产业组织结构的有序调整、资源要素的优化配置和对先进技术的良好吸收，继而通过产业梯度转移为技术创新环境、创新要素吸引力和技术创新意愿带来实质性的改善，最终促进技术势能集聚水平的提升。

8.1.3 有选择地进行产业承接与区域合作

我国产业承接地区强调通过承接信息化产业、高端制造业实现地区跨越式发展。但是这种只强调以承接高端产业转移为手段的发展方式真的能起到引才引智的效果吗？或者说不加考虑地通过承接高端产业的转移能够促进本地区的技术势能集聚吗？答案是否定的。当前我国产业转移的技术溢出效应呈现劳动密集型产业、资本密集型产业、技术密集型产业依次递减的现状。原因在于承接地区产业发展低端化，与产业转出地区的技术势差过大，不能对伴随产业转移过程的技术势能溢出进行有效吸收。从我国产业转移空间格局看，主要产业承接地在黄河以南的中部地区，三十多年的非均衡发展造成大部分中部地区的发展水平远远落后于东部地区，因此不加考虑地对东部地区的产业转出全盘接收并不能促进中西部地区产业发展。在承接产业转移时应当注重转移产业与承接地间的技术势差问题。只有技术势差在适度范围内，才能真正实现转移产业的技术势能溢出的有效吸收。为此，产业承接地区在进行产业承接时应充分考虑自身产业环境，引入相关产业、技术势差小的产业。

加强相近区域合作是推进产业承接的重要一环，要着重考虑和产业发展方向相似的地区进行合作，产业转移是产业转移地与承接地相互作用的表现，是区域协同发展的重要途径。加强区域合作需要从各个层面共同进行。在国家层面，应加快区域协同发展，合理引导各区域实现分工与合作，通过建立健全区域协同发展机制，引导我国产业有序转移，实现区域资源合理配置。在区域层面，通过政府牵头跨区域成立合作区，利用产业转移与承接的关系进行区域协同发展，基于区域比较优势，建立区域合作机制；在区域间高校、科研机构建立合作关系，通过合作研究、外派教师学习、外聘研究员等方式加强区域间知识合作；完善技术市场建设，加强区域间技术交流，通过加强对技术市场的监管，提升技术市场开放程度，加快技术在区域间的流动作用。在企业层面，利用产业转移与承接在产业内部进行生产环节的跨区域分工，发展产业同盟；建立跨区域合作的产业园区，吸引双方区域关联产业入驻，促进跨区域产业集群的形成；通过跨区域产学研合作的方式促进本地承接产业的发展，鼓励转入企业在转移地区设立产学研合作点，利用产业转移打开跨区域产品市场。

8.2 提升技术势能转换效率的政策机制设计

8.2.1 加速技术创新基地的规划建设

政府等相关部门应不断加强区域技术创新基地的建设，在现有的市场运行机制背景下，构建一些功能性明确的经济区域。即在不同的技术创新形式下，构建相对应的技术创新基地，以形成技术研发创新、过程创新和产品创新的企业或产业集群，以产业链或产业类别为基准，将具有独特优势的一系列产品或企业集聚起来，形成多元化的企业或产业集群，以实现区域整体的规模经济或范围经济效应，增强区域中各产业的国际竞争力。

在研发创新背景下，技术创新要素对经济增长具有渗透性的影响效应，其借助高增值性和高效益的优势对经济和社会产生巨大的效益，并且其从内外源驱动力的相互作用条件下对产业结构优化升级产生显著的推拉作用，驱动产业结构协调化。在特定的技术创新基地构建企业或产业集群，有助于实现企业创新的自主化，增强企业的自主研发能力，提升区域企业或产业的内生增长动力，稳固企业发展的内外驱动力，促进研发创新下区域产业的均衡进步。在过程创新下，技术创新收入、技术市场成交额和技术引进、改造及消化吸收经费等都正向促进过程创新系统的平衡发展，即此时构建技术创新基地就为集群的企业创造了向先进企业学习的新环境。于是，企业集群可通过模仿创新的形式向先进企业学习，企业自身投入较少的资金在技术的消化吸收上，进一步进行技术创新，这有助于企业在前人的技术积累下，实现局部的技术改进和流程优化，驱动产业结构自发地实现向更合理更高级的方向转变。作为直接面向市场的创新形式，产品创新通过推拉作用提高产业效率，即在企业产品创新过程中，技术集成型企业越来越多，技术资源的限制甚至已成为实力雄厚的大企业所必须面临的问题，而合作创新会给各个企业带来诸多的竞争优势。于是，很多企业通过创新型人力资本积累的形式降低技术创新的时间，提升企业新兴技术进入市场的进度，以进一步降低合作各方的技术创新成本并分散技术创新的风险，提升企业在创新型人力资本积累市场中的地位。通过构建技术创新基地的形式能够从地理上缩短集群企业的合作互补时间，分散企业的风险，最终降低企业的合作互补成本。企业在技术创新基地中通过集成自身的技术创新能力，以合作创新的形式合力打造技术创新平台，促成技术势能转换。

8.2.2 构建创新成果转化网络

在信息经济时代背景下，网络是获取创新资源并提升创新效率的关键因素，某一区域中的技术创新网络能够将不同区域的技术创新要素以网络的形式连接起来，在技术创新的驱动效应下，实现各种科技资源的有效整合，最终合理转化技术创新成果。所以，构建区域创新成果转变网络是实现区域技术创新与产业结构优化系统顺利运行的良好保障。

构建技术创新的成果转变网络，必须以金融机构、高校、中介机构和科研院所等服务机构为主体，以技术创新型企业为核心，高效发挥技术创新主体的协同能力、创新驱动效力。在不同的技术创新阶段和创新机制的作用下，创新链与产业链交互融合的不同阶段均存在巧妙的分工协作，这有助于实现对技术创新资源的合理优化配置，驱动技术创新网络的构建和完善。在创新链嵌入产业链的技术嵌入式创新阶段，必须通过壮大企业群体来促进创新成果网络的构建。产业是基于企业发展而来的，那么产业集群网络的发展和完善有赖于企业的逐渐壮大，在技术创新的初级阶段，需要通过提升大企业的核心竞争力、增强企业的技术创新能力来鼓励、引导和支持产业集群的建设，进而通过收购等方式扩大企业或产业规模，壮大创新链的龙头企业。支持在创新网络范围内的中小企业围绕创新链和产业链的交互作用开展分工协作，形成区域产业的创新集聚优势，并通过招商引资等手段孵化和转变技术创新成果，积极引进自主研发能力强、技术水平高的企业，使得技术链完美地嵌入产业链，最终从多方入手，促进区域技术创新企业集群的不断壮大，助攻创新成果转化网络的构建。在技术融合式创新阶段，创新网络系统的边界日渐模糊，创新网络一体化态势逐渐涌现，于是可以通过产学研联盟的形式加强企业、高校间的战略合作，实现产学研间的利益共享、优势互补和风险共担。技术融合式创新更加注重创新链与产业链的融合，在技术的融合和扩散中实现传统产业向高技术产业的升级转变，而通过与高校之间共建合作项目、学科专业和研发机构的形式，能够进一步加深高校对企业技术创新基础、理论和技术前沿的研发支持，达成共同组建技术创新联盟的战略目标，引领产业的技术创新发展，最终促成创新成果转化网络的构建。创新型人力资本积累阶段的主要优势是技术的集聚效应和产业的合作创新优势，那么协同创新的机制则是实现创新驱动技术创新集群升级的核心力量，通过将知识、技术和商业进行交互整合来构建完整的技术创新系统，以促成产业生产的高效化是网络创新成果转化的终极目标。协同竞争效率的提升需依赖科技成果转化企业、人才交流机构、转化中介组织等机构间信息完整的创新网络，达到实现产业技术成果等创新资源的共享和互动，从而建立企业内部和企业间的高智能专家和信息管理系统，实现网络间的互通，提升各创新主体的技术创新积极性，最终达到提升技术势能转换效率的终极目的。

因此，构建技术创新成果转化的信息网络，有助于在技术势能转化为创新动能的各个不同阶段实现知识共享和最新研究动态的共享，加速技术创新成果在科技成果转化体系中的被采用和流动速率，以最大限度地降低技术创新风险成本，最终提升区域的技术势能转换效率。

8.2.3 培育提升技术势能转换动力的创新机制

区域技术创新在创新机制的能动作用下能较好地作用于产业结构优化升级，整个驱动过程亦是技术创新主体对技术创新资源重新优化配置的过程。在产业结构优化升级过程中，市场机制是资源优化配置的主体机制，但有时候市场机制会出现失灵现象，此时需要产业集群发挥集聚文化，对相近的部门或企业进行自主研发管理，厘清各自在技术创新过程中存在的问题，界定自身的发展地位和作用领域也是创新机制的关键点。

技术嵌入式创新中各级政府对技术开发的减免税对产业结构协调化产生积极影响，说明政府职能在优化技术创新环境中发挥积极作用。在进行技术创新的过程中，需进一步加强政府的监管以便构建有序、开放和平等的市场秩序，进而培育创新机制。政府对市场的监管有助于构建公共服务平台，促进技术创新成果转变，规范化产权制度体系，有序化市场的公平竞争秩序和规则，将违法乱纪的市场行为扼杀在摇篮里，引导企业开展有序的协同竞争，这有助于企业或产业部门自律性社团集体的构建，行业自律与政府监管行为齐头并进，规范化企业行为，有助于企业创新机制的萌芽，促成企业积蓄增长动力。技术融合式创新方面，模仿创新并没有促进产业结构高度化，说明我国不能单纯依靠技术引进来进行模仿创新，并且现如今的技术创新环境也说明我国的知识产权制度存在较大漏洞，不利于中小企业甚至一些经费紧张的大型企业的技术创新活动。那么，完善我国的知识产权制度是发展我国创新机制的重要手段之一。对技术创新的知识产权进行保护和有效管理是重视企业知识产权的方式，这有助于激励企业加强技术创新投入，获得技术创新的自主知识产权，提升企业的增长动力和核心竞争力。可以通过构建知识产权管理专项小组、加大对知识产权违法犯罪行为的惩戒力度和增加知识产权服务机构等方式强化我国的知识产权保护力度。在创新型人力资本积累驱动技术势能转换空间效应的实证研究中，技术创新投资份额和创新型人力资本积累的系数大多数显著为正，说明在技术创新过程中，企业创新投入的增加和高技术知识的集结对产业结构优化升级的促进作用显著。而企业技术创新的加大不仅需要内部资金的有效配置，还需依靠民间组织的支持，以鼓舞高技术创新企业有序开展技术研发、市场开拓和品牌集成等，保障技术型企业有序进行技术、金融、经济相关的生产经营活动，提升高技术企业的技术创新能力。此外，高技术知识的集聚有助于壮大企业的隐形力量，实现创新链与产业链的高效交互，并以技术、知识、人才等作为联系的桥梁，集聚企业内外的技术创新资源、基础研究、前沿技术研究等，强化企业或产业以技术创新为目标的联盟主体，通过协同的力量培育企业或产业的创新机制，最终提升区域技术势能的转换动力。

综上，企业自身、民间组织、政府等部门机构间相互协作，共同努力，通过营造技术创新环境、推进知识产权市场建设和完善产学研联盟群体等形式是培育区域企业或产业技术创新机制，促进技术势能转化为创新动能的有力措施。

8.3 创新推动产业结构升级的政策机制设计

8.3.1 增加创新资源要素投入

增加技术创新要素的投入是区域技术创新驱动产业结构优化升级的关键所在，

这有助于实现人力资本、知识和技术等技术创新资源要素对传统要素的整合、改造和替代，以促成要素的优化配置。在技术创新驱动产业结构优化升级的作用机制中，政府、技术创新中介机构、科研机构、企业和大学等均是技术创新体系中的关键组织主体，它们提供了主要的技术创新资源。那么，加大技术创新资源要素的政府扶持、资金投入等是构建创新主体行为间组织协调机制，较好地整合技术创新资源，最大化技术、资金、技术创新人才和信息等资源效用的关键。

嵌入式技术创新驱动产业结构协调化阶段，通过加大人力资源要素的投入是增强其空间效应的直接措施。本书的实证结果表明，技术嵌入式创新、新产品开发项目数和各级政府对技术开发的减免税对产业结构升级产生积极影响。而技术引进费用对产业结构协调化的作用则有正有负，即直接进行技术引进会造成新兴技术不能很好地融入产业链中进行生产，不利于产业结构协调化。而从内生增长的角度引进掌握先进技术的创新人才是间接引进先进技术，促使新兴技术尽快投入生产的快捷方式。于是，在技术嵌入式创新阶段，需要加大人才的培育力度和引进人才的进度，那么通过订单培训或校企合作等形式即能迅速培养一批适应产业发展的实用型或技能型人才，这也有助于将人才专项资金的作用发挥到最大化，从而能引进更多的紧缺人才、领军人才、技术和技术创新科研团队等高端人才，对我国逐步组建高端技术创新科研团队大有裨益。在技术融合式创新驱动产业结构高度化阶段的实证结果中，模仿创新并没有促进产业结构高度化，说明单纯依赖模仿外来技术不利于我国技术创新的长期发展，我国仍需通过加强构建技术创新平台和完善技术创新体系来增强技术融合式创新驱动产业结构高度化的空间效应。作为高校、企业等科研院所开展技术创新和知识创新的关键基础设施，技术创新平台承载着提供技术创新成果和整合集聚创新要素的关键作用，其有助于强化技术创新成果的转化、加速技术创新体系的构建，并促成技术资源的共享和开放。于是，在实践过程中我们不仅要加速建设公共创新的服务平台，以推进区域乃至省域的产业集群发展，而且应该加速企业自身技术创新平台的构建。在建设技术创新服务平台的过程中，号召高校、科研机构和企业等组成技术创新战略联盟，以市场需求为导向，采取金融、财政和税收等鼓励手段，努力将企业或产业等打造成技术创新活动组织、研究开发投入或技术创新成果应用的中心。创新型人力资本积累对创新型人力资本积累驱动技术势能转换产生正向的空间作用效应，说明通过集聚创新要素资源和开放技术创新资源共享等方式对产业结构优化升级有实质性的作用。当企业、高校和科研院所等机构形成了产学研相结合的联盟主体时，以市场为导向、以企业为核心的技术创新体系也逐渐形成了，高校、科研院所和企业等机构建立技术资源共享机制对加速构建技术创新平台意义重大，这也有助于提高机构的技术创新效率，实现技术创新资源的优化配置，促进技术势能转换。

那么，通过加大人力资源等技术创新要素的投入以壮大专业技术人才库、构建技术创新平台以完善技术创新体系和集聚并共享技术创新资源等方式，能够快速提升技术创新效率，实现产业结构的逐层优化升级。

8.3.2 合理化科研资源配置

科研经费会影响技术创新产出，进而通过技术创新的作用对产业结构优化升级产生显著影响。在技术创新驱动产业结构优化升级的过程中，科研经费的分配对驱动机制的正常运行影响颇大，只有合理化我国技术创新科研经费的配置，才能进一步提升其利用效率，促进我国产业结构优化升级。

新产品开发项目数的增加有利于技术嵌入式创新驱动产业结构协调化，而各类企业或产业的技术创新基础和能力差异性较大，那么如何分辨和配置科研经费对区域企业或产业的技术创新发展十分关键。此时需要政府或科研经费管理部门充分认识科研经费活动中各技术创新主体的关联性，紧密结合投融资机制、奖励机制和科研项目的选择机制，以提升科研活动的成功率，继而将有限的经费投向研发生产效率高的部门或企业，让此类企业或产业能够拥有足够的经费来最大限度地开发新产品。然后建立完善的绩效考核标准，充分调动现有科研人员的积极性，加大对区域企业或产业的激励程度。在技术融合式创新驱动产业结构高度化的空间效应实证研究中，全国和东部、中部、西部的制度质量均正向作用于产业结构高度化，说明政府在科研经费管理体制改革中的作用十分重要。政府应将自身摆放在支持研究实验发展、应用研究或基础研究的主导地位上，即应制定详细的政府科研经费投资计划、增加政府的科研经费投入并建立明晰的政府科研预算机制，按重要程度将我国的科技活动进行区域划分，以保证区域技术创新活动井然有序地进行和发展。政府对科研经费进行管理有助于提高我国的科研活动经费分配的导向性，使我国的科研经费投向最重要的地域，在一些重大的科研项目实施过程中，政府应该牵头鼓励高校、科研机构、企业等部门建立产学研合作的研究开发机制，让创新链与产业链深度融合，降低或减少学术腐败现象的发生，保障我国的科研活动进行得井井有条。区域创新型人力资本积累中的创新型人力资本积累对技术势能转换产生正向促进作用，而高校是技术创新人才的生产者，企业是技术创新人才的集聚地，于是不仅应增加对高校科研经费的投入而且应鼓励企业吸引高技术人才，以发挥高技术企业自主研发的主观能动性，同时对合理化科研经费的分配也大有裨益。作为国家技术创新系统的关键执行主体，高校常常面临科研资源整合不足、经费缺乏等阻碍高校科技成果转化的问题。于是，拓宽高校的科研经费获取渠道，改革高校技术创新活动的组织形式和管理模式已成为当务之急，此时可通过校企合作等方式为高校吸引科研基金。此外，提升企业的自主研发能力也是发挥我国企业科研创新力量的关键，自主研发是减少我国企业对国外技术依赖性的良好方式，这也有助于我国提升科研经费的利用效率，快速促进我国产业结构优化升级。

于是，合理化科研经费的分配相当于向需要经费的部门或产业“输血”，争取让每一笔经费都能发挥最大化的效用，促进我国高技术科研成果的高效转化。以便在技术创新的各个阶段，产业结构优化升级均能有条不紊地进行，共同促进我国经济长期稳定的发展。

8.3.3 深化创新价值链与产品生产链的融合

随着经济的发展，我国产业结构已逐渐趋于合理，但还存在较多需要改进的地方，通过技术创新促进产业结构优化升级进而实现经济增长是我国现阶段发展的终极目标。针对我国的现状，必须有效梳理创新价值链、合理规划产品生产链，使产业的发展更加合理，“双链融合”进一步深化。如通过技术引进提升第一产业的生产效率和技术水平，在推进第一产业比重稳步增长的同时降低其比重，并适当控制持续扩张的第二产业总量，减少并优化第二产业的内部结构，同时大力发展第三产业，提升第三产业在国民经济中的比重。通过优化第一、第二、第三产业的内部结构来进一步完善产业体系，实现产业间的协调发展。

高污染、高耗能等是现如今我国行业中存在的两大问题，通过技术创新的形式改造传统产业，调整过剩行业的产业结构、推进企业的兼并重组历程、尽量将生产要素分配给优势企业是提升企业的集聚度及其规模效益的捷径。以农业为例，作为三大产业的根本产业，农业是人类生活的基础，但农产品附加值低这一问题是传统农业的劣势。那么，通过技术链与农业生产链的对接融合，对农产品进行深加工是提升农产品附加值，深层次发展第一产业的有效手段。创新动能推动下的链式融合创新则更侧重于技术的深度融合与扩散，此时需要关注新兴产业的萌芽和落后产业的淘汰，即新技术和新工艺促进新能源、航空航天、电子信息、新材料和生物等战略性新兴产业不断涌现。产业或企业更倾向于把高技术作为自身发展的核心，不断注重完善自身的技术创新体系，进而将发展主力放在提升关联企业或产业的自主研发能力上，改善产业的内部结构，促使企业在向高技术产业迈进的过程中不断增强自身对技术创新地位的认识，意识到应该致力于培育企业的自主知识产权，最终运用新兴的高技术来提升传统产业，实现其转型升级。而在创新型人力资本积累条件下，产业发展以效率的形式体现，其中第三产业的良好发展现状有助于改善劳动生产率，在提升劳动生产率的过程中提升产业的整体效率。而此时限制我国未来产业发展的则恰好是第三产业，其受到能源、环境和资源的约束相对第一、第二产业而言均较小。但我国的第三产业的主导产业是餐饮业、交通运输、批发零售和仓储业等，与发达国家以科技、咨询、金融和信息为主的第三产业相去甚远，于是，不断引进国外先进的经营管理理念和技术来改进我国传统的服务业，破除铁路运输、教育、电信、医疗和保险等领域的垄断，实现产业领域的自由发展是加快我国产业结构高效化的便捷方式。此时，我们还需准确定位可带动其他产业发展进步的高技术主导产业，以不断提升需求的收入弹性和劳动生产率为终极目标，同时遵循产业结构发展中的潜在规律，有序推进我国的产业结构不断升级。

综上，通过对创新价值链的有效梳理和对产品生产链的合理规划，地区的

"双链融合"进一步深化，融合过程中研发创新、过程创新和产品创新的效率均得到较大提升，我国三大产业的内部结构可被进一步调和，使三大产业的结构被进一步优化，最终促成我国产业结构从协调化、高度化到高效化的递进升级。

8.4 本章小结

基于前文的理论与实证分析结果，本章针对如何提升技术势能集聚水平、如何提高技术势能转换效率以及如何推动产业结构升级等问题设计了相应的政策机制。认为重视劳动密集型产业转移对技术势能的溢出效应、集合市场机制与政府职能的作用和有选择地进行产业承接和区域合作等方式能有效促进技术势能集聚水平的提升；而加速技术创新基地的规划建设、构建创新成果转化网络和培育提升技术势能转换动力的创新机制有助于提高技术势能的转换效率；最后，从加强技术创新资源要素等的投入、合理化科研资源配置和培育创新机制等角度探究了强化技术创新动能驱动产业结构升级效应的模式。

9 总结与展望

9.1 研究结论

本书以区际产业梯度转移与升级中的技术势能、创新动能为主要研究对象，依次解析产业梯度转移促进技术势能提升的集聚机制、技术势能流动加速创新动能积累的转换机制以及创新动能推动产业结构升级的作用机制，并分析每一个机制中的空间效应，提出促进我国技术与产业全面发展的政策机制。其中，将技术势能划分为技术创新意愿、技术创新环境和创新要素吸引力三个维度，对应的区际产业梯度转移分别从产业布局、产业政策和要素流动三个途径作用于技术势能的集聚过程；集聚到一定水平的技术势能开始在区域间渗透溢出，在尽可能避免技术势能空间溢出损耗的同时，各创新主体充分发挥自身的创新意愿，在既有的技术创新环境下，充分发挥创新要素吸引力在技术创造与转化、技术吸收与留存这两方面的作用，进而促进创新要素的生产率，技术势能转换为创新动能；在技术势差的作用下，创新动能通过创新价值链和产品生产链的链式融合推动地区的研发创新、过程创新以及产品创新活动，从而进一步推动产业结构升级。最后针对其中的一些空间效应进行了实证检验并提出了相应的政策建议。本书得出如下具体结论：

（1）技术势能是创新主体技术创新潜在能力水平最直观的表现。技术势能水平越高，意味着该主体所能够掌握的创新要素在种类和数量上更具优势、要素配置结构也更为合理，且由其主观意愿引导的创新行为更适应内外部的创新环境，进而能更有效地利用金融支持、政策制度等带来的创新环境外部性红利，在整个创新系统的运作过程中，该创新主体能够实现的创新价值增长自然更大。

（2）我国地区技术势能集聚在时间维度上不断增长，并在不同的经济发展阶段表现出差异化的特征；在空间维度上，呈现出一种从东北往西南方向蔓延的“传导式”演化模式，其中以东部、北部沿海地区和京、津地区为集聚中心。产业梯度转移带来的产业政策、创新要素配置和创新布局的改变将通过共生演化系统引致技术创新环境、创新要素吸引力和创新意愿的改变。产业梯度转移对技术势能集聚水平的影响显著，但其空间溢出效应的方向具有不确定性。

（3）在技术势差的作用下，集聚的技术势能将面临全方位的变化。首先，技术创新环境的差异导致技术势能的溢出效应在突破制度壁垒时不断被损耗。其次，创新意愿的不一致需要区域内的创新主体根据内外部环境的变化做出协同创新或者竞争创新的选择，从而进一步调整自身的创新意愿。最后，创新要素吸引力包含技术创造与转化、技术吸收与留存两个维度，它们能通过知识溢出效应显著提升创新要素生产率，进而提升技术势能向创新动能的转换效率。

（4）在创新动能的推动下，研发创新、过程创新和产品创新效率均显著提升，其创新效应的外溢有助于改善企业创新价值链和产品生产链的运作，保障创新价值链和产品生产链的高效融合，继而改善生产要素的配置方式，研发高附加值的产品，促进传统产业的高技术改造，最终促成产业结构升级；创新动能和外商直接投资是驱动产业结构升级的核心要素，经济活动的集聚会强化创新动能对产业结构升级的空间效应。

（5）重视劳动密集型产业转移对技术势能的溢出效应、集合市场机制与政府职能的作用和有选择地进行产业承接和区域合作等方式能有效促进区域技术势能的集聚。加速技术创新基地的规划建设、构建创新成果转化网络和培育提升技术势能转换动力的创新机制则有助于提高技术势能的转换效率。加强技术创新资源要素等的投入、合理化科研资源配置和培育创新机制等有助于强化创新动能驱动产业结构升级的内外部效应。

9.2 研究的不足与未来展望

本书的研究目标是从定性分析和定量研究的角度探究区际产业梯度转移对技术势能集聚的促进机制、技术势能向创新动能的转换机制以及创新动能推动产业结构升级的作用机制。但是，在实际研究中，对产业转移、技术势能的集聚和转换以及产业结构升级的一些相关问题并没有进行更深入的论证，对现有研究的解释也显得不够完善和全面。随着知识结构和科研手段的进步，希望今后能就下列问题进行深入研究。

（1）对技术创新过程中的技术势能、创新动能的阶段特征和内在机理提出更系统的理论性假说并进行实证分析，从更广阔的视角进行问题的研究，希望得出更新颖的结论。

（2）在中观视角下分析技术势能在行业中的集聚机制，进一步探究不同行业创新动能的发展现状以及技术势能转换效率的行业差异，检验技术势能在行业内和行业间的溢出效应；在微观视角下分析企业技术势能和创新动能的集聚、转换机制，并深入分析其影响因素。

在后续研究中，还需注意从微观的角度选择更详细的数据进行研究，以得出更细致的结果，并且选择更先进的计量经济学方法，使估计结果更翔实。

综上，本书旨在通过理论分析与计量研究解析产业梯度转移与技术势能、创新动能以及产业结构升级之间的内在机理和空间效应，并针对实证得出的具体问题提出政策建议。在实证研究过程中，笔者深刻意识到自己还需通过不断的学习来提升对实际问题更具体、更深入的认识，以丰富和充实研究内容。

参考文献

［1］王一鸣．中国经济新一轮动力转换与路径选择［J］．管理世界，2017（2）：1－14.

［2］Vernon R. International Investment and International Trade in the Product Cycle［J］. The Quarterly Journal of Economics，1966，80（2）：190－207.

［3］丁建军．产业转移的新经济地理学解释［J］．财经科学，2011（1）：35－42.

［4］Philippe Martin，Gianmarco I.，P. Ottaviano. Growing Locations：Industry Location in a Model of Endogenous Growth［J］. European Economic Review，1996，43（2）：281－302.

［5］刘友金，吕政．梯度陷阱、升级阻滞与承接产业转移模式创新［J］．经济学动态，2012（11）：21－27.

［6］王思文，祁继鹏．要素流动性差异与地区间产业转移粘性［J］．兰州大学学报（社会科学版），2012（2）：105－110.

［7］Dunning J. H. The Eclectic Paradigm of International Production：A Restatement and some Possible Extensions［J］. Journal of International Business Studies，1988，19（1）：1－31.

［8］Martin P.，Rogers C. A. Industrial Location and Public Infrastructure［J］. Journal of International Economics，1995，39（3）：335－351.

［9］Martin R.，Muûls M.，De Preux L. B.，et al. Industry Compensation under Relocation Risk：A Firm－level Analysis of the EU Emissions Trading Scheme［J］. The American Economic Review，2014，104（8）：2482－2508.

［10］惠树鹏．中国大规模的产业转移为什么没有发生？——一个势科学的分析框架［J］．系统科学学报，2015（4）：57－59＋86.

［11］张国胜，杨怡爽．我国制造业内发生了区域间的产业梯度转移吗——基于“五普”与“六普”的数据比较［J］．当代财经，2014（11）：92－102.

［12］Zhen S.，Sun C.，Qi Y.，et al. The Evolving Geography of China's Industrial Production：Implications for Pollution Dynamics and Urban Quality of Life［J］.

Journal of Economic Surveys，2014，28（4）：709 – 724.

［13］李占国，孙久文．我国产业区域转移滞缓的空间经济学解释及其加速途径研究［J］．经济问题，2011（1）：27 – 30 + 64.

［14］孟凡生，赵刚．传统制造向智能制造发展影响因素研究［J］．科技进步与对策，2018，35（1）：66 – 72.

［15］Youtie J.，Shapira P. Building an Innovation Hub：A Case Study of the Transformation of University Roles in Regional Technological and Economic Development［J］. Research Policy，2008，37（8）：1188 – 1204.

［16］Júnior A. S. C.，Yu A. S. O.，Nascimento P. T. D. S.，et al. The Diffusion of Technological Innovation in the Brazilian Ethanol Industry［C］. IEEE：Technology Management for Emerging Technologies，2012：2055 – 2071.

［17］Tigabu A. D.，Berkhout F.，van Beukering P. Technology Innovation Systems and Technology Diffusion：Adoption of Bio – digestion in An Emerging Innovation System in Rwanda［J］. Technological Forecasting and Social Change，2015（9）：318 – 330.

［18］Andersson U.，Dasí À.，Mudambi R.，et al. Innovation and Knowledge in IB Literature［J］. Journal of World Business，2016，51（1）：153 – 162.

［19］李燕，李应博．战新产业发展的区域创新体系支撑机制研究［J］．科研管理，2015（S1）：6 – 14 + 41.

［20］戴园园，梅强．我国高新技术企业技术创新模式选择研究——基于演化博弈的视角［J］．科研管理，2013（1）：2 – 10.

［21］Caniëls M.，Romijn H. Small – industry Clusters，Accumulation of Technological Capabilities，and Development：A Conceptual Framework［R］. Eindhoven Centre for Innovation Studies，2001：4 – 16.

［22］Camisón C.，Forés B. Knowledge Creation and Absorptive Capacity：The Effect of Intra – district Shared Competences［J］. Scandinavian Journal of Management，2011，27（1）：66 – 86.

［23］Chatterjee D.，Sahasranamam S. Technological Innovation Research in China and India：A Bibliometric Analysis for the Period 1991 – 2015［J］. Management and Organization Review，2018，14（1）：179 – 221.

［24］Flor M. L.，Cooper S. Y.，Oltra M. J. External Knowledge Search，Absorptive Capacity and Radical Innovation in High – technology Firms［J］. European Management Journal，2018，36（2）：183 – 194.

［25］Lynch R.，Jin Z. Knowledge and Innovation in Emerging Market Multinationals：The Expansion Paradox［J］. Journal of Business Research，2016，69（5）：1593 – 1597.

[26] 韩先锋，惠宁，宋文飞．信息化能提高中国工业部门技术创新效率吗[J]. 中国工业经济，2014（12）：70－82.

[27] 刘晖，刘轶芳，乔晗等．我国战略性新兴产业技术创新效率研究[J]. 系统工程理论与实践，2015（9）：2296－2303.

[28] Abramovitz M. Catching up，Forging ahead，and Falling Behind [J]. The Journal of Economic History，1986，46（2）：385－406.

[29] Coe D. T.，Snower D. J. Policy Complementarities：The Case for Fundamental Labor Market Reform [J]. Staff Papers，1997，44（1）：1－35.

[30] Keller W.，Yeaple S. R. Multinational Enterprises，International Trade，and Productivity Growth：Firm－level Evidence from the United States [J]. The Review of Economics and Statistics，2009，91（4）：821－831.

[31] Shin S. K.，Kook W. Can Knowledge be more Accessible in a Virtual Network：Collective Dynamics of Knowledge Transfer in a Virtual Knowledge Organization Network [J]. Decision Support Systems，2014，59（8）：180－189.

[32] Dong J. Q.，Yang C. H. Information Technology and Organizational Learing in Knowledge Alliances and Networks：Evodence from U. S. Pharmaceutical industry [J]. Information & Management，2015，52（1）：111－222.

[33] Delre S. A.，Jager W.，Bijmolt T. H. A.，et al. Will it Spread or not? The Effects of Social Influences and Network Topology on Innovation Diffusion [J]. Journal of Product Innovation Management，2010，27（2）：267－282.

[34] 陶长琪，齐亚伟．中国全要素生产率的空间差异及其成因分析[J]. 数量经济技术经济研究，2010（1）：19－32.

[35] 储德银，张同斌．自主研发、技术引进与高新技术产业成长[J]. 科研管理，2013（11）：53－60＋113.

[36] 张江雪，蔡宁，毛建素，杨陈．自主研发、技术引进与中国工业绿色增长——基于行业异质性的实证研究[J]. 科学学研究，2015（2）：185－194＋271.

[37] 姚嘉，张家滋．人力资本、技术创新与产业发展——基于浙江省县域数据的实证研究[J]. 当代财经，2016（7）：100－107.

[38] 陈国宏，王丽丽，蔡猷花．基于Bass修正模型的产业集群技术创新扩散研究[J]. 中国管理科学，2010（5）：179－183.

[39] 马永红，王展昭，周文．基于扩散源视角的技术创新扩散系统基模构建及政策解析研究[J]. 科学学与科学技术管理，2015（4）：75－84.

[40] 龚旻，张帆．中国地方政府的“相机抉择依赖症”与地区经济波动[J]. 当代财经，2015（3）：3－12.

[41] Nonaka I.，Takeuchi H. The Knowledge Creation Company：How Japanese Companies Create the Dynamics of Innovation [M]. New York：Oxford University Press,

1995.

[42] Siemens G. Connectivism: A Learning theory for the Digital Age [J]. International Journal of Instructional Technology & Distance Learning, 2005 (2): 3 - 10.

[43] Rubin T. H., Aas T. H., Stead A. Knowledge Flow in Technological Business Incubators: Evidence from Australia and Israel [J]. Technovation, 2015 (41): 11 - 24.

[44] 王邦兆，王欢，郭本海. 区域知识创新价值流动 GERT 网络模型 [J]. 科技进步与对策，2015 (2): 39 - 44.

[45] Li Y., Chen H. Research on the Relationships between Knowledge Potential Difference and Knowledge Transfer Based on the Knowledge Network of Enterprise, University and Research Institute [C]. IEEE Computer Society: International Conference on Computational Aspects of Social Networks, 2010: 430 - 435.

[46] Wang Y. X. Research on Modes of Knowledge Dissemination in Libraries Based on the Knowledge Potential Difference [M]. Nanchang: Library Research, 2013.

[47] Han M. H. Research on Simulation for the Mechanism of Knowledge Potential Difference between Enterprises in the Industrial Cluster on Knowledge Transfer [J]. Applied Mechanics & Materials, 2013 (2): 317 - 321.

[48] 陈武. 知识传播机理的物理学视角探讨——从知识势差的角度来解释知识流动 [J]. 科技和产业，2010 (10): 110 - 115.

[49] 王晓红，张宝生. 知识场的构建、测度与演化研究——基于知识流动视角 [J]. 情报杂志，2011 (3): 124 - 130.

[50] 项丽瑶，胡峰，俞荣建. 基于"三矩"结构范式的本土代工企业升级能力构建 [J]. 中国工业经济，2014 (4): 84 - 96.

[51] 余泳泽，武鹏. FDI、技术势能与技术外溢——来自我国高技术产业的实证研究 [J]. 金融研究，2010 (11): 60 - 76.

[52] 余泳泽，刘大勇. 创新要素集聚与科技创新的空间外溢效应 [J]. 科研管理，2013 (1): 46 - 54.

[53] De Massis A., Frattini F., Lichtenthaler U. Research on Technological Innovation in Family Firms: Present Debates and Future Directions [J]. Family Business Review, 2013, 26 (1): 10 - 31.

[54] Camisón C., Villar - López A. Organizational Innovation as an Enabler of Technological Innovation Capabilities and Firm Performance [J]. Journal of Business Research, 2014, 67 (1): 2891 - 2902.

[55] 周海波，胡汉辉. 知识演化视角下产业集群升级模式对于创新绩效的影响分析 [J]. 中国科技论坛，2015 (11): 41 - 46.

[56] Lee V. H., Leong L. Y., Hew T. S., et al. Knowledge Management: A Key

Determinant in Advancing Technological Innovation? [J]. Journal of Knowledge Management, 2013, 17 (6): 848 – 872.

[57] Boschma R. Proximity and Innovation: A Critical Assessment [J]. Regional Studies, 2005, 39 (1): 61 – 74.

[58] Peretto P. F., S. Valente. Growth on a Finite Planet: Resources, Technology and Population in the Long Run [J]. Journal of Economic Growth, 2015, 20 (3): 305 – 331.

[59] Uwe Cantner, Holger Graf. The Network of Innovators in Jena: An Application of Social Network Analysis [J]. Research Policy, 2006, 35 (4): 463 – 480.

[60] 王伟光，高宏伟，白雪飞．中国大企业技术创新体系本地化实证研究——基于地区层面的一种分析 [J]. 中国工业经济，2011 (12): 67 – 77.

[61] 任胜钢，胡春燕，王龙伟．我国区域创新网络结构特征对区域创新能力影响的实证研究 [J]. 系统工程，2011 (2): 50 – 55.

[62] 徐建中，徐莹莹．企业协同能力、网络位置与技术创新绩效——基于环渤海地区制造业企业的实证分析 [J]. 管理评论，2015 (1): 114 – 125.

[63] 项玉卿．企业创新能力影响机制研究——基于河北省高新技术产业集群创新网络的实证分析 [J]. 河北经贸大学学报，2015 (4): 68 – 70 + 129.

[64] 曹庆奎，任向阳，刘琛等．基于粗集—未确知测度模型的企业技术创新能力评价研究 [J]. 系统工程理论与实践，2006 (4): 67 – 72.

[65] 徐辉，刘俊．广东省区域技术创新能力测度的灰色关联分析 [J]. 地理科学，2012 (9): 1075 – 1080.

[66] 张果，郭鹏．企业技术标准化能力与技术创新能力耦合度测度模型 [J]. 管理现代化，2015 (6): 40 – 42.

[67] 赵希男，温馨，王艳梅．基于个性优势特征分析的区域创新能力评价与分析 [J]. 科学学研究，2009 (3): 473 – 480.

[68] 易平涛，李伟伟，郭亚军．基于指标特征分析的区域创新能力评价及实证 [J]. 科研管理，2016 (S1): 371 – 378.

[69] 陶长琪，周璇．环境规制与技术溢出耦联下的省域技术创新能力评价研究 [J]. 科研管理，2016 (9): 28 – 38.

[70] 王锋正，姜涛．环境规制对我国西部地区技术创新能力影响研究 [J]. 科学管理研究，2014 (2): 51 – 54.

[71] Kaplinsky R. Globalisation and Unequalisation: What can be Learned from Value Chain Analysis? [J]. Journal of Development Studies, 2000, 37 (2): 117 – 146.

[72] Smith A., Pickles J., Buček M., et al. The Political Economy of Global Production Networks: Regional Industrial Change and Differential Upgrading in the East

European Clothing Industry [J]. Journal of Economic Geography, 2014, 14(6): 1023 - 1051.

[73] 陈福中，陈诚. 技术变化与产业结构演进：全球非平衡增长视角 [J]. 广东财经大学学报，2015 (4): 4 - 15.

[74] 沈秋英，王文平，王为东. 基于信任和企业进入退出机制的产业集群规模演化研究 [J]. 中国管理科学，2009 (4): 91 - 96.

[75] Aghion, Philippe, Dewatripont, et al. Industrial Policy and Competition [R]. Cepr Discussion Papers, 2015: 1 - 52.

[76] Don Fullertona, Garth Heutela. The General Equilibrium Incidence of Environmental Taxes [J]. American Economic Journal: Economic Policy, 2010, 2 (3): 64 - 89.

[77] 王春杨. 中国区域创新差异的研究现状与展望 [J]. 区域经济评论，2015 (5): 110 - 118.

[78] 胡立君，石军伟，傅太平. 产业结构与产业组织互动关系的实现机理研究 [J]. 中国工业经济，2005 (5): 50 - 57.

[79] 梁军. 产业模块化与产业组织结构优化 [J]. 经济体制改革，2008 (4): 68 - 72.

[80] Lin P., Liu Z., Zhang Y. Do Chinese Domestic Firms Benefit from FDI Inflow? Evidence of Horizontal and Vertical Spillovers [J]. China Economic Review, 2009, 20 (4): 677 - 691.

[81] Finger and Kreinin. A Measure of "Export Similarity" and Its Possible Uses [J]. The Economic Journal, 1979, 89 (356): 905 - 912.

[82] 雷玷，雷娜. 产业政策、产业结构与经济增长的实证研究 [J]. 经济问题，2012 (4): 45 - 48.

[83] 樊福卓. 一种改进的产业结构相似度测度方法 [J]. 数量经济技术经济研究，2013 (7): 98 - 115.

[84] 黄亮雄，安苑，刘淑琳. 中国的产业结构调整：基于三个维度的测算 [J]. 中国工业经济，2013 (10): 70 - 82.

[85] 刘晓辉. 中部地区产业结构与就业结构测度及比较分析 [J]. 经营与管理，2014 (9): 73 - 76.

[86] 肖兴志，吴绪亮. 产业组织理论研究的新领域、新问题与新方法——2012 年产业组织前沿问题研讨会综述 [J]. 经济研究，2012 (8): 146 - 151.

[87] 任韬，王文举. 中国三次产业间劳动力资源优化配置及转移分析 [J]. 统计研究，2014 (12): 20 - 24.

[88] 蒋文莉，刘日星. 工资成本上升视角下的最优产业结构测度分析 [J]. 统计与决策，2015 (22): 22 - 31.

[89] 汪琦. 技术创新与市场需求的互动机制及对产业升级的传导效应 [J]. 河北经贸大学学报, 2006 (1): 12-17.

[90] 姜泽华, 白艳. 产业结构升级的内涵与影响因素分析 [J]. 当代经济研究, 2006 (10): 53-56.

[91] 孙军. 需求因素、技术创新与产业结构演变 [J]. 南开经济研究, 2008 (5): 58-71.

[92] Aghion P., Bond S., Klemm A., et al. Technology and Financial Structure: Are Innovative Firms Different? [J]. Journal of the European Economic Association, 2004, 2 (3): 277-288.

[93] Henrekson M. Entrepreneurship, Innovation and Human Flourishing [J]. Small Business Economics, 2014, 43 (3): 511-528.

[94] Chen Y., Puttitanun T. Intellectual Property Rights and Innovation in Developing Countries [J]. Journal of Development Economics, 2004, 78 (2): 474-493.

[95] 李胜文, 杨学儒, 檀宏斌. 技术创新、技术创业和产业升级——基于技术创新和技术创业交互效应的视角 [J]. 经济问题探索, 2016 (1): 111-117.

[96] 徐晔, 陶长琪, 丁晖. 区域产业创新与产业升级耦合的实证研究——以珠三角地区为例 [J]. 科研管理, 2015 (4): 109-117.

[97] 冯志军, 康鑫. 知识产权保护、FDI与研发创新全要素生产率——基于中国区域高技术产业的实证研究 [J]. 工业技术经济, 2015 (3): 98-105.

[98] 林春艳, 孔凡超. 技术创新、模仿创新及技术引进与产业结构转型升级——基于动态空间 Durbin 模型的研究 [J]. 宏观经济研究, 2016 (5): 106-118.

[99] 周璇. 知识溢出下区域技术创新驱动产业结构优化升级的空间效应研究 [D]. 江西财经大学博士学位论文, 2017.

[100] Arrow K. The Economic Implication of Learning by Doing [J]. Review of Economic Studies, 1962 (80): 155-173.

[101] Glaeser E. L., Kallal H. D., Scheinkman J. A., Schleifer A. Growth in cities [J]. Journal of Political Economy, 1992 (6): 1026-1052.

[102] 王铮, 马翠芳, 王莹, 翁桂兰. 区域间知识溢出的空间认识 [J]. 地理学报, 2003 (5): 773-780.

[103] Raffaele P., Stefano U. Knowledge flows Across European Regions [J]. The Annals of Regional Science, 2009 (3): 669-690.

[104] Franz H. Do Clusters Really Matter for Innovation Practices in Information Technology? [J]. Questioning the Significance of Technological Knowledge Spillovers, 2012 (1): 107-126.

[105] Yener A., Edward J., John T. Knowledge Spillovers and the Growth of

British Cities [J]. Applied Economics Letters, 2013 (2): 162 - 166.

[106] Plummer L. A., Acs Z. J. Localized Competition in the Knowledge Spillover Theory of Entrepreneurship [J]. Journal of Business Venturing, 2014, 29 (1): 121 - 136.

[107] Perri A., Peruffo E. Knowledge Spillovers from FDI: A Critical Review from the International Business Perspective [J]. International Journal of Management Reviews, 2015 (3): 16 - 32.

[108] Serrano D. G., Cabrer B. B. Direct and Indirect Knowledge Spillovers and Industrial Productivity [J]. Industry and Innovation, 2016 (5): 1 - 25.

[109] Wang C. C., Guo Y. Local Innovativeness and Knowledge Spillovers of Indigenous Firms on Foreign Firms: Evidence from China's ICT Industry [J]. The Professional Geographer, 2017, 69 (1): 117 - 125.

[110] 谢子远，吴丽娟．产业集聚水平与中国工业企业创新效率——基于20个工业行业2000~2012年面板数据的实证研究 [J]. 科研管理，2017，38 (1): 91 - 99.

[111] Romer P. M. Incearing Returns and Long Run Growth [J]. Journal of Political Economy, 1986 (5): 1002 - 1037.

[112] 许箫迪，王子龙，谭清美．知识溢出效应测度的实证研究 [J]. 科研管理，2007 (9): 76 - 86.

[113] 陶锋，李诗田．全球价值链代工过程中的产品开发知识溢出和学习效应——基于东莞电子信息制造业的实证研究 [J]. 管理世界，2008 (1): 115 - 121.

[114] 宋琦，韩伯棠，王宗赐．基于知识溢出熵的创新集群生命周期演化研究 [J]. 科学学与科学技术管理，2010 (3): 68 - 71.

[115] Wennberg K., Wiklund J., Wright M. The Effectiveness of University Knowledge Spillovers: Performance Differences Between University Spinoffs and Corporate Spinoffs [J]. Research Policy, 2011, 40 (8): 1128 - 1143.

[116] Chen S., Tao C. A Novel Culture Algorithm and it's Application in Knowledge Integration [J]. Information an International Interdisciplinary Journal, 2012, 15 (11): 4847 - 4854.

[117] 郑慕强，李兰芝．知识溢出效应对创新能力及创新绩效的作用——基于闽粤产业集群的实证研究 [J]. 当代经济管理，2015 (3): 23 - 29.

[118] Cantù C. Entrepreneurial Knowledge Spillovers: Discovering Opportunities Through Understanding Mediated Spatial Relationships [J]. Industrial Marketing Management, 2016 (11): 1 - 13.

[119] 刘友金．集群式创新与创新能力集成——一个培育中小企业自主创新

能力的战略新视角［J］. 中国工业经济，2006（11）：22－29.

［120］张延平，李明生. 我国区域人才结构优化与产业结构升级的协调适配度评价研究［J］. 中国软科学，2011（3）：177－192.

［121］王子龙，谭清美. 区域创新网络知识溢出效应研究［J］. 科学管理研究，2004（10）：87－90.

［122］Kaname Akamatsu. A Historical Pattern of Economic Growth in Developing Countries［J］. Journal of Developing Economies，1962，1（1）：3－25.

［123］Raymond Vernon. International Investment and Investment Trade in the Product Cycle［J］. Quarterly Journal of Economics，1966（80）：190－207.

［124］Thompson，John H. Some Theoretical Considerations for Manufacturing Geography［J］. Economic Geography，1966（42）：357－358.

［125］Hirschman A. O. Investment Policies and "Dualism" in Underdeveloped Countries［J］. The American Economic Review，1957，47（5）：550－570.

［126］Williamson J. G. Regional Inequality and the Process of National Development：A Description of the Patterns［J］. Economic Development and Cultural Change，1965，13（1）：3－45.

［127］Alonso W. Five Bell Shaped Curves［J］. Papers of the Regional Science Association，1980（45）：5－16.

［128］李国平，许扬. 梯度理论的发展及其意义［J］. 经济学家，2002（4）：69－75.

［129］Alfred Marshall. Principles of Economics［M］. New York：The Macmillan Publishing Company，1890.

［130］Hoover E. M. The Location of Economic Activity［M］. New York：Mc Graw－Hill，1948.

［131］Kenneth F. K. Kister's Best Encyclopedias［M］. New York：Oryx Press，1986.

［132］Porter M. E. Clusters and the new Economics of Competition［J］. Harvard Business Review，1998，76（6）：77.

［133］Alfred Weber. Theory of the Location of Industries［M］. Chicago：University of Chicago Press，1929.

［134］August Losch. The Economics of Location［M］. New Haven：Yale University Press，1954.

［135］Isard W. Location and Space Economy［M］. Cambridge：MIT Press，1956.

［136］Paul Krugman. Increasing Returns and Economic Geography［M］. New York：National Bureau of Economic Research，1990.

［137］Keith H.，John R. Inter－city Competition for Foreign Investment：Static and Dynamic Effects of China's Incentive Areas [J]. Journal of Urban Economics, 1996, 40 (1): 38-60.

[138] Leonard K. C., Kwan Y. K. What are the Determinants of the Location of Foreign Direct Investment? The Chinese Experience [J]. Journal of Urban Economics, 2000, 51 (2): 379-400.

[139] Belderbos R., Carree M. The Location of Japanese Investments in China: Agglomeration Effects, Keiretsu and Firm Heterogeneity [J]. Journal of the Japanese and International Economies, 2002, 16 (2): 194-211.

[140] Das T. K., Teng B. S. Instabilities of Strategic Alliances: An Internal Tensions Perspective [J]. Organization Science, 2000 (1): 77-101.

[141] Jan Y., Philip S. Building An Innovation Hub: A Case Study of the Transformation of University Roles in Regional Technological and Economic Development [J]. Research Policy, 2008 (8): 1188-1204.

[142] 赵增耀，王喜. 产业竞争力、企业技术能力与外资的溢出效应——基于我国汽车产业吸收能力的实证分析 [J]. 管理世界，2007 (12): 58-66.

[143] 张听，李廉水. 制造业集聚、知识溢出与区域创新绩效——以我国医药、电子及通讯设备制造业为例的实证研究 [J]. 数量经济技术经济研究，2007 (8): 35-43.

[144] Zhang S., Long Y., Ke K. Decisions of Knowledge Transfer in Technology Innovation Alliance: A Stackelberg Leader-followers Model [J]. Operational Research, 2010 (10): 231-242.

[145] Paruchuri S. Intraorganizational Networks, Interorganizational Networks, and the Impact of Central Inventors: A Longitudinal Study of Pharmaceutical Firms [J]. Organization Science, 2010 (1): 63-80.

[146] 魏守华，禚金吉，何嫄. 区域创新能力的空间分布与变化趋势 [J]. 科研管理，2011 (4): 152-160.

[147] 李大为，刘英基，杜传忠. 产业集群的技术创新机理及实现路径——兼论理解"两个熊彼特"悖论的新视角 [J]. 科学学与科学技术管理，2011 (1): 98-103.

[148] Priem R. L., Li S., Carr J. C. Insights and new Directions from Demand-side Approaches to Technology Innovation, Entrepreneurship, and Strategic Management Research [J]. Journal of Management, 2012 (1): 346-374.

[149] 党兴华，孙永磊. 技术创新网络位置对网络惯例的影响研究——以组织间信任为中介变量 [J]. 科研管理，2013 (4): 1-8.

[150] Choi K., Narasimhan R., Kim S. W. Opening the Technological Innovation Black Box: The Case of the Electronics Industry in Korea [J]. European Journal of Oper-

ational Research, 2016, 250 (1): 192 –203.

[151] Reichardt K., Negro S. O., Rogge K. S., et al. Analyzing Interdependencies between Policy Mixes and Technological Innovation Systems: The Case of Offshore Wind in Germany [J]. Technological Forecasting and Social Change, 2016 (106): 11 –21.

[152] 毕克新，王晓红，葛晶．技术标准对我国中小企业技术创新的影响及对策研究 [J]. 管理世界，2007 (12): 64 –65.

[153] 池仁勇．区域中小企业创新网络的结点联结及其效率评价研究 [J]. 管理世界，2007 (1): 105 –121.

[154] 李习保．中国区域创新能力变迁的实证分析：基于创新系统的观点 [J]. 管理世界，2007 (12): 18 –29.

[155] 王霄，胡军．社会资本结构与中小企业创新——一项基于结构方程模型的实证研究 [J]. 管理世界，2005 (7): 116 –122.

[156] 陶长琪，齐亚伟．融合背景下信息产业技术创新与产业系统成长的协同机制 [J]. 科学学与科学技术管理，2009 (11): 86 –93.

[157] Wang W., Xie B., Li Y., et al. The Evaluation and Application Research about Regional Innovation Capability Based on Rough Set and BP Neural Network [C]. 2009 Second International Conference on Information and Computing Science, 2009: 308 –311.

[158] 刘凤朝，孙玉涛，杨玲．创新能力视角的中国技术引进及溢出研究述评 [J]. 科学学与科学技术管理，2010 (10): 41 –46.

[159] Gao X., Guo X., Katz J. S., Guan J. The Chinese Innovation System During Economic Transition: A Scale – independent View [J]. Journal of Informatics, 2010 (4): 618 –628.

[160] 陶长琪，齐亚伟．中国全要素生产率的空间差异及其成因分析 [J]. 数量经济技术经济研究，2010 (1): 19 –32.

[161] Zhang J., Zhou H., Huang Z. Empirical Research on the Technology Innovation Capability of Bohai Rim Region [J]. Advances in Intelligent and Soft Computing, 2012 (137): 499 –506.

[162] 张米尔，朱媛．面向专利池的技术内聚性测度及应用研究 [J]. 科研管理，2012 (8): 57 –62.

[163] 袁博等．知识产权保护能力对重大科研项目技术创新影响的权变模型 [J]. 系统工程理论与实践，2014 (11): 2965 –2973.

[164] Wafa M. Typological Analysis of Non – technological and Technological Innovation Determinants in Tunisia [J]. Transport, 2015, 3 (2): 71 –75.

[165] Karltorp K., Guo S., Sandén B. A. Handling Financial Resource Mobilisa-

tion in Technological Innovation Systems – The Case of Chinese Wind Power [J]. Journal of Cleaner Production, 2017 (142): 3872 – 3882.

[166] Porter M. E. Competitive Advantage: Creating and Sustaining Superior Performance [M]. New York: Free Press, 1985.

[167] Schumpeter J. The Theory of Economic Development [M]. Cambridge: Havard University Press, 1912: 61 – 116.

[168] Hansen M. T., Birkinshaw J. The Innovation Value Chain [J]. Harvard Business Review, 2007, 85 (6): 961 – 977.

[169] 张晓林，吴育华. 创新价值链及其有效运作的机制分析 [J]. 大连理工大学学报（社会科学版），2005（3）：23 – 26.

[170] 温肇东，陈明辉. 创新价值链：政府创新政策的新思维——以台湾创新政策为例 [J]. 管理评论，2007（8）：3 – 9 + 63.

[171] 曾祥炎，刘友金. 基于价值创新链的协同创新：三阶段演化及其作用 [J]. 科技进步与对策，2013，30（20）：20 – 24.

[172] 刘亭立，李翘楚. 高端制造业创新效率驱动力研究——基于技术产品价值发现视角的分析 [J]. 价格理论与实践，2019（2）：137 – 140.

[173] KaPlinsky R. Globalization and Inequality: What Can be Learned from Value Chain Analysis? [J]. Joumal of Development Studies, 2000 (2): 18 – 29.

[174] 张耀辉. 产业创新——新经济下的产业升级模式 [J]. 数量经济技术经济研究，2002（1）：14 – 17.

[175] 谢伟. 中国企业技术创新的分布和竞争策略——中国激光视盘播放机产业的案例研究 [J]. 管理世界，2006（2）：50 – 62.

[176] 吉敏，胡汉辉，陈金丹. 内生型产业集群升级的网络演化形态研究——基于启东天汾电动工具产业集群的分析 [J]. 科学学研究，2011（6）：861 – 867.

[177] 黎春秋，熊勇清. 传统产业优化升级模式研究：基于战略性新兴产业培育外部效应的分析 [J]. 中国科技论坛，2011（5）：32 – 37.

[178] 朱永彬，王铮. 中国产业结构优化路径与碳排放趋势预测 [J]. 地理科学进展，2014（12）：1579 – 1786.

[179] 齐兰，陈晓雨. 中国经济金融化对产业结构优化影响机制的实证研究 [J]. 当代经济管理，2015，37（5）：75 – 80.

[180] John R. Schroeter, Azzeddine M. Azzam, J. David Aiken. Anti – corporate Farming Laws and Industry Structure: The Case of Cattle Feeding [J]. American Journal of Agricultural Economics, 2006 (4): 1000 – 1014.

[181] Carriquiry M. A. Babcock, Bruce A. Reputations, Market Structure, and the Choice of Quality Assurance System in the Food Industury [J]. American Journal of

Agricultural Economics, 2007 (1): 12 – 23.

[182] 程大中. 中国生产性服务业的水平、结构及影响——基于投入产出法的国际比较研究 [J]. 经济研究, 2008 (19): 76 – 88.

[183] 干春晖, 郑若谷. 改革开放以来产业结构演进与生产率增长研究——对中国 1978 ~ 2007 年"结构红利假说"的检验 [J]. 中国工业经济, 2009 (2): 55 – 65.

[184] 王德章, 赵大伟, 杜会永. 中国绿色食品产业结构优化与政策创新 [J]. 中国工业经济, 2009 (9): 67 – 76.

[185] 张少军, 刘志彪. 全球价值链模式的产业转移——动力、影响与对中国产业升级和区域协调发展的启示 [J]. 中国工业经济, 2009 (11): 5 – 15.

[186] Almedida R. K. Openness and Technological Innovation in East Asia: Have they Increased the Demand for Skills? [R]. World Bank, Polocy Research Working Paper, No. 5272, 2010.

[187] 肖兴志, 彭宜钟, 李少林. 中国最优产业结构: 理论模型与定量测算 [J]. 经济学 (季刊), 2012 (1): 135 – 162.

[188] Liu Y., Gan L. The Multi – objective Optimization Model of the Industrial Structure in the Processes of Urbanization: A Case Study of Shizhong District, Neijiang City [C]. Springer Berlin Heidelberg, 2014: 581 – 589.

[189] Wang Y., Liu Q., Zhao X. China's OFDI Industry Layout Adjustment from the Perspective of Industrial Structure Optimization [C]. Springer Berlin Heidelberg, 2015: 275 – 280.

[190] Li K., Lin B. Economic Growth Model, Structural Transformation, and Green Productivity in China [J]. Applied Energy, 2017 (187): 489 – 500.

[191] 殷醒民. 论中国制造业的产业集中和资源配置效益 [J]. 经济研究, 1996 (1): 11 – 21.

[192] Elisa B. Metropolitan Growth Planning in California, 1900—2000 [M]. San Francisco: Public Policy Institute of California, 2002.

[193] Harris R., Robinson C. Productivity Impacts and Spillovers from Foreign Ownership in the United Kingdom [J]. National Institute Economic Review, 2004 (178): 59 – 75.

[194] Lin P., Liu Z., Zhang Y. Do Chinese Domestic Firms Benefit from FDI inflow? Evidence of Horizontal and Vertical Spillovers [J]. China Economic Review, 2009 (20): 677 – 691.

[195] Jing S. Effect of FDI on China's Upgrading of Industrial Structure [J]. International Trade Journal, 2005 (4): 82 – 86.

[196] 路江涌, 陶志刚. 中国制造业区域集聚及国际比较 [J]. 经济研究,

2006（3）：103－114.

［197］原毅军，耿殿贺，张乙明．技术关联下生产性服务业与制造业的研发博弈［J］. 中国工业经济，2007（11）：80－87.

［198］孙晓华．产业集聚效应的系统动力学建模与仿真［J］. 科学学与科学技术管理，2008（4）：71－76.

［199］张军，陈诗一，Jefferson G. H. 结构改革与中国工业增长［J］. 经济研究，2009（7）：4－20.

［200］綦良群，王成东．区域高新技术产业与装备制造业相互作用关系及效率研究——基于30个省市截面数据的实证研究［J］. 科学学与科学技术管理，2012（1）：134－140.

［201］Qiang F.，Xiu L. Trade Openness，Industrial Structure Upgrading and Economic Growth［J］. Journal of Industrial Technological Economics，2014（3）：16.

［202］Guan W.，Xu S. Spatial Energy Efficiency Patterns and the Coupling Relationship with Industrial Structure：A Study on Liaoning Province，China［J］. Journal of Geographical Sciences，2015，25（3）：355－368.

［203］Li N.，Yang H.，Wang L.，et al. Optimization of Industry Structure Based on Water Environmental Carrying Capacity under Uncertainty of the Huai River Basin within Shandong Province，China［J］. Journal of Cleaner Production，2016（112）：4594－4604.

［204］Akamatsu K. A Historical Pattern of Economic Growth in Developing Countries［J］. Developing Economies，2010，1（S1）：3－25.

［205］Kumbhakar S. C.，Denny M.，Fuss M. Estimation and Decomposition of Productivity Change when Production is not Efficient：A Paneldata Approach［J］. Econometric Reviews，2000，19（4）：312－320.

［206］Gary Gereffi，John Humphrey，Timothy Sturgeon. The Governance of Global Value Chains［J］. Review of International Political Economy，2005，12（1）：78－104.

［207］Lipsey R. E.，Weiss M. Y. Foreign Production and Exports of Individual Firms［J］. Review of Economics & Statistics，1984，66（2）：304－308.

［208］Thomson G. The Dalnotter Iron Company：An Eighteenth Century Scottish Industrial Undertaking［J］. Scottish Historical Review，1956，35（119）：10－20.

［209］Miao J.，Zhang H. Industrial Undertaking Efficiency of Wuhan City Group［C］. Springer Berlin Heidelberg，2015：49－54.

［210］Fortuin G. J.，Soeters G. C.，Beek A. V. Inactivated Influenza Vaccine in an Industrial Undertaking［J］. British Medical Journal，1962，1（5）：1042－1045.

［211］Dentan M.，Abbon P.，Borgeaud P.，et al. Industrial Transfer and Stabilization of a CMOS – JFET – bipolar Radiation – hard Analog – digital SOI Technology [J]. IEEE Transactions on Nuclear Science, 2002, 46 (4): 822 – 828.

[212] Heide S., Stiller D., Lessig R., et al. Interactions between Virtual Economy and Real Economy: A Perspective from International Industrial Transfer [J]. Social Sciences in China, 2012, 126 (1): 27 – 35.

[213] 李向阳. 山西省产业承接效应及其影响因素研究 [D]. 山西财经大学博士学位论文, 2017.

[214] 魏仁兴, 朱宝荣. 技术创新的域、势、能 [J]. 自然辩证法研究, 2007, 23 (3): 88 – 91.

[215] 刘秉镰, 余泳泽. 2010 年中国产业组织前沿论坛会议文集 [C]. 东北财经大学产业组织与企业组织研究中心, 2010.

[216] 陈国宏, 王吓忠. 技术创新、技术扩散与技术进步关系新论 [J]. 科学学研究, 1995, 13 (4): 68 – 73.

[217] 党兴华, 李莉, 薛伟贤. 企业技术创新合作中的知识创造 [J]. 经济管理, 2006 (5): 36 – 39.

[218] Leonard D. A., Swap W. C. When Sparks Fly: Igniting Creativity in Groupss [M]. Boston: Harvard Business School Press, 1999.

[219] Zahar S. A., W. C. Bogner. Technology Strategy and Software New Ventures Penfomance Expbring the Moderating Effect of the Competitive Environment [J]. Journal of Business Venturing, 2000 (15): 135 – 173.

[220] 李子和, 陈省平, 郭汝丽. 高新区高新技术群落的优化效应 [J]. 科学学研究, 1999 (3): 80 – 84.

[221] 刘友金. 论集群式创新的组织模式 [J]. 中国软科学, 2002 (2): 72 – 76.

[222] 罗发友, 刘友金. 技术创新群落形成与演化的行为生态学研究 [J]. 科学学研究, 2004 (1): 99 – 103.

[223] Zhang L., Zheng X., Li J. A Way to Improve Knowledge Sharing: From the Perspective of Knowledge Potential [J]. Journal of Service Science and Management, 2008, 1 (3): 218 – 226.

[224] 樊纲, 王小鲁, 张立文, 朱恒鹏. 中国各地区市场化相对进程报告 [J]. 经济研究, 2003 (3): 9 – 18.

[225] 吴玉鸣. 大学知识创新与区域创新环境的空间变系数计量分析 [J]. 科研管理, 2010, 31 (5): 116 – 123.

[226] 陈搏. 创新参与者视角的创新环境评价研究 [J]. 科研管理, 2015, 36 (S1): 84 – 93.

[227] Ellison G., Glaeser E. L. Geographic Concentration in U. S. Manufacturing

Industries: A Dartboard Approach [J]. Journal of Political Economy, 1997, 105 (5): 889 -927.

[228] 文玫. 中国工业在区域上的重新定位和集聚 [J]. 经济研究, 2004 (2): 84 -94.

[229] 陶长琪, 彭永樟. 从要素驱动到创新驱动: 制度质量视角下的经济增长动力转换与路径选择 [J]. 数量经济技术经济研究, 2018, 35 (7): 3 -21.

[230] 周杰文, 张云, 蒋正云. 创新要素集聚对绿色经济效率的影响——基于空间计量模型的实证分析 [J]. 生态经济, 2018, 34 (6): 57 -62.

[231] 卓乘风, 邓峰. 创新要素区际流动与产业结构升级 [J]. 经济问题探索, 2018 (5): 70 -79.

[232] Liao T. J., Chen M. C. Can Foreign Firms Inhibit Knowledge Spillover to Local firms? The Role of Innovation Capabilities and Tacit Knowledge [J]. Advances in Management and Applied Economics, 2015, 5 (3): 121 -140.

[233] Porter M. E. The Competitive Advantage of Nations [M]. New York: Free Press, 1990.

[234] Jacobs J. The Economy of Cities [M]. New York: Random House, 1970.

[235] 王立平, 吕民乐. 知识溢出的规模经济、范围经济与联结经济 [J]. 科学经济社会, 2005, 23 (4): 39 -42.

[236] 郭佩颖. 产业结构变动与经济增长的收敛性 [D]. 吉林大学博士学位论文, 2013.

[237] Yu J., Lee L. Convergence: A Spatial Dynamic Panel Data Approach [J]. Global Journal of Economics, 2012, 1 (1): 1 -37.

[238] 朱国忠, 乔坤元, 虞吉海. 中国各省经济增长是否收敛? [J]. 经济学 (季刊), 2014, 13 (3): 1171 -1194.

[239] 邹薇, 刘红艺. 土地财政"饮鸩止渴"了吗? ——基于中国地级市的时空动态空间面板分析 [J]. 经济学家, 2015 (9): 21 -32.

[240] Bertalanffy L. V. Clean Coal Technologies: A Status Report [J]. Electrical World, 1992 (2): 37 -42.

[241] Ord J. K., Getis A. Local Spatial Autocorrelation Statistics: Distributional Issues and an Application [J]. Geographical Analysis, 1995, 27 (4): 286 -306.

[242] Chorley R. J., Haggett P. Trend - Surface Mapping in Geographical Research [J]. Transactions of the Institute of British Geographers, 1965 (37): 47 -67.

[243] 戴宏伟. 加快"大北京"经济圈生产要素流动促进产业梯度转移 [J]. 经济与管理, 2003 (6): 5 -6.

[244] 胡丹. 我国产业梯度转移及其调控研究 [D]. 武汉理工大学博士学位论文, 2014.

［245］侯新烁，张宗益，周靖祥．中国经济结构的增长效应及作用路径研究［J］. 世界经济，2013（5）：88－111.

［246］王小鲁，樊纲，刘鹏．中国经济增长方式转换和增长可持续性［J］. 经济研究，2009（1）：4－16.

［247］Fan C. S.，Hu Y. Foreign Direct Investment and Indigenous Technological Efforts：Evidence from China［J］. Economics Letters，2007，96（2）：253－258.

［248］LeSage J. P.，Fischer M. M. Spatial Growth Regressions：Model Specification，Estimation and Interpretation［J］. Spatial Economic Analysis，2008，3（3）：275－304.

［249］Elhorst J. P. Spatial Panel Data Models［M］. Spatial Econometrics：Springer Berlin Heidelberg，2014.

［250］Vega S. H.，Elhorst J. P. The SLX Model［J］. Journal of Regional Science，2015，55（3）：339－363.

［251］Griliches Z. Issues in Assessing the Contribution of Research and Development to Productivity Growth［J］. Bell Journal of Economics，1979，10（1）：92－116.

［252］Jaffe A. B. Technological Opportunity and Spillovers of R&D：Evidence from Firms' Patents，Profits，and Market Value［J］. The American Economic Review，1986，76（5）：984－1001.

［253］杨德明，刘泳文．"互联网＋"为什么加出了业绩［J］. 中国工业经济，2018（5）：80－98.

［254］Munshifwa E. K.，Mooya M. M. Property Rights and the Production of the Urban Built Environment：Evidence from a Zambian City［J］. Habitat International，2016（21）：133－140.

［255］唐保庆，吴飞飞．知识产权保护、地方保护主义与区域间服务业结构发散［J］. 经济学动态，2018（7）：82－100.

［256］樊纲，王小鲁，马光荣．中国市场化进程对经济增长的贡献［J］. 经济研究，2011，46（9）：4－16.

［257］Grimaud A.，Rougé L. Non－renewable Resources and Growth with Vertical Innovations：Optimum，Equilibrium and Economic Policies［J］. Journal of Environmental Economics and Management，2003，45（2）：433－453.

［258］原毅军，芦云鹏．金融发展、环境污染与经济可持续最优增长路径［J］. 科技与管理，2014（3）：1－7.

［259］刘和东．国内市场规模与创新要素集聚的虹吸效应研究［J］. 科学学与科学技术管理，2013，34（7）：104－112.

［260］张娜，杨秀云，李小光．我国高技术产业技术创新影响因素分析［J］. 经济问题探索，2015（1）：30－35.

[261] 裴长洪．吸收外商直接投资与产业结构优化升级——“十一五”时期利用外资政策目标的思考［J］．中国工业经济，2006（1）：33－39.

[262] 陈继勇，雷欣，黄开琢．知识溢出、自主创新能力与外商直接投资［J］．管理世界，2010（7）：30－42.

[263] Greene W. Reconsidering Heterogeneity in Panel Data Estimators of the Stochastic Frontier Model [J]. Journal of Econometrics, 2005, 126 (2): 269－303.

[264] Elhorst J. P., Fréret S. Evidence of Political Yardstick Competition in France Using a Two－regime Spatial Durbin Model with Fixed Effects [J]. Journal of Regional Science, 2009, 49 (5): 931－951.

[265] Mo P. H. Corruption and Economic Growth [J]. Journal of Comparative Economics, 2001, 29 (1): 66－79.

[266] 黄华峰．技术创新、产业升级与贸易竞争力——基于制造业行业层面和中国地区层面的分析［D］．复旦大学博士学位论文，2014.

[267] Hansen M. T, Birkinshaw J. The Innovation Value Chain [J]. Harvard Business Review, 2007, 85 (6): 121－135.

[268] Ganotakis P., Love J. H. The Innovation Value Chain in New Technology－based Firms: Evidence from the UK [J]. Journal of Product Innovation Management, 2012, 29 (5): 839－860.

[269] 余珮，程阳．我国国家级高新技术园区创新效率的测度与区域比较研究——基于创新价值链视角［J］．当代财经，2016（12）：3－15.

[270] Gereffi G., Kaplinsky R. Introduction: Globalisation, Value Chains and Development [J]. IDS Bulletin, 2001, 32 (2): 1－8.

[271] 唐宜红，张鹏杨．中国企业嵌入全球生产链的位置及变动机制研究［J］．管理世界，2018，34（5）：28－46.

[272] Freeman C. Technology Policy and Economic Performance [M]. Great Britain: Pinter Publishers, 1989.

[273] Bhalla A. S. Small and Medium Enterprises: Technology Policies and Options [M]. London: Intermediate Technology Publications, 1992.

[274] 周亚虹，贺小丹，沈瑶．中国工业企业自主创新的影响因素和产出绩效研究［J］．经济研究，2012，47（5）：107－119.

[275] 柳卸林，高雨辰，丁雪辰．寻找创新驱动发展的新理论思维——基于新熊彼特增长理论的思考［J］．管理世界，2017（12）：8－19.

[276] Keynes J. M. The General Theory of Employment [J]. The Quarterly Journal of Economics, 1937, 51 (2): 209－223.

[277] 祝婕．浅谈消费结构与产业结构的关系［J］．商业时代，2007（6）：90－91.

[278] 余泳泽，刘大勇．我国区域创新效率的空间外溢效应与价值链外溢效应——创新价值链视角下的多维空间面板模型研究 [J]. 管理世界，2013 (7)：6-20.

[279] Lööfa H.，Heshmatib A. Knowledge Capital and Performance Heterogeneity：A Firm Level Lnnovation Study [J]. International Journal of Production Economics，2002，76 (3)：61-85.

[280] Mairesse J.，Sassenou M. R&D and Productivity：A Survey of Econometric Studies at the Firm Level in Science Technology [J]. Industry Review，1991，81 (2)：317-348.

[281] Hansen M. T.，Birkinshaw J. The Innovation Value Chain [J]. Harvard Business Review，2007，85 (6)：121-135.

[282] 张丽华，林善浪，汪达钦．我国技术创新强度的集聚效应分析 [J]. 数量经济技术经济研究，2011 (1)：3-18.

[283] 陶长琪，彭永樟．经济集聚下技术创新强度对产业结构升级的空间效应分析 [J]. 产业经济研究，2017 (3)：91-103.

[284] 郑英隆．信息产业加速发展与产业结构升级的交互关系研究 [J]. 经济评论，2001 (1)：48-53.

[285] 闫海洲．长三角地区产业结构高级化及影响因素 [J]. 财经科学，2010 (12)：50-57.

[286] 高远东，张卫国，阳琴．中国产业结构高级化的影响因素研究 [J]. 经济地理，2015 (6)：96-101+108.

[287] LeSage J. P. An Introduction to Spatial Econometrics [J]. Revue Déconomie Industrielle，2008，123 (3)：19-44.

[288] 武晓霞．省际产业结构升级的异质性及影响因素——基于 1998~2010 年 28 个省区的空间面板计量分析 [J]. 经济经纬，2014 (1)：90-95.

[289] 张大儒．我国政府投资与产业结构合理化的实证分析 [J]. 经济体制改革，2013 (4)：128-132.

[290] 干春晖，郑若谷，余典范．中国产业结构变迁对经济增长和波动的影响 [J]. 经济研究，2011 (5)：4-16+31.

[291] 程莉．产业结构的合理化、高级化会否缩小城乡收入差距——基于 1985~2011 年中国省级面板数据的经验分析 [J]. 现代财经（天津财经大学学报），2014 (11)：82-92.

[292] 田新民，韩端．产业结构效应的度量与实证——以北京为案例的比较分析 [J]. 经济学动态，2012 (9)：74-82.

[293] 龚轶，王铮，顾高翔．技术创新与产业结构优化——一个基于自主体的模拟 [J]. 科研管理，2015 (8)：44-51.

［294］付凌晖．我国产业结构高级化与经济增长关系的实证研究［J］．统计研究，2010（8）：79－81．

［295］Arellano M．，Bover O. Another Look at the Instrumental Variable Estimation of Error－components Models［J］．Journal of Econometrics，1995，68（1）：29－51．

［296］Blundell R．，Bond S. Initial Conditions and Moment Restrictions in Dynamic Panel Data Models［J］．Journal of Econometrics，1998，87（1）：115－143．

［297］邢涛．嵌入式技术创新鲁棒性问题及策略研究［D］．辽宁工程技术大学博士学位论文，2007．

［298］黄中伟，陈刚．我国产业结构合理化理论研究综述［J］．经济纵横，2003（3）：56－58．

［299］伦蕊．产业结构合理化的基本内涵与水平测评［J］．特区经济，2005（6）：54－56．

［300］张立柱．区域产业结构动态性评价与应用研究［D］．山东科技大学博士学位论文，2007．

［301］苏东水．产业经济学［M］．北京：高等教育出版社，2001．

［302］Chen L．，Sun J．，Liang C. Study on Rational Industry Structure of Hebei Province［J］．Journal－HeBei University of Technology，2001，30（1）：52－56．

［303］田新民，韩端．产业结构效应的度量与实证——以北京为案例的比较分析［J］．经济学动态，2012（9）：74－82．

［304］干春晖，郑若谷，余典范．中国产业结构变迁对经济增长和波动的影响［J］．经济研究，2011（5）：4－16．

［305］傅元海，叶祥松，王展祥．制造业结构优化的技术进步路径选择——基于动态面板的经验分析［J］．中国工业经济，2014（9）：78－90．

［306］何平等．产业结构优化研究［J］．统计研究，2014，31（7）：31－37．

［307］彭冲，李春风，李玉双．产业结构变迁对经济波动的动态影响研究［J］．产业经济研究，2013（3）：91－100．

［308］焦勇．生产要素地理集聚会影响产业结构变迁吗［J］．统计研究，2015，32（8）：54－61．

［309］苏方林，黎文勇．产业结构合理化、高级化对碳排放影响的实证研究——基于西南地区面板数据［J］．西南民族大学学报（人文社会科学版），2015（11）：114－119．

［310］关雪凌，丁振辉．日本产业结构变迁与经济增长［J］．世界经济研究，2012（7）：80－86．

［311］刘嘉毅，陶婷芳，夏鑫．产业结构变迁与住宅价格关系实证研究——来自中国内地的经验分析［J］．财经研究，2014，40（3）：73－84．

［312］韩永辉，黄亮雄，王贤彬．产业结构升级改善生态文明了吗——本地

效应与区际影响［J］. 财贸经济，2015（12）：129－146.

［313］齐亚伟，刘丹. 信息产业发展促进区域产业结构合理化的灰色关联分析［J］. 经济经纬，2014，31（4）：74－79.

［314］罗胤晨等. 县域工业集聚的空间效应分析及其影响因素——基于长江三角洲地区的实证研究［J］. 经济地理，2015，35（12）：120－128.

［315］Tobler W. R. A Computer Movie Simulating Urban Growth in the Detroit Region［J］. Economic Geography，1970，46（1）：234－240.

［316］吴玉鸣，徐建华. 中国区域经济增长集聚的空间统计分析［J］. 地理科学，2004（6）：654－659.

［317］Bertalanffy L. V. Clean Coal Technologies：A Status Report［J］. Electrical World，1992（2）：37－42.

［318］谢桂生，朱绍涛. 基于 Logistic 模型的组织种群共生演化稳定性［J］. 北京工业大学学报，2016，42（2）：315－320.

［319］鲁桐，党印. 公司治理与技术创新：分行业比较［J］. 经济研究，2014（6）：115－128.

［320］骆永民，樊丽明. 中国农村人力资本增收效应的空间特征［J］. 经济研究，2014（9）：58－76.

［321］韩永辉，黄亮雄，王贤彬. 产业结构优化升级改进生态效率了吗?［J］. 数量经济技术经济研究，2016（4）：40－59.

［322］Jaffe A. B. Technological Opportunity and Spillovers of R&D：Evidence from Firms' Patents，Profits and Market Value［J］. American Economic Review，1986，76（5）：984－1001.

［323］张志强. 空间加权矩阵设置与空间面板参数估计效率［J］. 数量经济技术经济研究，2014（10）：122－138.

［324］赵增耀，章小波，沈能. 区域协同创新效率的多维溢出效应［J］. 中国工业经济，2015（1）：32－44.

［325］朱平芳，项歌德，王永水. 中国工业行业间 R&D 溢出效应研究［J］. 数量经济研究，2014，5（2）：75－90.

［326］Ehrlich P. R.，Holdren J. P. Impact of Population Growth［J］. Science，1971，171（3）：1212－1217.

［327］York R.，Rosa E. A.，Dietz T. STIRPAT，IPAT and ImPACT：Analytic Tools for Unpacking the Driving Forces of Environmental Impacts［J］. Ecological Economics，2003，46（3）：351－365.

［328］Hulten C. R.，Bennathan E.，Srinivasan S. Infrastructure，Externalities，and Economic Development：A Study of the Indian Manufacturing Industry［J］. The World Bank Economic Review，2006，20（2）：291－308.

［329］Elhorst J. P. Dynamic Spatial Panels：Models，Methods，and Inferences［J］. Journal of Geographical Systems，2012，14（1）：5－28.

［330］陈强．高级计量经济学及 Stata 应用［M］. 北京：高等教育出版社，2010：357－362.

［331］龙小宁等．基于空间计量模型的中国县级政府间税收竞争的实证分析［J］. 经济研究，2014（8）：41－53.

［332］Alvarez J.，Arellano M. The Time Series and Cross－section Asymptotics of Dynamic Panel Data Estimators［J］. Econometrica，2003，71（4）：1121－1159.

［333］Lee L.，Yu J. Efficient GMM Estimation of Spatial Dynamic Panel Data Models with Fixed Effects［J］. Journal of Econometrics，2014，180（2）：174－197.

［334］王伟光，马胜利，姜博．高技术产业驱动中低技术产业增长的影响因素研究［J］. 中国工业经济，2015（3）：70－82.

［335］Romer P. Endogenous Technological Change［J］. Journal of Political Economy，1990（4）：71－102.

［336］马胜利．产业间创新驱动效应的影响因素研究——基于高、中低技术两部门模型的视角［D］. 辽宁大学博士学位论文，2015.

［337］司桂霞．长三角地区高技术产业结构优化研究［D］. 华东师范大学博士学位论文，2015.

［338］郭佩颖．产业结构变动与经济增长的收敛性［D］. 吉林大学博士学位论文，2013.

［339］Yu J.，Lee L. Convergence：A Spatial Dynamic Panel Data Approach［J］. Global Journal of Economics，2012，1（1）：1－37.

［340］朱国忠，乔坤元，虞吉海．中国各省经济增长是否收敛？［J］. 经济学（季刊），2014，13（3）：1171－1194.

［341］邹薇，刘红艺．土地财政“饮鸩止渴”了吗？——基于中国地级市的时空动态空间面板分析［J］. 经济学家，2015（9）：21－32.

［342］Roper S.，Du J.，Love J. H. Modelling the Innovation Value Chain［J］. Research Policy，2008，37（6）：961－977.

［343］葛沪飞，仝允桓．开放环境下区域技术知识存量的系统动力学分析［J］. 科学学研究，2009（7）：1043－1051.

［344］Smarzynska J. B. Does Foreign Direct Investment Increase the Productivity of Domestic Firms? In Search of Spillovers Through Backward Linkages［J］. The American Economic Review，2004，94（3）：605－627.

［345］陈晓红，万鲁河．城市化与生态环境耦合的脆弱性与协调性作用机制研究［J］. 地理科学，2013，33（12）：1450－1457.

［346］杨安．FDI 与产业结构优化升级的相关性研究［D］. 山东大学博士学位

论文，2013.

［347］Kugler M. Spillovers from Foreign Direct Investment：Within or Between Industries？［J］. Journal of Development Economics，2006，80（2）：444－477.

［348］王然，燕波，邓伟根 . FDI 对我国工业自主创新能力的影响及机制——基于产业关联的视角［J］. 中国工业经济，2011（11）：16－25.

［349］Higon D. A. The Impact of R&D Spillovers on UK Manufacturing TFP：A Dynamic Panel Approach［J］. Research Policy，2007，36（7）：964－979.

［350］吴延兵 . 中国工业 R&D 产出弹性测算（1993—2002）［J］. 经济学（季刊），2008，7（3）：869－890.

［351］严海宁 . 市场结构及其影响因素对中国企业技术创新的作用研究［D］. 华中科技大学博士学位论文，2009.

［352］刘伟，张辉，黄泽华 . 中国产业结构高度与工业化进程和地区差异的考察［J］. 经济学动态，2008（11）：4－8.

［353］干春晖，郑若谷，余典范 . 中国产业结构变迁对经济增长和波动的影响［J］. 经济研究，2011（5）：4－16＋31.

［354］Chenery H. B.，Robinson S.，Syrquin M. Industrialization and Growth［M］. Oxford：Oxford University Press，1986.

［355］唐末兵，傅元海，王展祥 . 技术创新、技术引进与经济增长方式转变［J］. 经济研究，2014（7）：31－43.

［356］Xu B. Multinational Enterprises，Technology Diffusion，and Host Country Productivity Growth［J］. Journal of Development Economics，2000，62（2）：477－493.

［357］樊纲等 . 中国各地区市场化相对进程报告［J］. 经济研究，2003（3）：9－18.

［358］Fan C. S.，Hu Y. Foreign Direct Investment and Indigenous Technological Efforts：Evidence from China［J］. Economics Letters，2007，96（2）：253－258.